数据驱动的农产品价格波动
分解集成预测研究

凌立文 著

科学出版社
北京

内 容 简 介

立足于我国农产品价格波动日渐复杂的客观事实及对农产品价格波动幅度和趋势精准预测的现实需求，本书以数据驱动思想为指导，对分解集成预测方法论的三个研究步骤进行改进与完善。首先，针对时序分解，提出一种具有数据自适应性的改进经验模态类分解算法，解决端点效应及模态混淆问题；其次，针对单项预测，设计一种以时间序列统计特征为依据的预测模型自适应选择分类器，解决预测模型选择的主观性问题；再次，针对集成子集选择，设计一种以单项预测结果蕴含的信息量为依据的最优子集筛选算法，完善最优子集选择的理论依据；最后，针对集成预测的多样性，提出了融合网络搜索数据及多时间尺度数据的集成预测策略，丰富集成预测的数据来源。

本书可作为经管类、理工类相关专业的本科生、研究生学习预测理论与方法的教材，也可供高等院校、科研机构等从事相关工作的科研人员参考。

图书在版编目（CIP）数据

数据驱动的农产品价格波动分解集成预测研究/凌立文著. —北京：科学出版社，2022.6

ISBN 978-7-03-071520-3

Ⅰ. ①数… Ⅱ. ①凌… Ⅲ. ①农产品价格－物价波动－经济预测－研究－中国 Ⅳ. ①F323.7

中国版本图书馆 CIP 数据核字（2022）第 028225 号

责任编辑：郝　悦／责任校对：贾娜娜
责任印制：张　伟／封面设计：无极书装

斜学出版社 出版
北京东黄城根北街 16 号
邮政编码：100717
http://www.sciencep.com

北京建宏印刷有限公司 印刷
科学出版社发行　各地新华书店经销

*

2022 年 6 月第 一 版　开本：720×1000　1/16
2022 年 6 月第一次印刷　印张：11
字数：222 000

定价：116.00 元
（如有印装质量问题，我社负责调换）

前　言

　　近年来，随着中国融入世界经济体系程度的不断加深，我国农产品市场的对外关联性也不断增强。除了传统的生产端与需求端影响因素外，农产品价格还受到政策变动、新闻消息、动物疫病、极端天气和国际游资等外部冲击因素的影响，导致农产品价格形成机制日益复杂，价格异常波动的频率与幅度也较以往大幅增加。农产品价格的连番异常波动，不仅增加了农户收益的不确定性和涉农企业生产决策的风险性，也在一定程度上影响了广大民众的生活福利，对我国社会经济正常平稳运行造成诸多负面影响。因此，在客观分析农产品价格变化规律的基础上，精准预测农产品价格波动的趋势与幅度，对于支持政府部门及涉农企业的科学决策，有效调控和稳定我国农产品市场健康运行，具有重要的现实指导意义。

　　传统的时间序列预测方法主要基于单一模型，以统计建模的方法进行预测。近年来，分解集成预测方法论成为解决复杂时间序列建模的现代系统工程学方法，通过"时序分解、单项预测、集成预测"三个步骤，有效提高预测精度。尽管已在诸多预测实践中取得良好的效果，但该方法论仍存在进一步改进的空间，例如，如何解决时序分解算法的信号失真问题，如何选择最为适合的单项预测模型，如何确定最佳集成子集及如何进一步提高集成预测的多样性等。

　　随着大数据时代的到来，数据驱动（data-driven）一词频繁出现于企业运营管理、产品生产决策及科学研究等领域，成为人们解决现实问题和探索未知世界的一种新思路。在科学研究领域，数据驱动意味着在研究过程中某种方法（模型）的选择应当与研究对象的本质特征相匹配，确保满足该方法（模型）应用的前提条件，从而避免出现方法（模型）失效的问题。数据驱动的研究思想为解决上述分解集成预测方法论存在的问题提供了有益的参考与借鉴。

　　因此，本书在数据驱动思想的启发下，综合运用智能优化和机器学习算法，将分解集成预测方法论中的相关难题转化为分类及优化问题，探讨构建一个与时间序列数据形态（特征）相匹配的预测建模方法。使用仿真信号实验及各类公开数据集验证改进算法的有效性，并以我国农产品市场中的代表性农产品为研究对象，基于水平预测精度和方向预测精度两类评价指标，实证数据驱动的分解集成预测建模方法的有效性和实用性。本书开展的研究工作及取得的主要成果体现在以下四个方面。

　　（1）数据驱动的时序分解算法优化研究。时序分解是分解集成预测的第一步，通过分解技术，将复杂时间序列转化为多条相对简单且规律明显的子序列。经验模态类分解算法是当前应用较为广泛的瞬频分解算法，但端点效应（end effect）及模态混淆（mode mixing）问题在一定程度上影响其分解效果。本书提出一种兼具镜像对称和波形匹配的组合延拓方法以抑制端点效应，从而依据研究样本的数据波动形态，自适应延拓原序列，最大程度地保留原时序的数据特征。进一步，以排序熵（permutation entropy，PE）作为子序列复杂度的度量指标，结合快速傅里叶变换技术（fast Fourier transformation，FFT），依据子序列复杂度的高低实现对子序列的多尺度精准分解，以解决模态混淆问题。信号仿真实验结果证实，上述两种优化方法，均能有效提高经验模态类分解算法的分解性能。

（2）数据驱动的预测模型自适应选择研究。单项预测模型选择是否恰当直接影响最终集成预测效果。当前研究通常以学者的主观经验或文献研究结果作为选择依据，缺少从模型的数据适用性视角出发的考量，容易导致模型误选问题。本书借鉴元学习（meta-learning）思想，构建一个基于时间序列统计特征（简称时序特征）的预测模型自适应选择分类器，使用具有良好分类性能的随机森林（random forest，RF），捕捉时序统计特征与模型预测精度之间的映射关系，实现依据时序数据的统计特征自动匹配最佳预测模型的目标。此外，结合多元回归分析技术，筛选对于模型预测精度具有较高解释性的时序特征作为分类器输入，进一步提高分类器性能。基于 M3 数据集的实验结果表明，改进后的分类器将原始 18 个输入特征减少为 9 个，不仅有效减少分类器的训练时间，还能提高分类器的分类正确率及平均预测精度。

（3）数据驱动的集成预测研究。种类繁多的单项预测模型为集成预测提供了丰富的备选模型池，但也因此带来子集选择难题。本书以各单项预测结果蕴含的信息量为依据，以邻域互信息（neighborhood mutual information，NMI）为度量指标，以最大化备选模型与已选模型集合的相关性且最小化已选模型之间的冗余度为优化目标，运用布谷鸟搜索（cuckoo search，CS）设计最优子集筛选算法。此外，为了进一步提高集成预测的多样性，基于不同的数据来源与不同的数据预处理方法，设计融合网络搜索数据（Internet search data，ISD）的集成预测策略和融合多时间尺度的集成预测策略，为丰富集成预测的多样性提供新的研究视角。

（4）实证研究。以我国农产品市场的典型产品（猪肉、鸡蛋、黄瓜、西红柿）为研究对象，以水平及方向预测精度为评价标准，验证数据驱动的分解集成预测方法的有效性及适用性。实证结果表明，改进后的时序分解算法能有效提高农产品价格预测性能，且对于不同类型的预测模型均具有普适性；基于时序特征的预测模型选择分类器，能有效规避未知情境下的模型选择风险，与简单平均策略相比，具有较优的水平及方向预测精度；基于邻域互信息的集成预测策略能够筛选出最佳集成子集，通过集成较少的预测模型即可达到较优的集成效果；融合 ISD

和多时间尺度数据的集成策略,丰富了集成预测的信息来源,由此进一步提高农产品价格预测精度。

在本书的研究工作和文稿撰写过程中,得到许多同行和朋友的支持与鼓励,包括北京化工大学经济管理学院余乐安教授、中国科学院大学经济与管理学院李建平教授、中国科学院预测科学研究中心王珏研究员、华中农业大学经济管理学院熊涛教授等,在此一并表示衷心的感谢。特别的,感谢华南农业大学数学与信息学院张大斌教授,为我提供了站在巨人肩膀上的研究机会。同时,感谢华南农业大学 IDIS 实验室各位小伙伴在实验过程中给予的帮助。相关研究工作得到了国家自然科学基金面上项目(71971089)、国家自然科学基金青年科学基金项目(72001083)、广东省自然科学基金面上项目(2022A1515011612)的资助,以及华南农业大学乡村振兴研究院、数学与信息学院的大力支持。感谢科学出版社对本书出版所提供的支持与帮助。

最后,对于一直给予我无私支持的家人表示深深的谢意,感谢你们无怨无悔地替我承担了无数日常生活里的琐碎事务。所谓的岁月静好,全有赖于你们在替我负重前行。谨以此书献给我的家人。特别的,将此书献给我可爱的儿子,希望你在今后的道路中,不畏艰难,勇于攀登、敢于创新、超越自我。

本书所提出的研究思路与观点仍处于雏形阶段,仅在小范围内进行了探索性的研究。由于本人能力有限,本书难免存在不足之处,需要在今后的研究中不断地纠正、拓展与深入,恳请各位专家和读者朋友批评指正。

目　录

第1章　绪论 ··· 1
　1.1　本书背景与意义 ··· 1
　1.2　国内外研究现状 ··· 5
　1.3　本书的研究思路 ··· 15
　1.4　本章小结 ·· 21
第2章　本书的研究框架 ·· 22
　2.1　相关理论知识 ··· 22
　2.2　实验方案 ·· 28
第3章　数据驱动的时序分解方法 ·· 32
　3.1　时序分解方法综述 ·· 32
　3.2　经验模态类分解算法原理及存在问题 ··························· 35
　3.3　端点效应抑制方法改进研究 ·· 42
　3.4　模态混淆抑制方法改进研究 ·· 47
　3.5　本章小结 ·· 54
第4章　数据驱动的预测模型自适应选择 ································ 55
　4.1　预测模型选择综述 ·· 55
　4.2　基于时序特征的预测模型自适应选择框架 ··················· 59
　4.3　预测模型自适应选择实验方案 ···································· 67
　4.4　预测模型自适应选择实验结果 ···································· 68
　4.5　本章小结 ·· 72
第5章　数据驱动的集成预测策略 ·· 73
　5.1　集成预测综述 ··· 73
　5.2　基于邻域互信息的集成预测策略 ································· 82
　5.3　融合网络搜索数据的集成预测策略 ····························· 89
　5.4　融合多时间尺度的集成预测策略 ································· 93
　5.5　本章小结 ·· 97
第6章　农产品价格波动预测实证研究 ··································· 98
　6.1　数据驱动的时序分解结果 ··· 99
　6.2　数据驱动的预测模型选择结果 ································· 106

    6.3　数据驱动的集成预测结果 ·· 114
    6.4　融合网络搜索数据的集成预测结果 ······································ 120
    6.5　融合多时间尺度数据的集成预测策略 ··································· 129
    6.6　本章小结 ··· 136
第 7 章　总结与展望 ·· 137
    7.1　本书的研究工作 ·· 137
    7.2　本书的研究成果 ·· 139
    7.3　未来研究展望 ··· 141
参考文献 ·· 144
附录 ··· 156
    附录 A　四种农产品直接建模的预测误差 ··································· 156
    附录 B　农产品分解后的分量图 ··· 158
    附录 C　TRIM 集成策略下的子集选择结果 ································· 162
    附录 D　三种农产品的 MEMD 分解结果 ···································· 162
    附录 E　融合网络搜索数据的预测结果（RMSE） ························ 166
    附录 F　融合网络搜索数据的预测结果（MAE） ·························· 167
    附录 G　融合网络搜索数据的预测结果（D_{stat}） ···························· 167

第 1 章　绪　　论

本章首先阐述农产品价格波动预测研究的现实及理论意义，论述使用数据驱动建模思想对分解集成方法论进行改进和优化的必要性；其次介绍目前国内外相关领域的研究现状，包括农产品价格波动特征及影响因素分析、农产品价格波动预测建模方法及分解集成预测建模方法；在此基础上，形成本书的总体研究思路，包括研究目标、研究内容、技术路线图及主要创新点。以下将分别给予详细阐述。

1.1　本书背景与意义

我国是传统的农业大国，农业是立国之本、强国之基。自古以来，农村稳则天下安，农民富则国家盛。农产品价格是引导农业生产资源流动与配置的关键要素之一，在确保农产品市场正常运行及经济社会平稳发展方面起到重要作用。在市场供给和需求关系动态平衡调整的过程中，农产品价格出现一定范围内的波动是正常且普遍的经济现象。进入 21 世纪以来，在我国农产品市场对外关联性不断增强、农业生产进行结构性调整、农产品金融属性逐渐凸显等内外部因素共同作用下，农产品的价格形成机制日趋复杂，部分农产品价格波动剧烈、涨跌频繁，呈现出短周期宽幅的波动特征（涂圣伟等，2015）。"糖高宗""姜你军""豆你玩""蒜你狠"等网络热点词语生动刻画了一定时期内农产品价格"过山车式"连番上涨的异常现象。

在价格出现大起大落的品种中，不乏猪肉、玉米、棉花等与国计民生关系密切的重要农产品。据相关统计资料[①]，自 2013 年底至 2019 年中，我国集贸市场猪肉的平均批发价格波动幅度为 68%（最低价为 2018 年 5 月的 15.97 元/公斤[②]，最高价为 2016 年 6 月的 26.83 元/公斤）；玉米的平均批发价格波动幅度为 66%（最低价为 2017 年 2 月的 1362 元/吨，最高价为 2015 年 4 月的 2264 元/吨）；棉花价格波动幅度为 133%（最低价为 2015 年 11 月的 6.45 元/公斤，最高价为 2014 年 9 月的 15.06 元/公斤）。农产品价格的异常波动，严重扰乱了农产品市场正常的经营秩序，不仅增加了农业从业者收入的不确定性和生产决策的风险性，也在一定

---

① 猪肉和玉米平均批发价格源自 Wind 数据库，棉花价格源自布瑞克数据库。
② 1 公斤等于 1000 克。

程度上影响了广大民众（尤其是低收入人群）的生活福利，对我国经济社会健康平稳运行造成诸多负面影响。近年来，中央一号文件和政府工作报告多次强调农产品市场价格监测预测的重要性，呼吁加快完善重要农产品价格调控机制，避免农产品市场价格大起大落。因此，在客观分析农产品价格波动规律的基础上，运用先进的预测建模方法，精准预测农产品价格波动的趋势与幅度，具有重要的现实指导意义，具体包括以下三个方面。

（1）宏观层面，农产品价格波动趋势、异常点监测结果可为政府相关部门制定价格调控、风险补贴等政策提供科学决策参考。

（2）中观层面，农产品价格的中长期预测结果可引导农业生产企业理性判断价格走势，及时调整生产结构。

（3）微观层面，农产品价格的短期预测结果有助于农户合理规避市场风险，增加从业收入。

从事农产品价格波动预测的研究机构主要包括政府职能部门、科研院所及高等院校。政府及科研院所在数据获取方面具有得天独厚的优势，通常采用复杂的大系统模型，分析各类政策及影响因素对农产品生产、消费、价格、市场等维度的冲击作用。国际上比较具有代表性的有：经济合作与发展组织和联合国粮食及农业组织的 Aglink-Cosimo 模型、国际食物政策研究所的 IMPACT[①]和美国农业部与宾夕法尼亚州立大学联合开发的 PEATSim 模型；国内的则有中国科学院的中国农业政策分析和预测模型（China agricultural policy simulation and projection model，CAPSiM）和中国农业科学院农业信息研究所的中国农产品监测预警系统（China agricultural monitoring and early-warning system，CAMES）（李建政等，2020）。基于这些宏观系统模型的预测结果及相关领域专家的经验判断，可进一步形成对国内及国际农产品市场的中、长期趋势判断，如美国农业部发布的年度预测报告、中国农业科学院农业信息研究所发布的《中国农业展望报告》等。相比之下，高等院校围绕农产品价格波动预测的研究工作则相对微观，通常聚焦于某个地区或某类特定农产品，通过使用新型预测模型或对原有算法进行优化改进，以达到提高预测精度的目的。

基于定量方法对农产品价格波动进行预测建模，最早可追溯至 20 世纪 50 年代。Cox 和 Luby（1956）使用多元回归模型对美国生猪价格进行提前 6~12 个月的预测，为当地农户有效制订养殖计划提供帮助。类似地，Maki（1963）运用计量模型分析了美国畜禽产品市场的供需波动周期，进而预测未来价格走势。20 世纪 70 年代后，时间序列分析兴起并发展，各类时间序列模型，如自回归单整移动

---

① IMPACT 全称为 international model for policy analysis of agricultural commodities and trade，表示农产品贸易政策分析国际模型。

平均（autoregressive integrated moving average，ARIMA）模型、季节性 ARIMA（seasonal ARIMA）模型、指数平滑（exponential smoothing，ES）模型、向量自回归（vector autoregression，VAR）模型等开始广泛应用于农产品市场研究（Bessler and Brandt，1981；Brandt and Bessler，1984；Zapata and Garcia，1990），为定量化分析农产品价格波动规律及机制提供了方法基础。20 世纪末 21 世纪初，人工神经网络模型作为一种新型建模方法被引入农产品价格预测领域。相较于传统经济计量模型，人工神经网络因其具有良好的自组织和主动学习机制，有效地改善了预测性能（Chen and Li，2019；Liu et al.，2020；Puchalsky et al.，2018；Zou et al.，2007）。尽管如此，仍有经济学家认为，在其他领域得以普遍运用并取得良好效果的先进预测方法和模型，在农产品市场中并未得到充分的应用与检验，农产品市场研究中所应用的预测方法总体相对陈旧（Colino et al.，2011）。因此，更好地吸收在其他预测领域（如金融、能源等）取得良好应用成效的新型预测方法，可视为提高农产品价格波动预测性能的有效途径。

进一步，农产品价格波动的定量预测建模方法可分为两种类型：一种是基于变量间的相关性；另一种是基于时间上的相关性。所谓变量间的相关性，是指首先确定导致农产品价格波动的各类影响因素，然后以影响因素为解释变量、价格波动为被解释变量建立预测模型的方法，常用的有多元回归模型、神经网络模型等。时间上的相关性是指仅使用历史价格数据去预测未来价格的预测建模方法，即时间序列预测法，常用的有 ARIMA 模型、带时滞性的神经网络模型等。这两类方法各有优缺点，基于变量相关性建立的预测模型，具有较好的经济解释性，能够帮助人们理解不同因素对价格波动的影响程度，但数据收集的工作量较大。基于时间相关性的预测建模方法，数据获取较为便利，模型的外推性能较优，但模型的可解释性较差。农产品价格波动的影响因素多为低频数据（如土地成本、劳动力成本、居民消费水平等多为年度数据）且不便于预测高频的价格数据（如日度或周度价格波动）。此外，相关外部冲击因素难以定量测度，不便于作为预测模型的解释变量。基于上述考虑，本书仅讨论运用时间序列分析工具作为农产品价格波动的预测建模方法。

时间序列预测建模方法立足于预测对象所处的复杂系统，在充分分析预测对象历史变动规律的基础上，选择恰当的数理模型以拟合研究对象的数据生成过程，从而实现对其未来发展趋势的外推判断。就应用领域而言，能源预测（包括需求、价格、存储量等）、金融预测（包括汇率、股市、期货等）、经济预测（包括宏观经济发展水平、人口、货币等）是应用较多且成果显著的几大领域（陈彦斌等，2009；Chai et al.，2016；Wang et al.，2020；Yu et al.，2017；孟令国等，2014；熊志斌，2011；张健等，2020）。近十年来，随着全球经济一体化程度不断加深及各类"黑天鹅"事件不时发生，各领域的研究数据均呈现出更为频繁且剧烈的波动趋势，时间序列中的不规则变动越来越多，为预测建模带来了新的挑战。在此背景下，分解集成方法论成为应对复杂系统预测建模的有效方法（Yu et al., 2008; Ling et al., 2019a; Tang et al., 2012）。

分解集成方法论基于"分而治之"的思想，包括三个研究步骤，即时序分解、单项预测和集成预测。首先，采用时序分解技术，将原本非平稳、非线性的复杂时序分解为多条相对简单且规律性明显的子序列，这不仅有效降低预测建模的难度，还可加深研究者对各子序列经济内涵的理解；其次，为每条子序列选择恰当的预测模型，从而得到各子序列的预测值，即单项预测结果；最后，采用恰当的方法集成各子序列的预测值，得到最终结果。该方法论自提出后，已在金融、能源、交通等众多领域的实证研究中取得良好效果，被公认为是应对复杂系统预测建模难题、提高预测性能的有效工具（Yu et al., 2017; Xie et al., 2017; Cao et al., 2019）。

相较于直接建模策略，分解集成方法论已在众多预测实践中取得普遍性的实证优势。然而，笔者在研究工作中发现，该方法论仍存在进一步改进和优化的空间。例如，就时序分解而言，如何进一步减少端点效应和模态混淆对经验模态类分解算法的影响，确保子序列最大程度还原或保留原始数据的波动形态？就单项预测建模而言，如何依据各子序列不同的数据形态，在众多常用的预测模型中自动匹配最佳模型，避免模型选择的主观性与盲目性？在集成预测中，如何基于一定理论依据构建最优集成子集？如何借助大数据时代丰富的数据资源，丰富集成预测的信息多样性来源？这些问题的解决，不仅能够提高分解集成预测建模方法对不同类型研究对象的适用性，同时也可进一步完善分解集成预测方法论的理论基础。

综上所述，运用先进的预测建模方法提高农产品价格波动的预测精度，有助于确保我国农产品市场的健康平稳运行，具有重要的现实意义；与此同时，对作为预测科学领域代表性研究方法之一的分解集成方法论进行完善与创新，避免方法（模型）选择的主观性和风险性，具有较高的理论价值。在此背景下，本书研究工作将以数据驱动思想为指导，以分解集成方法论为主体框架，探讨和构建一个与研究对象数据特征（内涵）相匹配的分解集成预测建模流程，综合运用智能优化和机器学习算法，将建模过程中相关难题转化为分类或优化问题，减少建模过程中的人为干扰环节，提高分解集成方法论对不同类型研究数据的适用性。此外，本书还将改进的方法论应用于我国农产品市场价格波动预测研究，选取典型农产品为研究对象，实证改进方法论的有效性，为提高农产品价格预测精度提供新的研究视角与方法。具体而言，本书研究工作的理论及现实意义体现为以下两个方面。

（1）理论意义：本书设计一种与时间序列波形特征及复杂度特征相匹配的经

验模态类分解算法优化方案，减少端点效应及模态混淆问题对时序分解效果的影响，确保分解后子序列最大程度保留原序列的数据信息；此外，提出一个与时序特征相匹配的预测模型自适应选择框架，克服预测模型选择的主观性与盲目性，减少未知预测情景中的模型选择风险；最后，构建一种以信息论为基础的最优子集选择策略，将ISD融入单时间序列预测模型，设计一种融合多时间尺度的集成预测策略，不仅完善集成预测的子集选择理论基础，还进一步丰富集成预测的数据来源。

（2）现实意义：本书将改进后的分解集成预测建模流程应用于农产品价格波动研究，对我国主要畜禽产品及蔬菜类产品的价格波动趋势展开短、中、长期预测，以满足多方主体对不同期限的价格预测的需求。对农产品价格波动幅度与趋势的精准预测，有助于农业生产者及相关涉农企业提前预判市场风险、合理布局生产资源；同时，还为政府相关部门制定农产品价格调控措施提供决策参考，切实保障农产品市场健康平稳运行、确保农民持续增收。

1.2 国内外研究现状

1.2.1 农产品价格波动特征及影响因素

全面分析农产品价格的波动特征及各种影响因素，有助于深入理解农产品的价格形成机制，进而建立科学有效的预测模型。对于农产品价格波动特征的研究，多以经济计量模型为研究工具，分析不同农产品价格波动的季节性、周期性、异方差性、集聚性和非对称性等特征，例如，学者运用Hodrick-Prescott（HP）滤波法将1978~2006年的农产品价格波动划分为五个阶段，得出不同阶段价格波动的整体特征和结构特征不尽相同的结论（徐雪高，2008）。基于马尔科夫局面转移向量误差修正模型，学者对中国农产品价格波动的特征进行实证分析，认为中国农产品价格波动具有长期平稳性，但在下跌、平稳增长和快速上涨三个不同局面阶段中，存在局部概率转移的非对称性，呈现出暴涨缓跌的价格波动特征（顾国达和方晨靓，2012）。夏冰（2015）采用自回归条件异方差（autoregressive conditional heteroskedasticity，ARCH）模型对我国农产品价格波动的集聚性进行分析，认为相较于传统正态分布，广义误差分布能更有效地解释我国农产品价格变动的集聚及波动特征。此外，还有学者针对具体的农产品展开分析，例如，学者以我国粳稻、籼稻、红富士苹果等12种农产品为研究对象，将不同农产品归集为土地密集型、劳动密集型和战略资源型农产品，运用指数条件异方差模型，分析不同类型农产品价格在不同消息影响下的价格波动非对称性（汤路昀和祁春节，2017）。还有学者利用HP滤波法、变异系数法和自回归模型，分析了在不同政策环境下棉花和大豆价格的波动特征，对比不同产品对于价格调控政策滞后效应的差异性（李博文和邵书慧，2018）。

针对农产品价格波动的影响因素，国内外学术界进行了大量的分析与研究，形成了丰富的研究成果。传统的研究视角大多关注直接作用于农产品供、求变化的影响因素，主要包括：宏观经济发展状况（黄季焜等，2009；Chen et al.，2018）、农业生产成本（李国祥，2011；Alexakis et al.，2017）、流通交易成本（韩喜艳等，2019）和自然气候因素（Chen et al.，2016）等。鉴于生猪产业是我国农业经济中的支柱产业，猪肉在居民日常饮食结构中占比较大，学者通常以生猪或猪肉价格波动为研究对象。

周晶等（2014）基于2000～2012年省级面板数据，采用面板数据分析法，分析中国生猪生产波动的影响因素。研究发现，从市场端来看，猪肉价格变动10%将会引起生猪出栏量和猪肉产量同向波动1.5%左右；从成本端来看，玉米价格变动10%将引起生猪出栏量和猪肉产量反向波动0.5%左右；从动物疫病视角来看，生猪重大疫病死亡率达到1%，生猪出栏量将负向波动3%。乔浪等（2019）以2006～2015年全国猪肉价格月度数据为研究对象，运用数据挖掘的多维关联规则算法分析供给、需求和成本因素对我国猪肉价格波动的影响机制。实证结果表明，从供给端来看，猪肉产量下降、存栏量下降及出栏量下降对猪肉价格上涨的影响概率是100%；从需求端来看，居民消费水平上升、牛肉价格上涨及鸡肉价格上涨对猪肉价格上涨的影响概率分别是89%、84%和83%；从成本端来看，生猪价格上涨、仔猪价格上涨、玉米价格上涨对猪肉价格上涨的影响概率分别是92%、78%和73%。由于实证研究中的数据来源、数据频率、样本期限存在差异，不同研究得到的具体定量分析结果不尽相同，但总体的方向趋势是一致的。

此外，学者还基于同类农产品之间消费替代性的研究视角，分析不同农产品的价格关联性，例如，田露等（2012）采用协整分析方法和有限滞后分布不对称模型对牛肉市场价格关联效应进行量化分析，发现作为替代品的猪肉、羊肉和鸡肉价格对牛肉市场价格有显著影响，且这种影响具有一定的滞后性。毛学峰等（2018）采用协整分析方法和向量误差修正模型分析中国四大肉类产品是否具有价格关联。研究发现，猪肉、牛肉、羊肉和鸡肉价格之间存在稳定的长期均衡关系，牛羊肉之间的波动关联性最大，猪肉和牛羊肉间的联系次之，鸡肉与其他三类产品的波动联系最小，在此基础上，提出对中国肉类市场的管理对策建议。

近年来，随着我国农产品市场与世界经济联动性增强，农产品价格受各类短期突发因素的影响日渐增大，各类新型影响因素开始逐渐受到学界重视，主要包括极端天气、政策干预、新闻消息、能源价格波动、国际游资和随机因素等。例如，美国中西部地区2012年的持续高温天气，曾导致美国市场的玉米价格在不到20个交易日内上涨37%，这种影响进一步通过国际贸易传导到国内市场，导致中国大连商品交易所的玉米和大豆期货主力合约同期分别上涨约5%和11%（李建政等，2020）。围绕政策因素，石自忠等（2016）利用时变参数VAR模型就经济政策不确定性对中国畜产品价格的冲击进行了分析，研究认为，经济政策不确定性是导致畜产品价格周期性波动的重要原因。就不同类别的畜产品而言，猪肉价格受经济政策不确定性冲击最大，其次是牛羊肉价格，鸡肉价格受冲击较小。基于一项针对美国消费者的调查，学者认为政府出台的猪肉质量等级标签将影响消费者的短期及长期购买意愿，进而导致猪肉产品价格变动（Lusk et al., 2018）。类似地，Shang和Tonsor（2017）分析了美国的牛肉召回政策对不同州居民消费意愿的影响，以加利福尼亚州为例，召回数量每增加10%，将导致消费意愿下滑0.09%。基于市场信息冲击的研究视角，周爱珠等（2017）以我国36种农产品的月度价格为研究样本，运用指数条件异方差模型分析不同类型新闻消息对农产品价格波动的影响，研究发现绝大部分农产品都受到意外消息对价格波动的冲击，这种冲击具有不对称性，意想不到的高价格信息对价格稳定的破坏力更大。苗珊珊（2018）采用价格变点模型分析突发事件信息与猪肉零售价格的变点相关性，研究发现两者之间具有显著相关性。进一步，运用ARCH类模型考察生鲜农产品突发事件信息冲击对猪肉价格波动的影响，发现猪肉价格波动具有杠杆效应，负面信息比正面信息对价格波动的影响更大。考虑到部分粮食作物（如玉米、大豆、大麦等）具有能源属性，学者进一步分析了国际原油价格波动对国际农产品价格波动的影响作用，研究发现，自2008年金融危机以后，原油价格波动对农产品价格波动的影响作用更为显著（Wang et al., 2014）。此外，部分具有期货交易属性的农产品（如玉米、大豆、白糖等），在国内外游资的驱动下，短期内会出现价格的大幅震荡（高群和宋长鸣，2016）。除上述因素外，学者还将自然灾害、动物疫病等归为随机因素，通过定量研究发现，猪肉价格的长期波动中有90%源于随机冲击，牛肉价格波动中则有50%来源于随机冲击（石自忠等，2016）。

在全面分析农产品价格波动影响因素的基础上，学者进一步分析了各影响因素的时变特性。熊涛（2021）基于动态模型平均理论，从猪肉供给、猪肉供求、国内经济环境和国际市场四个维度共11个影响因素出发，分析不同影响因素的时变特征，进而构建猪肉价格预测模型。研究发现，我国猪肉价格影响因素存在显著的时变特征，各预测时点被选中的平均解释变量个数存在差异。具体而言，解释变量的个数与猪肉价格的波动程度呈正向相关，价格波动剧烈时，被选中的解释变量相对较多，反之亦然。从供给方面来看，仔猪、玉米和豆粕价格的被选中概率呈平稳上升趋势；从需求方面来看，自2014年以后，牛肉、鸡肉和羊肉价格对猪肉价格波动的影响程度无显著差异；从国内经济环境来看，居民消费价格指数对猪肉价格的影响程度明显高于广义货币供应量；从国际市场来看，瘦猪肉期货价格对我国猪肉价格的影响程度略高于美国西得克萨斯中质（West Texas intermediate, WTI) 原油价格。该项研究有助于人们深入理解猪肉价格波动的多维影响因素，并为构建不同时段的猪肉价格预测模型提供了变量选择依据。

综上，农产品价格波动的本质是由于众多内外部影响因素作用于产品的供求关系而产生。在新的国际政治及社会经济发展形势下，农产品价格不仅受到基于生产的供求关系变动的影响，还在一定程度上遭受国际政治、金融市场、食品安全、新闻消息等外部冲击的影响。各种内外部因素交织影响，导致农产品价格波动时序的数据生成过程呈现出更多非线性、非平稳、突变性等复杂性特征，为预测建模增添难度。因此，如何准确捕捉并刻画农产品价格波动复杂系统的动力机制，成为农产品价格预测领域亟须解决的关键问题。

1.2.2 农产品价格波动预测建模方法

农产品价格波动预测建模方法主要可分为三大类：传统经济计量模型、现代人工智能模型及组合模型。早期应用经济计量模型预测农产品价格的研究可追溯至1956年，Cox 和 Luby（1956）使用多元回归模型对美国生猪价格进行了提前6～12个月的预测，预测结果为当地农户制订养殖计划提供了有效帮助。Maki（1963）对美国畜禽产业生产系统展开深入分析，构建了一个包含44个子模型的递归系统，以预测牛肉和猪肉的市场价格。Brandt 和 Bessler（1984）针对美国生猪价格预测问题构建了 ARIMA 模型和 VAR 模型，并对比两种模型预测性能的差异。相较于单变量的 ARIMA 模型，VAR 模型中包含了与生猪价格有关联的四种影响因素，分别为可繁殖母猪数量、玉米价格、牛肉价格和居民可支配收入。然而，从实验结果来看，包含更多影响因素的 VAR 模型的预测精度并未高于仅包含历史价格信息的 ARIMA 模型。类似地，Evans 和 Nalampang（2009）构建了美国牛油果价格与人均消耗量、人均可支配收入和趋势变量之间的多元回归模型。Zhou（2016）建立了中国猪肉价格与玉米价格、牛肉价格、羊肉价格、鸡蛋价格及仔猪价格之间的多元回归模型，研究发现除玉米价格外，其余解释变量均与猪肉价格波动呈正相关关系。总体来说，基于多元回归技术的预测模型具有较好的经济可解释性，有助于人们理解不同因素对农产品价格波动的影响机制，并为稳定农产品市场平稳运行提供切实可行的调控路径。

20世纪70年代后，时间序列分析技术逐渐兴起，相较于多元回归建模，由于只需依赖历史观测数据的线性组合便能得到对未来的预测值，极大减轻了数据采集的工作量，使预测建模变得更为简单易行。经典的时间序列模型主要包括 ARIMA、季节性 ARIMA 及指数平滑模型。例如，Kohzadi 等（1996）使用 ARIMA 模型构建了小麦及畜禽产品的价格预测模型，不仅分析了模型的预测精度，还就模型是否能有效捕捉时间序列的转折点展开探讨。国内学者对于农产品价格预测的研究自 2005 年后兴起,时间序列模型是其中最为常用的预测建模工具。刘峰等（2009）以蔬菜价格为例,运用 ARIMA 模型建立价格预测模型,模型的相对百分比误差在 5%以内,效果较好。针对我国小宗农产品价格日常波动的现实问题,刘慧和李宁辉（2012）利用 ARIMA 模型预测绿豆价格的短期走势,在此基础上提出稳定绿豆等小宗农产品价格的建议。

李干琼等（2010）运用 ARIMA、ARCH、GARCH（generalized ARCH,广义 ARCH）等时间序列模型预测全国西红柿日度批发价格,实现对农产品的超短期预测,实证发现,在没有突发因素干扰时,三种预测模型都能达到优良的预测精度,但对于由突发因素引起的价格异常波动,上述模型的处理能力有限。类似地,考虑到西红柿月度价格具有明显的季节波动性,Keerthi 和 Naidu（2013）使用季节性 ARIMA 模型对西红柿价格进行提前半年的预测。Wu 等（2016）把可以平滑数据随机干扰的灰色累积生成算子引入双指数平滑模型,通过算例验证新算子的有效性,并对 2014~2017 年中国的猪肉价格进行预测。相较于多元回归建模,时间序列建模由于只需使用研究对象的历史观测数据,大大简化了数据收集的工作量。此外,时间序列模型还具有结构精简、灵活的特点,相较于结构化模型,其外推预测性能也较优。

进入 21 世纪以来,受气候因素、疾病因素、政策因素、炒作因素及其他突发性因素的影响,农产品价格呈现出波动幅度及频率明显增大的特点,传统经济计量模型对此类非平稳、非线性问题的处理能力有限。在此背景下,具有良好自适应及自组织性能的人工神经网络模型开始受到学界重视,并在农产品价格预测领域进行推广应用,其中包括：结合支持向量机（support vector machine, SVM）和智能优化算法构建西红柿日度批发价格预测模型（韩延杰, 2012）,使用带有时滞特性的人工神经网络预测大豆和油菜籽的月度批发价格（Jha and Sinha, 2013）,使用极限学习机（extreme learning machine, ELM）预测具有典型季节波动特征的辣椒、大白菜、黄瓜等蔬菜产品价格（Xiong et al., 2018）等。近年来,随着深度学习技术的兴起,学者开始将其应用于农产品价格预测建模。例如,Wang 等（2019a）使用长短期记忆（long short-term memory, LSTM）模型预测玉米和大豆的期货价格；Kurumatani（2020）以日本蔬菜批发价格为研究对象,运用递归神经网络构建了预测模型,并对比了多种不同建模方法的优劣。总体而言,与传统经济计量模型相比,人工神经网络模型面对复杂数据的预测性能更优,且能更为精准地捕捉价格变动的趋势。

尽管现代人工智能模型相较于传统经济计量模型有普遍性的优势,但没有研究表明,某一类（个）模型能够胜任所有的预测情境（对象）。模型的预测性能随着预测对象、预测步长、样本长度的改变而改变,并不存在具有绝对优势的预测模型。随着研究的进一步深入,学者发现不同类型的预测模型对于不同类型的预测数据有不同的适应性。例如，经济计量模型更适合满足平稳性、线性、规律性等特点的研究数据；人工智能模型则更适合非平稳、非线性、突变性的研究数据。为了更好地利用不同预测模型对不同研究数据的拟合能力，组合预测的思想应运而生，并被视为是提高预测性能的有效途径（Aiolfi and Timmermann，2006；Claeskens et al.，2016）。

组合预测基于一定规则组合各单项模型，通过包含更全面的预测信息从而提高预测结果的精度与稳定性。组合模型也被称为混合模型（hybrid model），常见的建模方案有两种：一种是首先使用线性模型拟合原始数据，得到线性部分的预测值；原始数据减去线性部分预测值得到预测误差，用非线性模型对预测误差进行预测建模，从而得到非线性部分的预测结果；将线性与非线性部分的预测结果相加得到最终预测值。这种方案的内在逻辑在于，原始数据包含线性及非线性成分，且不同模型对于不同性质的数据成分的拟合能力不同，通过分步建模的方式，可以发挥不同模型的优势，充分捕捉原始数据中的不同成分。学者通常选择 ARIMA 或指数平滑模型作为线性模型的代表，人工神经网络作为非线性模型的代表（曹霜和何玉成，2015；陈兆荣等，2013）。另一种是采用多个不同类型（线性和非线性、经济计量和人工智能）的模型对原始数据进行直接预测建模，基于一定的组合方式，综合不同模型得到的预测结果，从而得到最终预测值。例如，王川等（2013）使用双指数平滑模型、Holt-Winters 乘法模型和 ARIMA 模型作为苹果价格的短期预测模型，以误差平方和最小为准则组合各单模型的预测结果，研究表明组合预测的效果优于单模型。类似地，熊巍等（2015）以苹果、香蕉、橙的集贸市场价格数据为研究对象，选择 Holt-Winters 季节性指数平滑模型、Census X12 季节分解模型、季节性 ARIMA 模型、Back Propagation（BP）神经网络模型和灰色系统模型中预测误差较小的三种作为短期预测的适用模型，运用误差平方和倒数法确定权重构建组合预测模型。相较于单一预测模型，组合模型能够更全面地反映原始数据的变动规律，大量研究均证实组合模型具有比单一模型更优的预测性能，甚至能取得比最优单模型更优的预测精度。

综上，农产品价格波动预测有不同的建模方法，选择哪种方法取决于建模的目的。如果需要得到关于农产品价格波动的经济解释，找到影响农产品价格波动的影响因素，推荐使用多元回归建模；如果需要得到较为精准的预测结果，推荐使用时间序列建模；如果研究期限内的价格波动较为频繁，推荐使用人工智能模型。鉴于不同类型的预测模型各有优缺点，组合（集成）预测通过综合不同模型的优点，成为一种有效提高模型预测性能的方法。在农产品价格形成机制日趋复杂的大背景下，如何更好地捕捉价格时序的波动规律，提高不同类型农产品价格时序的预测精度，值得进一步探索。

1.2.3 分解集成预测建模方法

上述组合预测思想通过充分利用不同模型的优势，为提高模型预测精度提供了切实可行的途径。在时间序列数据日趋复杂、噪声及异常点大量出现的新形势下，学者逐渐认识到，如果不对研究数据进行预处理而直接建模，即使采用最为先进的预测模型，其预测性能也是有限的。在此背景下，基于"分而治之""化繁为简"的研究思想提出的分解集成方法论成为学界的研究热点。该方法论包括三个研究步骤，即时序分解、单项预测和集成预测。时序分解是指使用分解方法将原序列分解为多条相对简单、波动规律相对清晰且经济含义更为明显的子序列，从而降低原始复杂时序的预测建模难度；单项预测是指针对呈现不同波动形态的子序列，选择适合的模型进行预测建模，从而得到单项预测结果；集成预测是指对各单项预测结果进行线性或非线性集成，从而得到最终预测结果。

对于时序分解而言，常用的分解方法包括 X12-ARIMA 季节调整法（范青青和袁艳红，2018）、小波分解（wavelet transform，WT）（He et al.，2012）、卡尔曼滤波法（Xiong et al.，2018）、经验模态类分解（王德青等，2014）和奇异谱分解（singular spectrum analysis，SSA）等（梁小珍等，2017）。不同分解方法的适用条件不同，X12-ARIMA 季节调整法和卡尔曼滤波法将时序数据从时域转化至频域，以实现数据的多尺度分离；小波分解通过引入窗函数，以不同的分辨率实现对不同尺度数据的分解，从而解决傅里叶变换不能有效捕捉数据局部变化的问题；而面对非线性非平稳的复杂数据，具有自适应特性的经验模态类分解方法则具有先天的优势。更多关于时序分解方法的详细介绍请见 3.1 节。

分解集成预测方法论的第二步，是单项预测，即对分解后的每条子序列分别进行预测建模，常用的时序预测模型已在 1.2.2 节进行了介绍。分解后的子序列形态各异，呈现出从高频到低频的波动特征，如何为不同形态的序列匹配适合的预测模型，成为影响预测效果的关键问题。目前，学者选择预测模型多凭借主观经验，对于同一种类型的时序，相悖的选择结果时有发生。例如，对于高频子序列，有的学者倾向使用传统统计模型（Xiong et al.，2018），有的学者倾向选择人工智能模型（王书平和朱艳云，2016）。如何为预测模型选择提供科学的指导，依据研究对象的本质数据特征，在一定规则的指导下自动确定最佳预测模型，减少由于主观经验判断带来的模型错误识别风险，这是进一步提高模型预测性能的研究方向。

集成预测是分解集成的第三步，即使用综合集成的方法，将不同子序列的预测结果整合为最终预测结果。当前最为常用的是线性加和集成法，即把所有单项预测值进行简单相加，以得到最终预测结果；此外，也有学者使用人工智能模型来得到最终集成结果（Yu et al., 2017）。在实际应用中，这两种集成方法并无显著的相对优劣，集成效果随着研究对象的不同而改变。

分解集成方法论已广泛应用于金融、能源、社会等多个领域并取得了显著优势。例如，Yu 等（2008）使用经验模态分解（empirical mode decomposition，EMD）算法将 WTI 和 Brent 原油价格序列分解为有限数量的子序列；随后，采用三层前馈神经网络对各子序列进行预测建模；最后，结合线性自适应神经网络，集成各子序列的预测结果，从而得到最终预测结果。Xie 等（2017）运用 EMD 和 X12-ARIMA 方法分解新加坡及洛杉矶的港口集装箱吞吐量数据，使用最小二乘支持向量回归机（least square support vector regression，LSSVR）对分解后的各子序列建立预测模型，通过线性集成得到最终预测结果。在医学领域，学者使用改进后的互补自适应噪声的集合经验模态分解算法（complementary ensemble empirical mode decomposition with adaptive noise，CEEMDAN）对糖尿病患者的近邻红外光谱扫描信号进行分解，通过提取其中的噪声信号实现对原序列的重构，并运用 SVM 对重构序列进行预测建模。通过与多种分解算法进行对比，发现改进后的 CEEMDAN 算法在信噪比、预测误差和相关系数等评价指标上均优于对比算法（Li X L and Li C W, 2016）。在金融领域，Cao 等（2019）对 S&P500、HSI、DAX 等金融时间序列展开预测研究，使用 CEEMD（complementary ensemble empirical mode decomposition，互补集合经验模态分解）算法分解原序列，运用 LSTM 对各子序列进行预测建模。研究表明，相较于直接建模策略，使用分解策略后的预测精度提高了 2 到 3 倍。风能是一种新型可再生资源，但其时间序列具有的间断特性为预测建模增添了难度，因而学者采用 WT、EMD、EEMD（ensemble empirical mode decomposition，集合经验模态分解）等多种分解方法对风速时间序列进行预处理，通过去除其中的高频信号从而实现去噪重构的目标（Jaseena and Kovoor, 2021）。

以农产品为研究对象，Xiong 等（2017）使用 EEMD 算法将生猪价格序列分解为多条分量，为减少后续单项预测建模的工作量，将各条分量重构为高频、低频及趋势项。针对波动形态差异明显的三条重构分量，分别采用 ARIMA、ELM 及多项式方程进行预测建模，使用 ELM 集成来自不同重构分量的预测值，得到最终预测结果。类似地，Ling 等（2019a）运用灰色关联聚类法，将 EEMD 算法分解后的猪肉价格子序列聚合为高、中、低频分量，通过计算不同分量的波动特征，分析猪肉价格的波动规律。进一步，将高、中、低频分量与宏观经济趋势、生猪养殖周期及市场反应周期相对应，分析不同因素对猪肉价格波动的影响。考虑到蔬菜类农产品（西红柿、黄瓜、大白菜等）具有明显的季节特性，Xiong 等（2018）使用季节分解方法将其价格波动序列分解为季节项、趋势项和残差项，并使用 ELM 对各分量进行预测建模。实证结果表明，相较于直接建模法，季节分解方法可以显著提升蔬菜类农产品在不同预测步长中的预测精度。进一步，Wang 等（2019a）综合使用 EMD、SSA 及变分模态分解（variational mode decomposition，VMD）等方法对原始数据进行预处理，分别以 ARIMA、LSTM、SVM、循环神经网络及门控递归神经网络对子序列进行建模，结合智能优化算法计算各单模型的组合权重，实验发现，相较于最优单模型，组合模型的预测误差下降了约 50%。

时序分解作为分解集成方法论的第一步，其分解效果的好坏直接关系到后续预测建模精度的高低。因此，对各类时序分解算法进行改进与优化成为分解集成预测领域的研究热点。例如，白噪声的添加次数与幅值是影响 EEMD 算法性能的关键参数，若选择的白噪声参数不恰当，则 EEMD 分解产生的分量极有可能被白噪声污染甚至产生伪分量。尽管学者曾经提出设定白噪声的经验参数（Wu and Huang，2009），但该方法主观性过大，现实应用的效果具有局限性。学者曾尝试使用网格搜索法在给定的参数区间内进行参数寻优，依据测试的结果确定最优参数组合，实验结果发现，不同数据集的最优参数与推荐的经验参数相差较大（Dong et al.，2019）。为了使参数寻优过程更为智能化并减少对应的计算工作量，Zhang 等（2019a）运用遗传算法（genetic algorithm，GA）优化白噪声参数，从而保证遗传搜索种群的多样性，采用正交性指数构建适应度函数，基于海明距离设计差异选择算子，提出了 GA-EEMD 改进算法，同时优化白噪声的添加次数与幅度。使用两组具有不同幅度的间歇信号和不同频率的正弦信号进行仿真实验，证实了 GA-EEMD 算法相较于原始 EMD 和 EEMD 算法具有更为稳定的分解性能，并且在一定程度上能解决模态混淆问题。对于 VMD 算法而言，其分解效果受关键参数模态 K 值的影响，即解过多或不足都会影响分析结果的准确性。Zhang 等（2020）使用 VMD 分解短期风速时序数据，通过计算重构后序列的样本熵优化 K 值，考虑到样本熵采用二值函数度量相似度，且不计算自身匹配的统计量，容易产生不准确或无定义的样本熵，学者在样本熵的基础上提出使用模糊熵进行相似度的计算。与样本熵的二值函数相比，模糊隶属度函数的模糊边界测量，提高了模糊熵对信号复杂度的评估，使得熵值的变化更加连续平稳。这种基于最小化模糊熵准则的 K 值优化方法，在稻谷、小麦、豆粕等农产品期货价格的研究中被证实是有效的。Huang 等（2021）同样针对 VMD 算法的参数选择问题，构建了一个度量重构信号与原始信号有差异的损失函数 VMD-Loss，以最小化损失函数为决策目标，使用遗传算法实现 VMD 参数的优化目标，使用若干条金融领域的时间序列为实证对象，验证了该优化方法的适用性。

综上，分解集成预测建模方法是目前学界公认的能够有效应对复杂时间序列预测建模的有效工具。相关领域不断出现的新型时序分解方法及单项预测模型，为创新分解集成方法的具体应用提供了丰富的方法支持，使这一领域得以快速发展。在具体的实践工作中发现，分解集成预测建模方法存在进一步改进与完善的空间。例如，如何确保分解后的分量可以最大程度保留原始时序的数据形态特征；如何在众多备选模型中选择与研究对象最为匹配的单项预测模型；如何更为有效地集成各单项预测结果等。这些问题的解决，不仅可以完善分解集成预测建模的理论基础，还能提高该方法对不同类型研究数据的适用性。

1.2.4　文献述评

对未来农产品价格波动趋势及幅度的精准研判，是确保农产品市场健康平稳运行的前提条件。农产品价格波动预测经历了数十年发展，已取得一定的研究成果。然而，相较于金融及能源预测领域，农产品价格预测的发展略显滞后，各种新型预测方法的应用相对欠缺。

从以上文献回顾可见，农产品价格波动预测模型可归为因果关系模型和时间序列模型两大类。因果关系模型强调预测结果的经济含义，时间序列模型侧重建模的灵活性。在当前农产品价格形成机制日益复杂、价格波动规律愈加剧烈的背景下，各类短期突发因素（政策、气候、疾病等）成为主导农产品价格波动的重要因素。然而，受制于现有研究方法和技术的发展，各种突然因素对价格波动的影响程度通常难以被定量化度量，导致无法有效地将这类因素纳入因果关系模型。此外，在农产品价格波动的影响因素中，有部分是低频的年度数据（如居民消费水平、常住人口数量、劳动力成本、耕地成本等），这些低频影响因素无法适应高频价格数据的建模需求。上述两大因素成为制约因果关系模型在农产品价格预测领域应用的关键原因。参考有效市场假说（efficient markets hypothesis，EMH），我们可以认为一切有价值的信息均已及时、充分地反映在农产品价格的波动趋势中。也就是说，农产品的价格数据是各类价格影响因素的综合表征。因此，本书的研究工作将聚焦于农产品价格的时间序列预测建模。

时间序列预测是数据科学与数据分析领域的重要研究主题之一，近年来出现了许多新式的研究方法与技术。其中，分解集成方法论被公认是应对复杂时间序列预测建模难题的有效工具，基于"分而治之"的思想，可以有效降低预测建模的难度并提高预测精度。尽管如此，笔者在相关研究工作中发现，分解集成方法论仍存在进一步改进和优化的空间。例如，在时序分解阶段，EMD 作为一种常用的分解方法，如何减少模态混淆和端点效应问题对分解效果的影响？在单项预测阶段，如何根据不同子序列的波动形态，从备选模型池中自动匹配最佳预测模型，进而避免模型选择的主观性？在集成预测阶段，如何依据各单模型的预测结果，选择最优的集成子集？此外，在大数据技术广泛应用的时代，可否将 ISD 作为新的数据来源，丰富集成的多样性？以上问题均表明，有必要对分解集成方法论进行深入的研究与探索，完善该方法论的理论基础，并提高其对不同类型研究数据的适用性，最终提升预测性能。

为解决上述提及的研究问题，本书将数据驱动思想与分解集成方法论相结合，开展相关研究工作。融合数据驱动思想的分解集成方法论，意味着在预测建模的过程中，需要根据研究对象特定的数据形态（特征），选择与之相匹配的方法（模型），最大限度地满足该方法（模型）应用的前提假设，从而确保取得优良的预测性能。研究对象的数据形态（特征）可理解为研究对象内在固有的数据生成过程及其所蕴含的有助于提高预测精度的信息量特征。不同农产品的价格波动时序具有不同的数据形态特征，有的不规则性较强，有的季节性较强，有的趋势性较强。运用数据驱动的分解集成预测建模方法，可实现依据不同农产品的价格波动特点，自适应匹配最佳建模方法的目标。这不仅可以提高农产品价格预测的精度，还能进一步完善分解集成方法论的理论基础。

1.3 本书的研究思路

本书将以数据驱动思想为指导，改进并优化分解集成方法论，探讨构建一个与研究对象数据形态（特征）相匹配的分解集成预测建模流程，综合运用智能优化、机器学习等方法，将制约分解集成预测性能的关键问题，转化为优化及分类问题，提高所选方法（模型）与研究对象的匹配度。数据驱动思想自提出后，在不同研究领域均得到广泛应用。然而，对于这一关键概念，学术界并未给出统一的定义。结合分解集成预测这一具体的应用场景，本书将为数据驱动的分解集成预测建模给出概念界定及内涵解释。

数据驱动的分解集成预测建模，意味着在分解集成的预测建模流程中，依据研究对象本质的数据形态（特征），有针对性地确定所选择的方法（模型），确保方法（模型）与研究对象的匹配性，为提高预测精度奠定基础。分解集成预测建模分为三个研究阶段，基于数据驱动的研究思想，每个阶段要解决的问题不尽相同，因此，数据驱动思想在不同阶段的内涵表现也有差异，以下将进行具体介绍。

首先，在时序分解阶段，要解决的核心问题是经验模态类分解算法的端点效应和模态混淆问题。端点效应和模态混淆的产生原因将在 3.2 节进行详细介绍，这些问题一旦出现，将导致分解结果严重失真，具体表现为分解后子序列的波动形态出现异常，甚至产生伪分量，从而引起预测误差的增加。在数据驱动思想的指导下，本书将以时间序列的波动形态及其复杂度特征为依据，改进经验模态类分解算法，减少端点效应及模态混淆问题对分解结果的影响，确保分解后的子序列最大程度地保留原始时序的波动形态。

其次，在单项预测阶段，要解决的核心问题是如何避免凭借主观经验选择预测模型的风险，并且提高模型选择的效率。现有研究中，学者通常凭借自身主观经验来确定预测模型，或者进行一定范围内的试错实验以决定最佳预测模型。在数据驱动思想的指导下，本书借鉴元学习思想，建立最佳预测模型自适应选择的依据。具体地，以时间序列的多个统计特征表征原序列，探讨时间序列统计特征与最佳预测模型之间的映射关系，构建预测模型选择分类器，实现依据时序特征自适应选择最佳预测模型，从而降低模型选择的风险，并提高模型选择的效率。

最后，在集成预测阶段，要解决的核心问题是最优集成子集的筛选及预测信息来源的多样化。如何从多个单项预测结果中，筛选出最优的组合形式以产生最终预测结果，对应于最优集成子集筛选问题；如何有效融合 ISD 及不同时间尺度的数据，对应于预测信息来源的多样化问题。在数据驱动思想的启发下，本书将以各单项预测结果蕴含的信息量为依据，以最大化相关性最小化冗余度为决策准则，构建最优集成子集；进一步，提出融合 ISD 及多时间尺度数据的集成预测策略，丰富集成预测的信息来源。

综上，结合分解集成预测方法论每个阶段要解决的具体问题，数据驱动思想在分解集成预测建模中的具体表现及要实现的目标如图1.1所示。

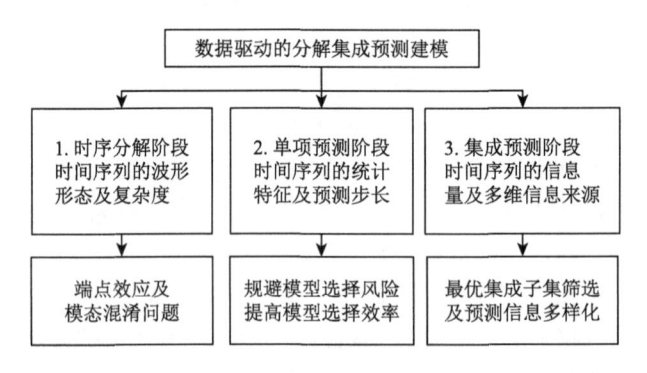

图 1.1　数据驱动思想在分解集成预测建模中的具体体现

上述研究工作中，将使用仿真实验或公开的数据集以验证改进方法的有效性。进一步将改进后的方法论应用于农产品市场分析，以我国主要农产品为研究对象，实证改进方法对于提高农产品价格预测精度的作用。本书的研究工作，不仅能完善分解集成的理论基础，还能为农产品价格预测提供新的方法参考。具体地，包括以下五方面的研究目标和内容。

1.3.1　研究目标

本书通过理论分析、算法设计及实证研究，预期达到以下五个研究目标。

（1）设计一种兼具镜像对称和波形匹配的组合延拓方法，确保延拓波段能够最大限度地符合原序列的波动形态，解决端点效应问题；运用排序熵理论计算子序列复杂度，结合快速傅里叶变换提取混杂在序列中的噪声信号，实现对原始时序的精准分解，解决模态混淆问题。综合以上两个改进方案，实现本书的第一个研究目标，数据驱动的时序分解方法优化。

（2）构建一个基于时序特征的预测模自适应型选择分类器，运用机器学习算法，将模型选择问题转化为分类问题，解决预测模型选择的主观性和盲目性问题。此外，结合多元回归分析技术，筛选出与预测精度关联性较高的时序特征，进一步提高分类器的可解释性。

（3）设计一个最优子集筛选算法，以邻域互信息作为各单项预测结果信息量的度量指标，以最大相关性和最小冗余度为决策目标，运用智能优化算法，将子集选择问题转化为优化问题，解决子集构建缺少理论依据的问题。

（4）提出一种丰富预测信息来源的策略，包括融合 ISD 的预测建模策略，以及融合多时间尺度数据的预测建模策略，从而提高集成预测的多样性，对当前以集成不同单项预测模型为主的集成策略，形成有益补充。

（5）以我国农产品市场中的主要畜禽类及蔬菜类产品为研究对象，进行多步预测建模，基于水平精度（level accuracy）和方向精度（directional accuracy）两类评价指标，验证改进后的分解集成预测方法对于提高农产品价格预测精度的有效性及适用性。

1.3.2 研究内容

对应上述五个研究目标，设计五个研究内容，具体内容如下。

（1）时序分解方法优化研究。以在众多领域均有良好表现的经验模态类分解算法为代表，探讨时序分解算法的改进和优化方法。首先，针对端点效应问题，提出兼顾镜像对称和波形匹配的组合延拓法，实现依据研究对象波动形态的自适应波形延拓过程。其次，针对模态混淆问题，运用快速傅里叶变换技术，设计基于子序列复杂度的模态提取改进方案，实现对多个混合信号的精准提取。最后，运用仿真信号验证改进算法的有效性，依据研究对象的数据形态（特征）自适应完成时序分解过程，为后续预测建模提供有效输入。

（2）单项预测模型自适应选择。借鉴元学习思想，构建一个基于时序统计特征的预测模型选择分类器，以 M3 数据集为训练样本，运用 RF 算法深入学习各类时序特征与最佳预测模型之间的映射关系，以此作为预测模型选择的依据。进一步，采用多元回归分析技术，探讨不同时序特征与模型预测精度之间的相关性，筛选出具有预测可解释性的时序特征，实现对分类器输入特征的智能降维。运用分类正确率和平均预测精度两类指标共同评价分类器性能。

（3）基于信息准则的集成子集智能筛选。针对集成预测的子集筛选问题，采用邻域互信息作为各单项预测结果相关性的度量指标，以最大化备选模型与子集的相关性且最小化子集内各模型的冗余度为决策目标，设计最优子集筛选算法，完善子集构建的理论依据。采用参数较少且求解效率较高的布谷鸟搜索算法优化邻域控制参数，鉴于传统的布谷鸟搜索算法存在不同迭代次数下最优结果不一的问题，设计二次搜索策略以减少算法运行时间，进一步提高算法性能。

（4）融合不同信息来源的集成预测策略。消费者关注（情绪）是导致商品价格异常波动的重要因素之一，基于传统的研究方法，消费者关注（情绪）不易直接度量。借助 ISD，构建了一个融合 ISD 的分解集成预测框架，验证多维信息来源对于提高预测性能的有效性。此外，设计了一种基于多时间尺度的集成预测策略，探讨不同预测步长与不同时间尺度之间的匹配关系，通过集成不同时间尺度的预测结果，全面捕捉时间序列的短、中、长期变动趋势，满足不同时期的预测需求。

（5）农产品价格波动预测实证研究。为验证所提出的数据驱动的分解集成预测方法的有效性，以我国农产品市场的典型产品（猪肉、鸡蛋、西红柿、黄瓜）为实证对象，对应短、中、长期预测需求，设计提前 1 步、3 步及 6 步的多步预测实验，从水平预测精度和方向预测精度验证算法的有效性及适用性。

1.3.3　技术路线图

综合上述研究目标及研究内容，设计本书的技术路线图，包含理论分析、算法设计、算法验证和实证研究等内容。

如图 1.2 所示，首先，探讨数据驱动的时序分解方法。围绕经验模态类分解算法的两个经典问题（端点效应和模态混淆）展开研究，在梳理当前相关研究的基础上，运用组合延拓思想设计端点效应的抑制方法，基于各分量的复杂度特征设计模态混淆抑制算法。以仿真信号实验验证改进算法的有效性，确保分解后的分量可以最大程度地保持原始时序的数据形态，为后续预测建模提供有效输入。

其次，探讨数据驱动的预测模型选择方法。借鉴元学习的思想，将预测模型选择问题转化为分类问题，以时序特征表征原始时序并作为输入，以各序列对应的最佳预测模型为输出，运用机器学习算法强大的自我学习能力，捕捉各类时序特征与最佳预测模型之间的映射关系。进一步，为提高分类器选择结果的可解释性，以模型预测精度为被解释变量、时序统计特征为解释变量建立回归方程，依

第 1 章 绪　论

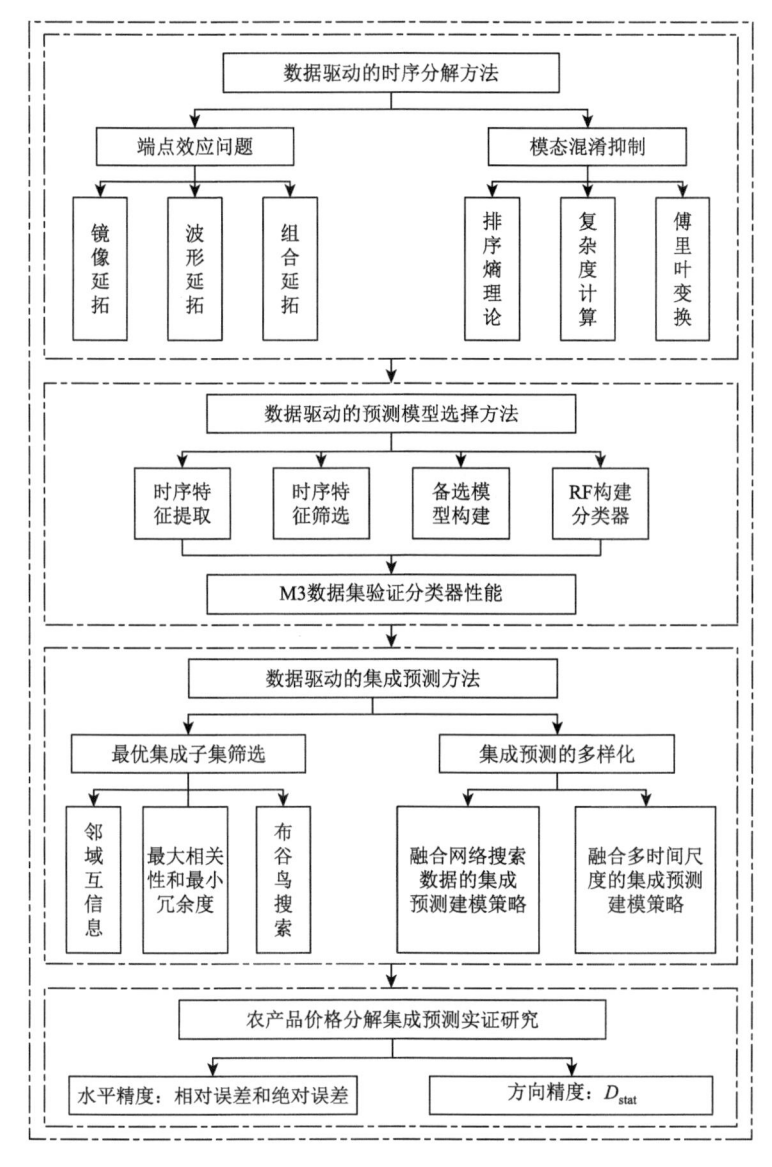

图 1.2　技术路线图

据回归系数的显著性，筛选对于预测精度具有可解释性的时序统计特征，从而实现特征的降维。在 M3 数据集中验证分类器的水平及方向预测性能。

再次，探讨数据驱动的集成预测方法。其中，包括最优集成子集的筛选算法设计及集成预测的多样化研究。就最优集成子集筛选算法而言，运用邻域互信息度量各单项预测结果蕴含的信息量，以此为依据，以最大相关性最小冗余度（maximum relevance and minimum redundancy，MRMR）为决策目标，结合布谷鸟搜索，设计最优集成子集筛选算法。就集成预测多样性研究而言，为了创新当前以集成不同类型单模型为主的集成策略，基于数据来源的多样性及数据预处理方法的多样性，设计融合 ISD 的集成预测策略及融合多时间尺度数据的集成预测策略，丰富集成预测的研究内涵。

最后，以我国农产品市场具有代表性的农产品为研究对象，基于水平预测精度及方向预测精度两类评价指标，实证数据驱动的分解集成预测方法的有效性及适用性。具体而言，将依据分解集成的三个研究阶段展开，在每一阶段，设置对应的基准对比策略，验证改进后的方向相较于原始方法的有效性。

1.3.4 主要创新点

为进一步提高分解集成方法论对复杂时间序列数据预测建模问题的适应性，本书以数据驱动思想为指导，综合运用智能优化、机器学习等方法，针对时序分解、单项预测、集成预测步骤中存在的若干难题，将其转化为分类及优化问题，从而构建一个与研究对象数据形态（特征）相匹配的分解集成预测建模方法，完善分解集成方法论的理论基础。在应用层面，本书将改进后的预测建模方法应用于我国农产品市场，对畜禽类、蔬菜类等主要农产品进行分解集成预测建模，基于水平预测精度和方向预测精度两类指标进行性能评价，为提高农产品价格预测性能提供新的研究视角与方法。具体而言，本书的研究工作包括以下四个创新点。

（1）数据驱动的时序分解算法优化。时序分解是分解集成方法论的第一步，分解结果的好坏直接决定了后续预测建模输入数据的质量高低。经验模态类分解算法是当前应用最为广泛的一类分解算法，针对该算法面临的端点效应和模态混淆问题，本书设计了一种基于波形延拓和镜像对称的组合延拓法，并以排序熵作为复杂度度量指标，筛选混杂在分量中的噪声信号。基于仿真信号实验证实了改进算法的有效性，分解后的各分量能最大程度地保留原始时序的数据形态，减少端点效应及模态混淆问题对时序分解效果的影响，从而实现数据驱动的时序分解。

（2）数据驱动的预测模型自适应选择。单项预测是分解集成方法论的第二步，需要为分解后的各分量分别进行预测建模，模型选择恰当与否，直接决定了单模型的预测效果。为避免凭借主观经验确定预测模型而带来的模型选择风险，本书将预测模型选择难题转换为分类问题，构建了一个基于时序统计特征的预测模型选择分类器。采用多个统计特征作为时间序列的表征，使用 RF 算法学习各类统计特征与最佳预测模型之间的映射关系。进一步，结合多元回归分析技术实现具有解释性的特征智能筛选，有效提高分类器的分类正确率和平均预测精度，从而实现数据驱动的预测模型自适应选择。

（3）数据驱动的集成子集智能筛选。众多单项预测模型在为集成预测提供丰富的备选模型的同时,也带来一个难题,即选择哪些模型作为集成的对象。当前研究多凭借研究者的主观判断决定集成子集的构成,为提高子集选择的理论基础,本书将子集选择难题转化为优化问题,以单项预测结果蕴含的信息量为依据,设计了一种基于邻域互信息的最优子集筛选算法。该算法通过最大化集成子集与决策变量(备选单模型)之间的相关性,同时最小化子集内各模型的冗余度以确定最优集成子集的构成,从而实现数据驱动的集成子集智能筛选。

(4) 数据驱动的多样性集成预测策略。集成预测的优势来源于集成对象的多样性。相较于当前应用较为广泛的集成不同单项预测模型的方法,本书进一步探讨了提高集成预测多样性的不同途径。例如,集成不同的数据来源和不同的数据预处理方式。考虑到消费者关注程度是商品价格波动的重要影响因素之一,使用 ISD 度量消费者关注程度,并且作为预测模型的输入,以丰富仅包含历史价格数据的传统时间序列预测建模方法。此外,考虑到不同时间尺度的价格数据包含了研究对象不同时期的数据生成过程,设计一个融合多时间尺度数据的集成预测策略,结合多种权重设计方案,探讨不同时间尺度数据与不同预测步长之间的匹配关系。

1.4 本章小结

本章首先阐明了农产品价格波动预测对于确保我国社会经济健康平稳运行的重要基础作用,其次介绍了农产品价格波动的各类影响因素、常用的预测建模方法及在时间序列预测领域具有良好应用效果的分解集成方法论。分解集成方法论已在金融、能源等多个研究领域中被证实其优越性,但仍存在进一步改进与提升的空间。同时,相较于其他研究领域的快速发展,各种新方法在农产品价格预测领域中的应用还略显欠缺。因此,本书在数据驱动思想的指导下,将分解集成方法论中的相关研究问题转化为分类及优化问题,运用机器学习与智能优化算法,探讨构建一个与时间序列所蕴含的数据形态(特征)相匹配的预测建模流程,并对我国农产品市场展开实证研究。本书的研究成果,不仅可以进一步完善分解集成方法论,同时也为提高我国农产品价格预测性能提供新的研究视角与方法。

第 2 章　本书的研究框架

数据驱动的农产品价格波动分解集成预测研究，包含两个核心思想：一是分解集成方法论；二是数据驱动建模思想。2.1 节将对本书研究框架中的两个核心思想进行详细介绍，2.2 节将介绍本书采用的实验方法、数据来源及评价标准。

2.1　相关理论知识

本书在数据驱动建模思想的指导下，对分解集成方法论进行改进与优化，综合运用智能优化与机器学习算法，将分解集成中的相关难题，转化为分类及优化问题，从而实现与研究对象数据特征相匹配的预测建模过程，为进一步提高分解集成预测性能奠定理论基础。为了让读者更好地理解相关核心理论，本节将对分解集成方法论及数据驱动建模思想进行详细介绍。

2.1.1　分解集成方法论

分解集成方法论，基于"化繁为简""分而治之"的思路，首先将波动规律较为复杂的原始时间序列分解为多条相对简单且波动规律清晰的子序列，其次分别对各条子序列进行预测建模，最后集成各子序列的预测值，由此得到最终预测结果（图 2.1）。

分解集成方法论自提出后，广泛应用于金融、经济、能源等领域，取得了显著的预测性能提升效果，被公认是应对复杂时间序列预测建模难题的有效工具（Tang et al., 2012; Yu et al., 2021）。为全面了解分解集成方法论在预测领域的应用情况，以"decomposition and ensemble"（分解集成）和"forecasting"（预测）为检索

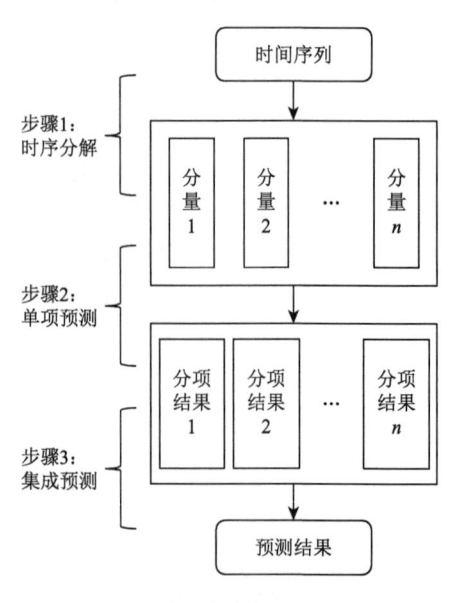

图 2.1　分解集成预测方法论示意图

关键词，在 Elsevier ScienceDirect 数据库进行文献检索，图 2.2 展示了近十五年间该领域发文数量的变化趋势。从中可见，使用分解集成方法论进行预测建模的研究工作呈逐年上升趋势，且这一趋势自 2014 年后有加速上升的势头。从学科分布来看，围绕这一主题发文量排名前五的学科为工程、天文、能源、计算机科学和环境科学。由此表明，分解集成预测作为一种融合了管理科学、数据科学及计算机科学的交叉综合型研究方法，在众多学科的具体实践中得到了广泛的认可。

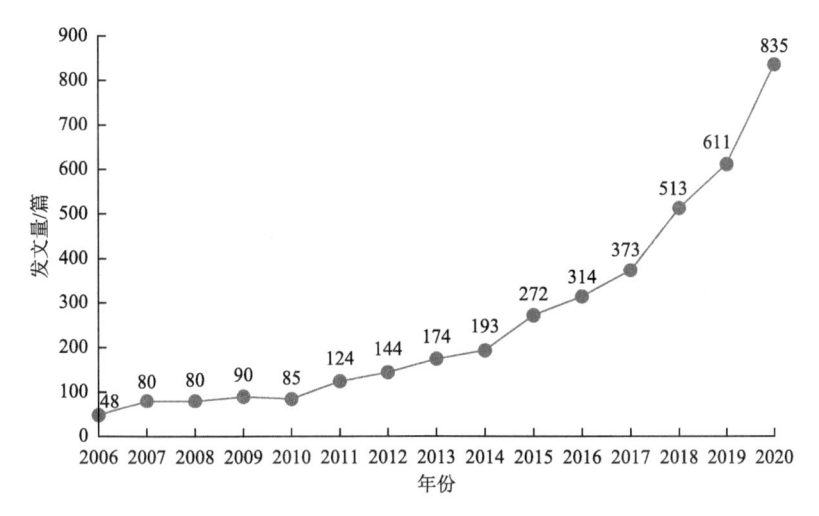

图 2.2　相关研究领域历年来的发文数量

资料来源：Elsevier ScienceDirect 数据库

尽管分解集成方法论在预测领域受到广泛重视并取得显著效果，但为何分解集成会提高预测性能，理论层面上的探讨与解释还相对欠缺。当前研究多采用文字性的描述与解释，即采用"化繁为简"的分解策略后，原始时序的波动复杂性被逐步降低；相较于波动复杂的原序列，对于分解后波动规律相对清晰的子序列进行预测建模，预测精度更高。然而，上述解释仅基于常识性的推断，对于为何分解可以提高预测精度，仍缺乏理论上的分析与数值上的证明。针对这一问题，Dong 等（2019）进行了开创性的研究，他们运用熵值理论设计了一个新型的时间序列复杂度度量指标，以国际原油价格为研究对象，实证发现经过分解后，各子序列的综合复杂度相较于原始序列的综合复杂度得以大幅下降。进一步，在多个不同分解参数的组合下进行时序分解，由此得到多组时序综合复杂度与预测精度数据。通过对时序综合复杂度和预测精度数据进行回归分析，发现两者之间呈现高度负相关（相关系数大于 0.9），从而证实了降低时序复杂度对于提升预测性能的有效性。

上述基于时间序列复杂度与预测精度的分析视角，为人们深入理解分解集成方法论的有效性提供了新的思路。进一步，本书尝试从分解后子序列具有的不同数据尺度来解释分解集成为何能提高时间序列预测精度。分解算法可将原始时间序列分解为多个不同数据尺度的子序列，随着 IMF（intrinsic mode function，本征模态函数）阶数的增加，其对应的数据尺度也不断增大。以图 2.1 所展示的分解结果为例，最低阶的 IMF_1 与最高阶的 IMF_8 的数据尺度相差近百倍。并且，随着 IMF 阶数的增加，各子序列的波动规律逐渐清晰且线性特征逐渐凸显，为取得良好的预测精度奠定基础。依据常理可知，所有子序列中，低阶子序列（如 IMF_1~IMF_3）的波动性较高，其对应的预测误差也会较大。然而，得益于低阶子序列的数据尺度较小（在原始时序的占比通常不超过 5%），即使低阶子序列的预测误差较大，其对整体预测误差的影响作用也相当有限。

反观高阶子序列（如 IMF_6~IMF_8），不仅波动较小，其数据变动规律也十分清晰。因此，即使是使用最基础的线性回归或者多项式拟合模型，对于高阶子序列都能得到精准的预测结果。如前文所述，高阶子序列的数据尺度较大，在原始时序中的占比较高（通常为 80%~90%），因此，其较优的预测精度在整体预测结果中会被进一步放大。由此可见，分解算法通过将原时序分离为不同数据尺度的子序列，可降低较大预测误差在整体预测结果中的占比，同时增大较小预测误差在整体预测结果中的占比，由此实现对子序列预测误差的权重分配，优者更优，劣者更劣，最终达到提升整体预测精度的目标。

时序分解除了能提高预测精度，还有助于人们深入理解不同影响因素对于时间序列数据生成过程的作用机制。例如，Ling 等（2019a）使用算法 EEMD 分解我国猪肉批发价格，得到六条 IMF；进一步，采用灰色关联聚类算法，以综合灰色关联系数为依据，将 IMF 聚合为高频、中频及低频三条重构序列，重构前后的子序列，如图 2.3（b）所示。其中，高频子序列包含 IMF_1 和 IMF_2，中频子序列包含 IMF_3 和 IMF_4，低频子序列包含 IMF_5 和 IMF_6。相较于原始 IMF 分量，重构后子序列的波动规律更清晰，且不同子序列之间的差异更为明显。为了明晰不同子序列波动特征的差异，以及不同子序列蕴含的经济意义，学者进一步计算了不同子序列的平均波动周期及其方差在原始序列中的占比情况。

通过计算可得，高频、中频、低频子序列的平均波动周期分别为 2.4、8.9 和 75 个月，其方差在原始时序中的占比分别为 1.87%、14.11%和 73.51%。结合我国生猪养殖行业的相关背景知识分析，高频子序列体现的是由农户自我生产调控行为导致的价格波动，中频子序列反映的是由生猪养殖周期引起的价格波动，低频子序列代表的是由宏观经济状况决定的价格变动趋势（Ling et al.，2019a）。根据各子序列在原始时序中的方差占比可见，低频子序列对原始时序波动的贡献程度大，中频子序列次之，高频子序列最小。由此表明，我国的宏观经济走势是决定猪肉价格波动的主要因素。

(a) 分解后的序列图　　(b) 重构后的序列图

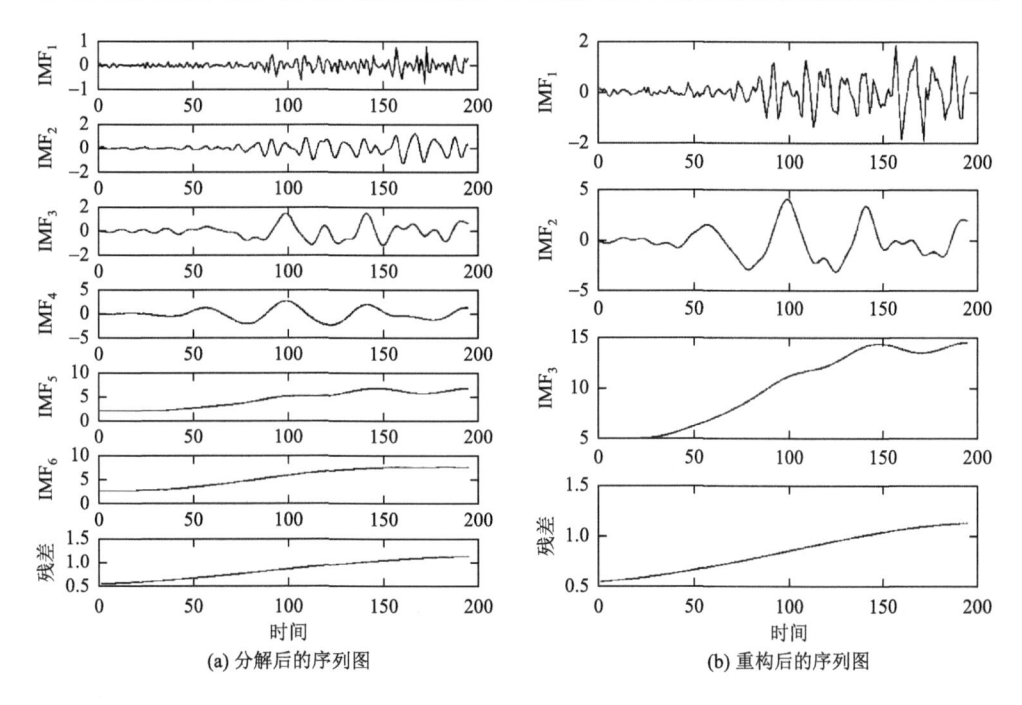

图 2.3　猪肉价格时序分解及重构后的序列图

观察中频子序列可见，其中存在五个明显的转折点（58、80、100、125 和 142 号时序点）。通过向生猪行业的相关专家进行咨询，得知上述转折点正好对应我国生猪养殖业的几次外部冲击事件，例如，2004 年上半年在我国 16 个省份发生的大规模禽流感（对应于 58 号点）、2006 年夏季在我国南方地区大面积流行的猪呼吸与繁殖综合病毒（对应于 80 号点）、2008 年 4 月发生的 H1N1 猪流感病毒（对应于 100 号点）、2009 年初出台的猪肉价格调控措施（对应于 125 号点），以及 2011 年 7 月出台的增加国外猪肉产品进口量的政策（对应于 142 号点）。综上，时序分解技术可以帮助人们深入理解复杂时间序列的内在波动规律，找到影响研究对象变动的关键因素。

时序分解步骤通过降低子序列复杂度及分离不同数据尺度的预测误差，为提高复杂时序预测精度奠定坚实的理论基础。分解之后，需要对各子序列分别进行预测建模，从而得到各单项预测结果。对于如何为各子序列选择适合的单项预测模型，目前相关研究成果并不多。在具体实践中，通常凭借学者的主观判断或相关文献的研究结果来确定预测模型，由于缺少理论指导，相悖的选择结果时有产生。例如，同样是对于波动性较强的高频子序列的预测建模，有的学者倾向于适合平稳时间序列的 ARIMA 模型，有的学者选择使用人工智能模型（王书平和朱艳云，2016；Xiong et al.，2018）。目前预测学界普遍公认的一个事实是，没有哪一个预测模型能够胜任所有的预测情境，即使是同一个研究对象，研究期限的变化也可能导致最佳预测模型的改变。得益于统计学、计算机科学等相关学科的快速发展，目前各类可用的预测模型数量不断增加，除了传统的统计模型、计量模型、神经网络模型外，各种新式的人工智能模型也不断涌现。大量的单项预测模型为学者选择恰当的预测模型提供了丰富的备选模型池，但同时也增加了模型误选的风险。学者通常基于不同模型在训练集（验证集）的预测误差来确定最佳预测模型，然而，随着备选模型数量的增多，模型的训练时间也将大幅增加。此外，对于需要快速得到预测结果的商业决策环境，这种依赖于大量模型海选结果的模型选择方法，具有明显的局限性。

在数据驱动建模思想的启发下，本书借鉴元学习思想，设计一种依赖于研究对象（时间序列）自身的数据特点，自动识别最佳预测模型的研究框架，避免基于主观经验的模型选择风险及大规模海选实验带来的时间成本浪费。具体而言，将借助分类器来实现最佳预测模型选择的目的。采用时间序列的多个统计特征来表征原始研究对象，运用分类器强大的自我学习功能，自动捕获时序特征与对应最佳预测模型之间的映射关系。分类器训练完成后，只需要输入某条时间序列的统计特征，即可自动匹配出最佳的预测模型，从而实现数据驱动的预测模型自适应选择。

2.1.2 数据驱动思想

21世纪初，控制领域的专家学者提出数据驱动思想并逐步应用于生产制造与工业控制领域。在经典控制理论中，需要依据加工对象的物理化学反应机理，建立精确的数学模型来对生产过程进行控制。伴随着生产工艺、加工技术及设备日趋复杂化，传统控制方法对于复杂加工流程的处理能力有限，数据驱动建模的思想开始受到重视。通过收集和分析生产加工过程的各类参数数据、产出数据，全面描绘生产加工过程的动力系统，从而实现对生产加工过程的智能决策与优化功能。例如，学者以高炉铁水硅含量为研究对象，建立了基于多元时间序列的高炉铁水硅含量数据驱动预测模型，其性能优于单一时间序列的预测结果（郜传厚等，2009）。张磊等（2019）基于装配体关键产品特征的历史测量数据，结合工程经验和数学推导，提出钣金装配过程误差分析的数据驱动建模方法。类似地，胡云峰等（2021）针对柴油发动机燃烧过程复杂、机理建模难、动力学耦合且存在约束等问题，基于对燃油消耗率、氮氧化物排放及曲轴输出扭矩影响因素的分析，设计了数据驱动滚动优化控制方法。

除了生产控制领域外，数据驱动的建模思想也大量应用于能源领域，包括能源消耗量及能源价格预测，涉及天然气、原油、电力及碳排放等具体研究问题。

学者认为，不同类型的能源时序数据（能源消耗量、能源价格等）形态差异较大，要确保取得良好的预测效果，需要对不同类型预测模型建模的前提条件进行分析，确保所选模型与对应的研究数据相匹配（Yu et al.，2015）。例如，学者以平稳性、线性、复杂性、周期性等指标作为度量时序数据特征的指标，并以前馈神经网络、LSSVR、ARIMA 模型作为候选模型，以中国及美国的核能消耗量时序数据为实证对象，通过预测结果，得到不同数据类型与不同预测模型的匹配关系（Tang et al.，2014）。同理，学者将数据驱动建模思想应用于集装箱货运量时序分解集成预测，对于具有季节性的子序列采用季节性 ARIMA，对于复杂度低的子序列采用 ARIMA，复杂度高的则采用 LSSVR。实证表明，基于时序数据特征的预测模型所得到的结果，显著优于使用单模型对所有子序列进行预测建模的结果（Xie et al.，2017）。

延续此思路，学者使用控制变量实验法对分解集成中各步骤对应的最佳方法进行了实证研究。以美国水电、中国核电消费量、美国及中国国家风险数据为对象，实证表明，对于呈现平稳性、线性及复杂度较低的时序数据，推荐使用传统分解方法，反之，推荐使用具有自适应性的分解方法；对于复杂度较高的数据，单项预测模型推荐使用人工智能类模型，反之，可以使用传统统计模型；对于集成方法，复杂度较高的数据使用人工智能类集成方法较优，反之，使用传统集成技术即可。总体而言，数据的复杂程度是决定所选方法的关键因素，若数据处于复杂度中等的区间，不同类型方法得到的预测结果差异不大（汤铃等，2016）。

值得注意的是，尽管数据驱动建模思想已在多个研究领域有所应用，但学术界尚未对其形成统一的概念界定。通过梳理相关文献资料，结合前期相关研究工作，本书认为，所谓数据驱动建模，意味着在建模过程中，需要依据研究对象的数据形态（特征）来确定恰当的数据处理方法及模型结构，从而确保最大程度地发挥所选方法（模型）对研究数据的拟合能力。其中，研究对象数据形态（特征）的具体含义，依据不同的数据处理阶段而不同。本书在 1.3 节介绍整体研究思路时，对数据驱动思想在分解集成预测中的具体表现进行了内涵解释。在时序分解阶段，意味着分解后各子序列的波动形态及其复杂度特征；在单项预测阶段，意味着时间序列的多维统计特征；在集成预测阶段，意味着单项预测结果蕴含的信息量特征及不同来源的预测数据。简而言之，研究对象的数据形态（特征）可理解为研究对象内在固有的数据生成过程及其所蕴含的有助于提高预测精度的信息量特征。

上述研究已经在一定范围内证实数据驱动的思想能够有效提高预测精度，但是，鉴于实证对象的有限性，所得到的结论只适用于特定研究领域，暂不具备大范围的普适性。此外，相关结论是基于大量的实验结果对比产生的，工作量较大，且属于事后判断，不能为事前决策提供有效支持。为此，本书将在前人工作的基础上，继续以数据驱动思想为指导改进分解集成方法论，综合使用机器学习及智能优化算法，以公开数据集为训练数据，探索不同类型研究数据与各种研究方法之间的匹配关系，减少方法（模型）选择的主观性和风险性，提高分解集成方法论对复杂时间序列数据的预测性能。

2.2 实验方案

本书将通过一系列的实验设计，验证所提出改进算法的有效性及适用性。其中，包括基于仿真信号的实验、基于 M3 数据集的实验及基于农产品市场价格的实验。以下将具体介绍实验所使用的研究数据及预测性能评价指标。

2.2.1 研究数据

本书依据分解集成方法论的研究框架，分为三个研究阶段，每个阶段对应不同的研究目标与内容，所使用的研究数据也不尽相同。首先，在时间序列分解算法优化阶段，为验证所提出的改进算法对抑制端点效应和模态混淆问题的有效性，设计一组仿真信号进行实验，对比改进算法和原算法对信号中不同组成部分的提取能力；其次，在单项预测模型自适应选择阶段，使用国际预测竞赛 M3 数据集的月度时间序列数据，作为分类器的训练输入，使分类器可以自动学习不同时间序列与最佳预测模型之间的映射关系；再次，在集成子集智能筛选阶段，使用时间序列预测领域常用的数据集（如太阳黑子数据、加拿大猞猁数据及国际航空客运数据），以传统统计组合方法为基准，验证基于信息量准则的最优子集筛选算法的优势；最后，以我国农产品市场中的典型代表（猪肉、鸡蛋、黄瓜、西红柿）为实证对象，证实改进后分解集成方法论的整体有效性。

其中，猪肉和鸡蛋平均批发价格来源于 Wind 数据库（www.wind.com.cn），时间范围是自 2013 年 11 月 18 日至 2019 年 6 月 3 日，共 290 个周度频率数据。西红柿和黄瓜集贸市场中等价格来源于中国经济与社会发展统计数据库，为月度频率数据，时间范围是自 2002 年 1 月至 2018 年 6 月，共 198 个月度数据。猪肉、鸡蛋、西红柿和黄瓜的价格走势如图 2.4～图 2.7 所示。可见，研究期限内的农产品价格时序呈现较为复杂的波动形态，对于西红柿和黄瓜而言，还具有明显的季节特性，这些都为预测建模增添了难度。

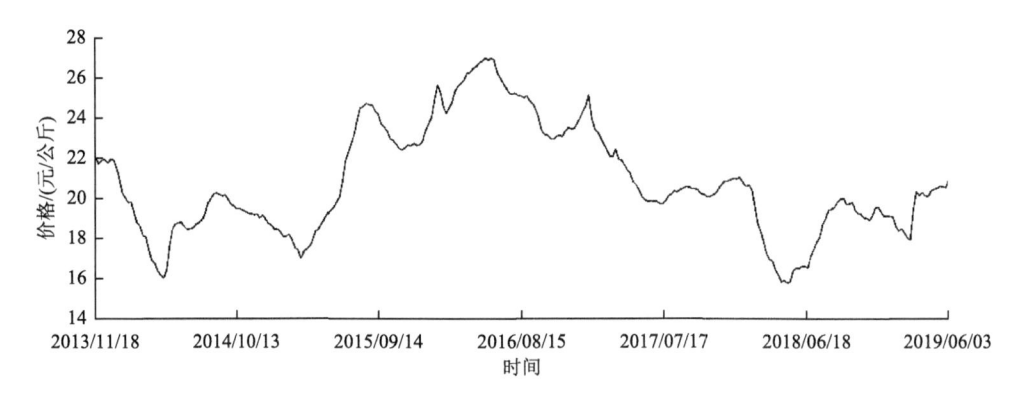

图 2.4 猪肉价格时序图

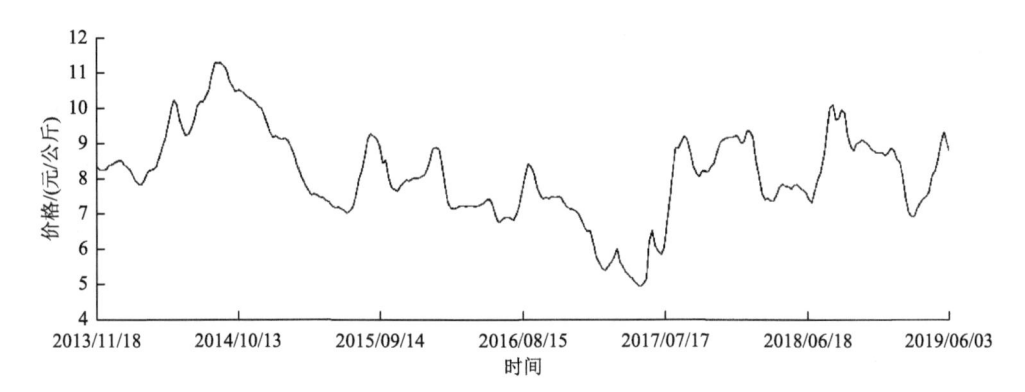

图 2.5 鸡蛋价格时序图

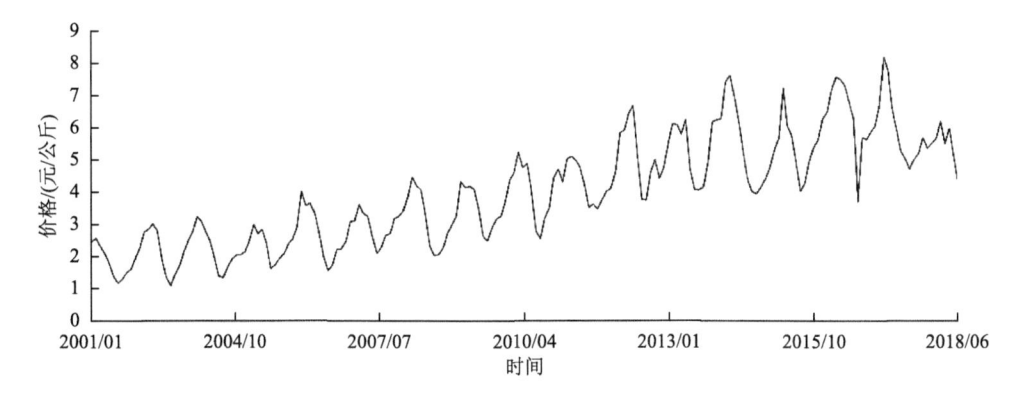

图 2.6 西红柿价格时序图

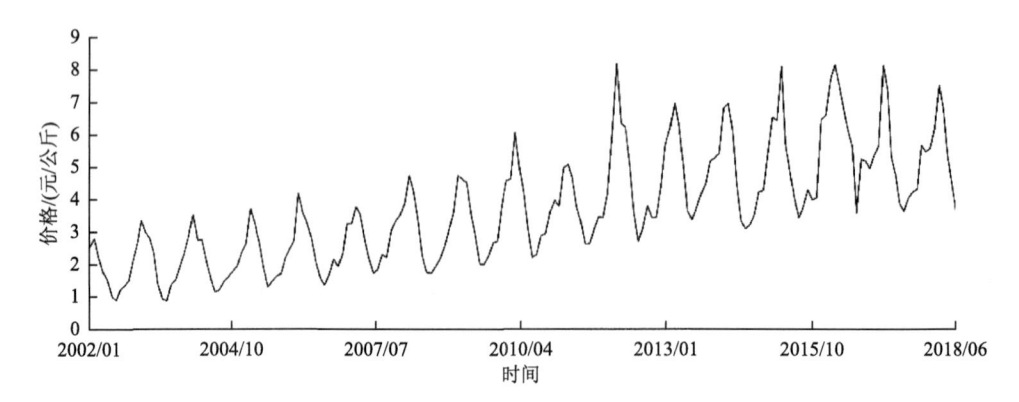

图 2.7 黄瓜价格时序图

2.2.2 建模方法

在具体实践中，对农产品价格波动预测的需求可分为不同时间期限。例如，农户进行市场交易行为决策时，需要以短期市场价格为判断依据，决定农产品何时上市。农业企业进行生产资源规划、品种结构调整，有赖于对中、长期市场价格走势的准确判断，以确保企业的盈利能力。类似地，农产品期货市场的交易人员，也需要基于对中、长期市场趋势的判断，来决定有关金融产品的建仓及抛售时间，从而最大化收益。为满足多方角色对不同期限农产品价格波动预测的需求，本书设计了多步预测策略，即提前 1 步、3 步和 6 步，分别对应短、中、长期的预测需求。采用固定窗口的滚动建模策略，提前多步的预测建模公式表示为

$$\hat{y}_{t+h} = f(y_t, y_{t-1}, \cdots, y_{t-p+1}) \qquad (2.1)$$

其中，h 为提前预测的步长数；p 为预测建模的滞后期数。参考 Wang 等（2018a）的研究工作，本书采用时间序列的平均波动周期作为确定滞后期数的依据。

在预测建模过程中，需要划分训练集和测试集。其中，训练集用以拟合模型，验证集用以调节模型参数，测试集用以检测模型在未知情境中的预测性能。本书采用预测领域常用的 6∶2∶2 划分比例，即 60%的数据作为训练集，20%的数据作为验证集，剩余 20%的数据作为测试集。因此，对于猪肉和鸡蛋的价格序列，留下后 70 个数据作为测试集；西红柿和黄瓜的价格时序，则留下后 40 个数据作为测试集。在多步预测中，每个步长的测试集长度相同，以确保实验结果的可比性。

2.2.3 评价标准

传统的预测性能评价指标，着眼于度量预测值与真实值之间的差距，即预

测模型的水平精度，主要包括均方根误差（root mean squared error，RMSE）、平均绝对误差（mean absolute error，MAE）及平均绝对百分比误差（mean absolute percentage error，MAPE）。其中，RMSE 和 MAE 是具有尺度依赖性的评价指标（scale-dependent），其数值的大小与原始数据的大小有关，因此不能在不同研究数据之间进行预测精度对比。MAPE 是独立于数据尺度的评价指标（scale-independent），可对比分析不同研究数据的预测精度，通常认为 10%以下的预测误差是可以接受的，5%是较优的预测结果。上述三个指标从不同视角对模型的预测性能进行评价，具体计算公式如下所示：

$$\text{RMSE} = \sqrt{\frac{1}{N}\sum_{i=1}^{N}(y_i - \hat{y}_i)^2} \qquad (2.2)$$

$$\text{MAE} = \frac{1}{N}\sum_{i=1}^{N}|(y_i - \hat{y}_i)| \qquad (2.3)$$

$$\text{MAPE} = \frac{1}{N}\sum_{i=1}^{N}\left|\frac{y_i - \hat{y}_i}{y_i}\right| \times 100\% \qquad (2.4)$$

其中，y_i 和 $\hat{y}_i$ 分别为在时间点 i 的真实值和预测值；N 为测试集中的样本个数。对于水平精度的评价指标而言，其数值大小表示预测值与真实值的偏离程度，因此，指标数值越小表示模型预测性能越好。

农产品价格属于经济类数据，对其进行预测建模，不仅需要追求较高的水平精度，还需兼顾方向精度。所谓方向精度，即预测结果的变动趋势与真实数据的变动趋势是否相符。可以这样认为，对于经济类数据的预测任务而言，预测模型是否能准确反映真实数据的变动趋势，是比水平精度更为重要的评价维度。因此，本书除了使用传统的水平精度指标之外，还考虑了方向精度指标，从而全面评价模型的预测性能，计算公式如下所示：

$$D_{\text{stat}} = \frac{1}{N}\sum_{i=1}^{N}a_i \times 100\% \qquad (2.5)$$

其中，a_i 为一个方向性指标，如果满足 $(y_{i+1} - \hat{y}_i)(\hat{y}_{i+1} - y_i) > 0$，即预测值的变动方向与真实值的变动方向一致，则 a_i 取 1；反之，a_i 取 0。D_{stat} 可以反映预测模型准确捕捉时序转折点的次数。因此，指标数值越大代表模型预测性能越好。

第3章 数据驱动的时序分解方法

时序分解是分解集成方法论的第一步。通过有效的时序分解算法,将原本复杂、波动不规律的时间序列分解为多条相对简单且规律性相对清晰的分量,从而实现降低原序列建模难度、提高预测精度的目的。当前研究中常用的分解方法众多,主要包括时域、频域和瞬频分解方法。本章首先对各类分解方法进行综述;其次,以该领域应用最为广泛且成功的经验模态类分解算法为对象,介绍其基本算法及存在问题;再次,针对EMD算法存在的端点效应及模态混淆问题,基于数据驱动视角提出改进方法;最后,通过信号仿真实验,验证改进算法的有效性。

3.1 时序分解方法综述

当前研究中常用的时序分解方法种类较多,既有基于统计分析的分解方法,也有来自信号处理领域的分解方法。此处参考汤铃等(2016)的分类准则,将时序分解方法分为时域分解、时频分解及瞬频分解三种类别。

3.1.1 时域分解方法

时域分解方法是较为传统的一种分解方法,其核心思想是基于回归建模的思想,在时间域中,对原始时序的长期变动趋势和各细节模态进行有效提取。常用方法包括指数平滑法、X12-ARIMA季节调整法和HP滤波法等。例如,学者运用X12-ARIMA季节调整模型,分析我国畜产品价格波动的相关影响因素,进一步结合协方差模型,实证得出长期驱动和季节性因素对畜产品价格波动影响程度最大的结论(刘训翰等,2015)。类似地,范青青和袁艳红(2018)基于X12-ARIMA季节调整法并结合HP滤波法,从季节调整后的猪肉价格序列中分离出季节要素、不规则项及趋势循环子序列,进而分析猪肉价格的波动周期及变动规律,得到猪肉价格波动周期变短且不规则波动程度逐年上涨的结论。针对果蔬类农产品价格波动频繁的现实,熊巍和祁春节(2016)结合Census X-13季节调整法和HP滤波法,对我国八种果蔬产品价格波动序列进行分解,进而展开价格波动的风险测度。研究发现,果蔬类农产品市场2007年后进入价格频繁波动时期,相关产品的季节性波动明显、循环波动周期缩短、受不确定性因素影响较大；蔬菜的价格波动幅度大于水果的价格波动幅度，且涨价风险更为凸显。

猪粮比是确定生猪价格保险险种赔付标准的指标之一，马彪和李丹（2018）对生猪市场价格和玉米市场价格展开相关性分析，验证使用猪粮比作为赔付标准的科学性。考虑到原始价格时序中包含的趋势因素和周期性因素会引发生猪市场出现系统性风险，因此采用指数平滑分解技术处理玉米价格序列，以去除趋势和周期性因素的平滑价格序列作为分析的对象。由此可见，时域分解方法通过分离出原始时序中具有不同经济含义的模态组成部分，为深入理解研究对象的波动规律及机制提供了有效的工具支持。

3.1.2 时频分解方法

时频分析起源于傅里叶分析，将原始时序从时域转换到频域，并在频域空间对时序的各组成模态进行分离与重构，从而清晰地描述信号频率与时间变化之间的关系，常用的方法有傅里叶变换和小波分解。傅里叶变换采用基于全局性函数的分析方法，不能对波动频繁的局部信号进行细节刻画。相较而言，小波分解基于对基函数伸缩和平移的运算规则，实现改变时频分析窗口的功能，具有更高的灵活性与适应性。考虑到时间序列通常包含多种不同尺度的信号信息，通常使用长时间窗口以获取低频信号（即近似分量）的信息，短时间窗口以获取高频信号（即细节分量）的信息，从而达到对原时间序列多尺度分析的目的。由于在时域和频域均具有良好的局部细节信号表征能力，小波分解也因此被誉为"数学显微镜"，广泛应用于时间序列分析。

刘金培等（2011）提出一种结合 WT 方法的动态预测模型，运用小波的多尺度分解性能，将 WTI 原油价格序列分解到不同频率通道上，并进行分项预测建模。研究发现，结合 WT 的预测模型，能对原油价格波动进行细节上的精准刻画，具有更优的预测性能。类似地，曹霜和何玉成（2015）运用 WT 方法将蔬菜价格分解为随机波动项、循环波动项、季节波动项和长期趋势项，对不同分量采用不同的建模方式，通过重构得到最终预测值，实证表明该分解策略得到的预测结果优于对原序列直接建模的结果。结合谱分析和 WT 技术，朱艳云（2016）对我国小麦、大米和玉米价格的多周期波动特性及原因展开分析，认为不规则因素对短期价格影响最大，价格的长期走势则由趋势项决定。王东风等（2014）将 WT 和径向基神经网络相结合用于预测短期风速，分析不同分解层数，不同的高、低频分量组合方式对于不同预测步长的适用性。除了具有多尺度信号的细节提取功能，小波分解还具有优良的降噪功能。例如，欧阳红兵等（2020）将小波分解与 LSTM 相结合，通过小波降噪剔除时间序列中的噪声高频成分，降低噪声数据对深层神经网络训练过程的影响，从而提高模型的泛化能力，解决现有模型无法有效处理具有非平稳、非线性、序列相关等复杂特征的金融时间序列数据的问题。Ling 等（2020）使用小波工具分解动物疫病网络搜索时序数据，对去除高频项的子序列进行重构，由此得到去噪后的网络搜索时序数据并作为预测模型的解释变量，研究发现，对 ISD 进行降噪处理，有利于提高模型的中、长期预测性能。综上所述，小波分析具有良好的局部信号细节表征能力，不仅有助于分离混杂在原始序列中的不同信号组成成分，还可通过序列重构以实现降噪功能，目前广泛应用于金融、能源、农业、工程等多个研究领域。然而，对于不同的研究对象，如何确定最佳的分解基函数及分解层数，仍有待进一步研究。

3.1.3 瞬频分解方法

从上述文献回顾可知，时域分解和时频分解方法已在众多研究领域取得较好效果。但是，这些方法的建立必须基于人为设定的回归模型或基函数，来实现原始时序的多尺度分离。近年来，受各种"黑天鹅""灰犀牛"等突发事件的影响，社会经济领域的各类时间序列均呈现出更为频繁且剧烈的波动趋势，为预测建模增添了新的难度。当时间序列数据呈现出更多的非线性、非平稳和突变性等复杂数据特征时，基于固定先验函数的传统分解将在一定程度上失效。以傅里叶变换为例，它只考虑信号的全局特征，而不能分析信号的局部特征，显然不适合频率随时间不断发生改变的非平稳信号。在此背景下，一种能够自适应地依据数据的趋势与变动特征进行模态提取的分解方法开始受到重视，并广泛应用于各种复杂时间序列的分解工作中。鉴于该类方法能够成功提取信号在不同时间尺度的瞬时频率，进而有效刻画信号的局部特征，因而被命名为瞬频分解方法。

EMD 是瞬频分解方法的经典代表，由华人学者 Norton Huang 在 1998 年首次提出。EMD 本质上是一种信号分解方法，通过提取时间序列上下包络线的均值作为基函数，经过多次迭代以产生多个具有不同频率特征的 IMF 分量，以实现对时间序列的多尺度分离（Wu and Huang，2009）。EMD 算法的求解过程摆脱了对先验函数的依赖，对数据的生成过程并无过多前提假设，因而具有极佳的自适应性，一经提出便广泛应用于非平稳和非线性系统的研究工作中。在 EMD 的基础上，学者不断进行算法改进，进一步衍生出 EEMD、CEEMD 等方法。目前，以经验模态类分解算法为代表的瞬频分解方法已广泛应用于宏观经济（郝晓红和刘义，2019）、金融市场（Cao et al.，2019；高杨和李键，2014；吴曼曼和徐建新，2019）、能源市场（崔焕影和窦祥胜，2018；杨云飞等，2010）、农产品市场（Xiong et al.，2017）、工程技术（Bai et al.，2018；Li et al.，2018）等众多研究领域。实证研究表明，通过经验模态类分解方法，可以有效剔除原始时序中的噪声信号，使用重构后的信号数据，可以进一步提高预测精度。此外，各种频率的 IMF 分量通常蕴含不同的经济含义，反映了数据不同的波动周期及对应的突发事件，为人们更好地理解经济现象背后的形成机理提供有益的参考与指导（Ling et al., 2019a）。

为更全面地了解经验模态类分解方法应用于预测领域的实际情况，分别以 EMD + forecasting、EEMD + forecasting 和 CEEMD + forecasting 为检索词，在 Elsevier 的 ScienceDirect 全文数据库检索相关领域的发文情况。由于 CEEMD 方法最早的研究成果出现于 2015 年，此处以 2015 年为起点展示检索结果。从图 3.1 可见，就三种不同分解方法而言，EMD 由于提出时间最早，其应用成果最多；EEMD 次之；CEEMD 最少。总体而言，经验模态类分解方法在预测领域的应用成果呈逐年快速增长趋势。

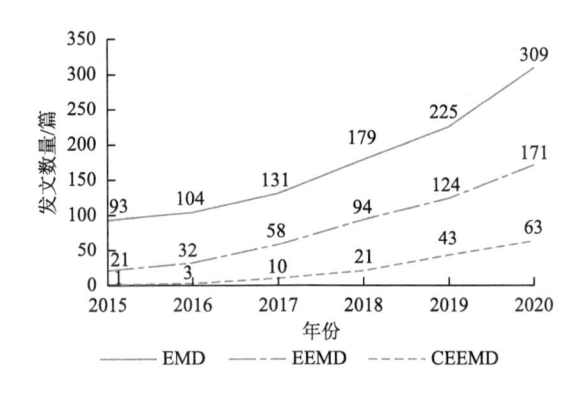

图 3.1　经验模态类分解方法的发文数量（2015~2020 年）

3.2　经验模态类分解算法原理及存在问题

从前文对各类分解方法的回顾可知，瞬频分解方法不依赖于任何先验基函数，能自适应地逐级提取原始时序中不同频率的波动趋势，在复杂时间序列分析工作中取得了良好效果。因此，本书将以经验模态类算法为核心展开后续研究。首先，介绍三种主要分解算法（EMD、EEMD、CEEMD）的基本原理；其次，讨论算法中存在的主要问题，即端点效应和模态混淆。

3.2.1　算法原理

1. EMD 算法

有别于其他传统的分解算法，EMD 是一种自适应的信号分解方法。在 EMD 分解算法中，IMF 是一个关键概念，通常在给定 IMF 的判定条件后，通过逐级筛选过程,将原始非平稳时序分解为多个相对平稳的 IMF 分量及一个残余项。IMF 是一个具有不同振幅和频率的波动函数,必须满足以下两个性质(Huang et al., 1998)。

第一,信号极值点和过零点的数目必须相等或者至多相差一个。

第二,对于任意数据点,由局部极大值和局部极小值分别定义的上、下包络线的均值为零。

在此基础上,给出 EMD 算法的基本步骤。

第一,对于原始时间序列 $x(t)$,确定其所有局部极值点;对于所有的局部最大值点和最小值点,运用三次样条函数,分别拟合出上包络线 $\max_i(t)$ 和下包络线 $\min_i(t)$。

第二,计算上下包络线的均值 $m_i(t)$,即 $m_i(t)=(\max_i(t)+\min_i(t))/2$。

第三,计算分量 $\mathrm{IMF}_i(t)=x(t)-m_i(t)$,若 $\mathrm{IMF}_i(t)$ 满足 IMF 的两个性质,则将其设为原序列的第一个分量,即 $C_i(t)=\mathrm{IMF}_i(t)$;若不满足条件,则将 $\mathrm{IMF}_i(t)$ 代替原序列 $x(t)$ 重复上述过程,直至产生符合条件的 $C_i(t)$。

第四,计算剩余分量 $r_i(t)=x(t)-\mathrm{IMF}_i(t)$,设 $i=i+1$,将 $r_i(t)$ 作为原始信号,重复以上 1~3 步,直到达到停止条件,从而得到所有 $C_i(t)$。停止条件通常设为:剩余分量 $r_i(t)$ 为单调函数,或其极值点不超过三个。

经过上述步骤,原始时间序列被分解为多个 IMF 和一个残余项,即

$$x(t)=\sum_{i=1}^{n}C_i(t)+r_i(t) \tag{3.1}$$

通过上述算法描述可知,在 EMD 算法的分解过程中,以上下包络线的均值作为分解的基函数。每一次得到新的 IMF 分量后,剩余分量的上下包络线随之发生改变,进而得到新的基函数。相较于传统分解方法中固定基函数的做法,EMD 算法随着分解次数的增加,不断更新迭代基函数,从而实现自适应的分解过程。

2. EEMD 算法

学者在应用 EMD 算法的实践工作中发现,如果研究对象受到极端异常事件的影响,其时序数据将出现异常值,异常值的存在会对 EMD 的分解结果产生较大影响,甚至产生虚假分量。为了解决该问题,Wu 和 Huang(2009)提出了一种噪声辅助的改进 EMD 算法,即 EEMD。EEMD 算法通过对原始时序加入有限次数的白噪声,使噪声在时频空间中得以均匀分布,确保 EMD 的筛选过程能够自适应地过滤序列局部不平稳的波动,其算法流程如下。

第一,在原始时间序列 $x(t)$ 的基础上,生成新的时间序列 $x_i(t)=x(t)+n_i(t)$,其中,$n_i(t)(t=1,2,\cdots,k)$ 为不同形式的高斯白噪声。

第二,用 EMD 算法分解时序 $x_i(t)$,以得到分解 j 次后的对应分量 $\sum_{j=1}^{n}C_{ij}+r_{in}$。

第三，重复步骤 1 和步骤 2，并加入 k 次高斯白噪声，以得到所有的分量集合 $\sum_{i=1}^{k}\left(\sum_{j=1}^{n}C_{ij}+r_{in}\right)$。

第四，计算上述分量集合的均值，以得到最终结果，即

$$x(t)=\frac{1}{k}\sum_{i=1}^{k}C_{ij}+\frac{1}{k}\sum_{i=1}^{k}r_{in} \tag{3.2}$$

EEMD 算法的提出是对 EMD 算法的重大突破，显著提高了 EMD 算法处理异常数据时的稳定性。由于白噪声具有零均值的特性，理论上而言，通过足够多的集合试验次数就可以抵消掉人为加入的噪声对原序列的影响。

3. CEEMD 算法

EEMD 算法能在一定程度上解决 EMD 算法中存在的模态混淆问题。在实际应用中，需要预先确定添加白噪声的幅值和集成试验次数，目前对于如何选取这两个关键参数并无理论指导，更多的是参考 Wu 和 Huang（2009）提出的经验参数，即集成试验次数取 100，白噪声幅值取原序列幅值的 0.2 倍。如果向原始时序添加白噪声的次数过少，有可能导致分解分量中出现噪声残留，从而影响预测性能；如果添加白噪声的次数足够多，理论上能消除白噪声的影响，但集成试验次数的增多又会带来计算成本的增加。为解决该难题，学者进一步提出了 CEEMD 算法。CEEMD 通过向原始时序添加正负成对的白噪声，有效消除了重构信号中的残余噪声，其主要算法步骤如下所示。

第一，向原始时序列 $x(t)$ 添加 n 组正负成对的白噪声，从而得到包含 $2n$ 条时序的集合，包含正、负白噪声的时序 $x_1(t)$ 和 $x_2(t)$ 表示如下：

$$\begin{bmatrix} x_1(t) \\ x_2(t) \end{bmatrix} = \begin{bmatrix} 1 & 1 \\ 1 & -1 \end{bmatrix} \begin{bmatrix} x(t) \\ n(t) \end{bmatrix} \tag{3.3}$$

第二，对集合中的每条时序进行 EMD 分解，每条时序对应生成一组 IMF 分量，用 C_{ij} 表示第 i 条时序的第 j 个 IMF 分量。

第三，对多组时序的分量取均值后得到最终分解结果，即

$$x(t)=\frac{1}{2n}\sum_{i=1}^{2n}C_{ij} \tag{3.4}$$

3.2.2 端点效应

如前文所述，经验模态类分解算法因具有较好的自适应性、正交性和完备性等性质，广泛应用于非线性、非平稳时间序列分析。然而，该算法也面临一些较为棘手、对分解效果可能造成较大影响的问题，端点效应即为其一。由 3.2.1 节的

算法介绍可知，EMD 算法在不断筛选 IMF 分量的过程中，需要根据原始信号的局部极值点构造三次样条曲线以形成上、下包络线。根据三次样条曲线的工作原理，至少需要五个极值点才能进行有效的插值拟合。然而，由于无法有效判断某段给定信号的端点是否为极值点，导致端点处的拟合包络线容易出现"飞翼"现象，产生较大的拟合误差。这种发散现象会在后续多次的筛选过程中，不断向内污染整个时序，从而导致分解结果严重失真，即端点效应。以下通过具体的公式推导说明端点效应产生的原因。

结合 3.2.1 节对 EMD 基本算法的介绍可知，对于原始时序 $x(t)$，其任意 IMF_i 和剩余分量 $x_i(t)(i=1,2,\cdots,N)$ 有表达式如下：

$$\mathrm{IMF}_i(t) = x_{i-1,j}(t) - m_{i-1,j}(t) = x_{i-1,j-1}(t) - m_{i-1,j-1}(t) - m_{i-1,j}(t) = x_{i-1}(t) - \sum_{k=0}^{J_i} m_{i-1,k}(t)$$

(3.5)

$$x_i(t) = x_{i-1}(t) - \mathrm{IMF}_i(t) = x_{i-1}(t) - x_{i-1}(t) + \sum_{k=0}^{J_i} m_{i-1,k}(t) = \sum_{k=0}^{J_i} m_{i-1,k}(t) \quad (3.6)$$

其中，J_i 为通过筛选得到第 i 个本征模态函数 $\mathrm{IMF}_i(t)$ 所需的算法迭代次数，归纳式（3.5）和式（3.6）可得

$$\mathrm{IMF}_i(t) = \begin{cases} x(t) - \sum_{k=0}^{J_i} m_{i-1,k}(t), & i=1 \\ \sum_{k=0}^{J_{i-1}} m_{i-1,k}(t) - \sum_{k=0}^{J_i} m_{i,k}(t), & i=2,3,\cdots,n \end{cases}$$

(3.7)

由式（3.7）可见，本征模态函数的生成过程主要受上、下包络线均值的影响，并且这种影响具有累加效应，不断持续作用于整个算法的筛选过程。如果给定某一段信号的端点并非局部极值点，将无法构造准确有效的包络线，从而导致端点处的插值出现较大偏差（即"飞翼"现象），最终产生误差较大的分解结果。

以下通过信号仿真实验，以直观展现端点效应。假设待分解的原始信号为 $x(t)=2\sin(150\pi t)+\sin(50\pi t)$，采样频率为 250Hz，时间为 1 秒，待分解信号及其对应的信号分量如图 3.2 所示，经原始 EMD 算法分解后的结果如图 3.3 所示。

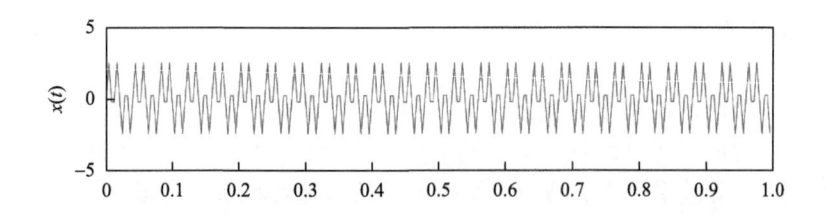

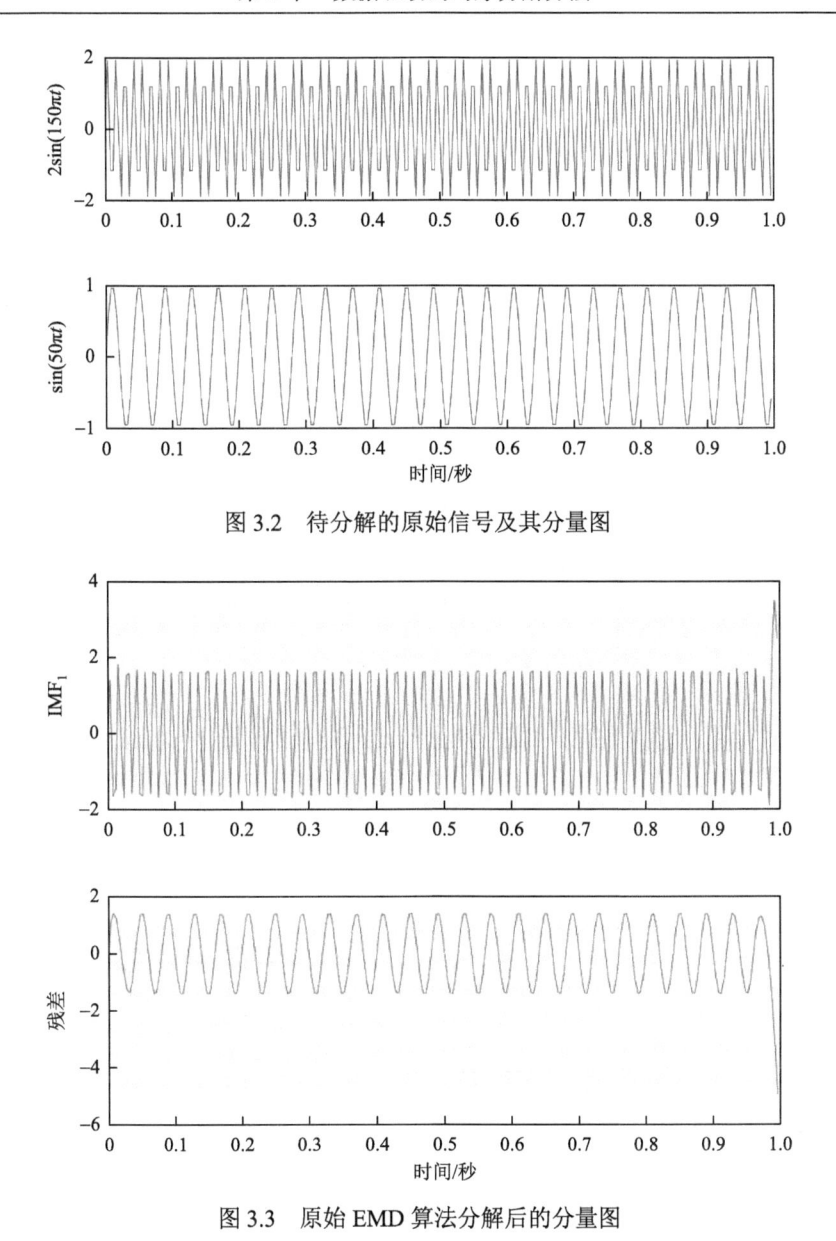

第 3 章 数据驱动的时序分解方法

图 3.2 待分解的原始信号及其分量图

图 3.3 原始 EMD 算法分解后的分量图

由图 3.3 可见,经原始 EMD 算法分解后得到的 IMF_1 分量对应于信号 $2\sin(150\pi t)$,残余项对应于信号 $\sin(50\pi t)$。受端点效应的影响,两段序列的右侧末端均出现一定程度的发散现象。可见,若不对原始算法进行相应的端点效应改进,直接将分解后的分量作为预测建模的输入项,势必会造成较大的预测误差。因此,如何确保分解的子序列能够最大程度地保留原始信号数据的波动形态,避免引入无谓的偏差,是数据驱动的时序分解算法的研究重点之一。

3.2.3 模态混淆

除了端点效应外，模态混淆也是经验模态类分解算法经常面临的难点之一。所谓模态混淆有两种表现形式，一是在单个 IMF 中包含多个不同尺度的混合信号；二是多个相似尺度的信号分布在不同的 IMF 中。Wu 和 Huang（2009）认为，间歇信号的存在是导致出现模态混淆的主要原因。间歇信号的存在不仅会使信号时频分布出现严重混淆，同时也会导致分解出的 IMF 分量不再具有明确的物理含义。EMD 算法提出的初衷，是为了将复杂的时间序列分解为多个简单且具有明确物理含义的分量，以实现降低后续建模难度并提高预测精度的目的。因此，模态混淆现象的出现，将极大降低 EMD 算法的有效性。以下通过一组仿真实验来说明模态混淆现象。

首先，假定原始信号 $g(t) = \sin(50\pi t)$，$n(t)$ 为信号 $2\cos(120\pi t)$ 的两段间歇信号，采样频率为 250Hz，时间为 1 秒，则待分解的目标信号为 $x(t) = g(t) + n(t) = \sin(50\pi t) + 2\cos(120\pi t)$，如图 3.4 所示。

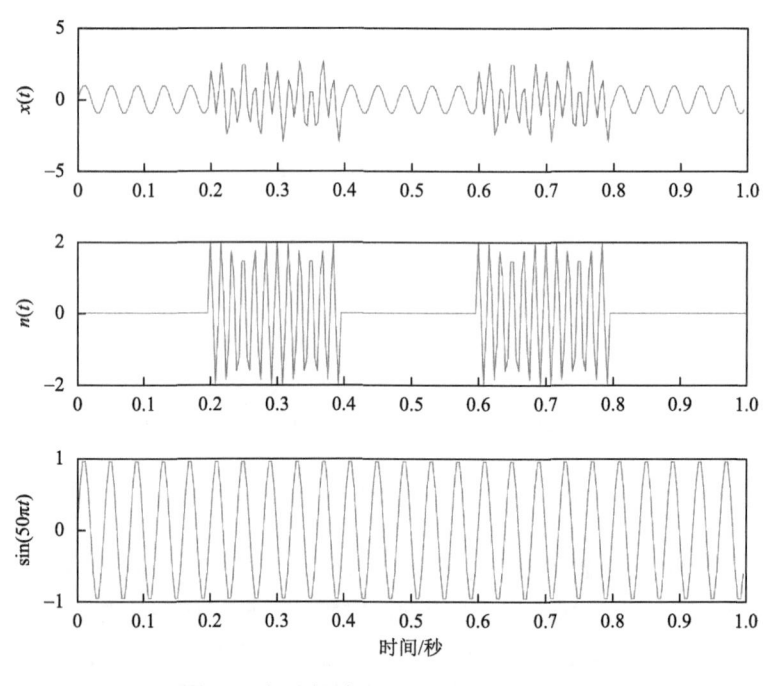

图 3.4 加入间歇信号的待分解目标信号

其次，使用原始 EMD 算法对目标信号 $x(t)$ 进行分解，得到 5 个 IMF 分量及

1 个残差项，如图 3.5 所示。从中可见，IMF$_1$ 分量的波动形态与原始信号 $x(t)$ 高度相似，说明 EMD 算法未能有效地分离原始信号与间歇信号，且产生了 IMF$_3$、IMF$_4$ 和 IMF$_5$ 等多个无实际物理意义的伪分量。以上结果表明，若使用 EMD 算法分解包含间歇信号的信号序列，将产生较为严重的模态混淆问题。

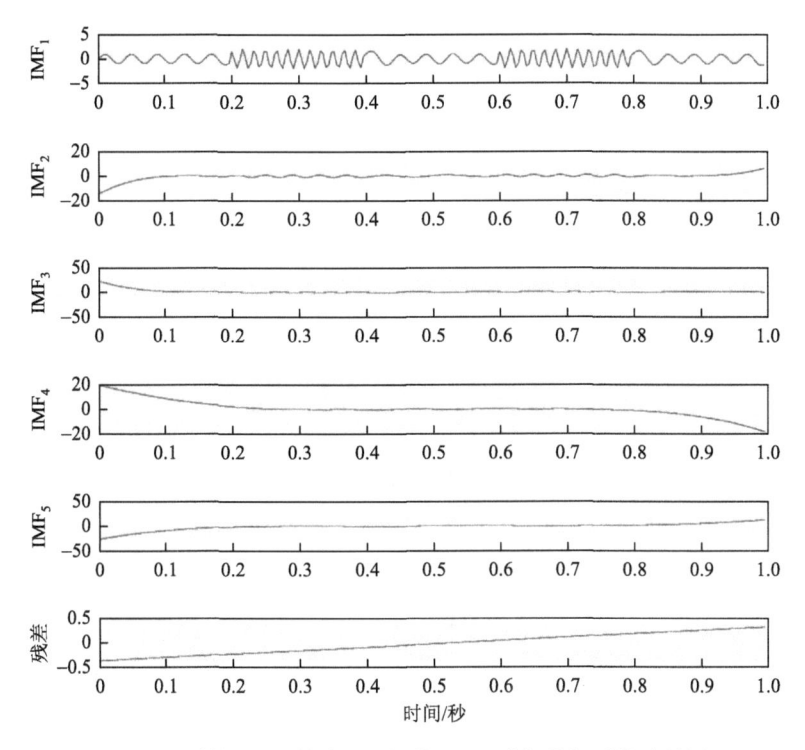

图 3.5　原始 EMD 算法对目标信号 $x(t)$ 进行分解后的分量图

最后，运用快速傅里叶变换技术将分解结果从时域转为频域，从频率的视角更直观地展现模态混淆问题。从图 3.6 可见，IMF$_1$ 分量同时包含频率为 25Hz 的信号和频率为 60Hz 的信号。对比图 3.4 可知，IMF$_1$ 分量所提取的信号中，同时包含原始信号和间歇信号，即单个 IMF 中包含多个不同尺度的信号数据。此外，图 3.6 的 IMF$_1$ 和 IMF$_2$ 在 25Hz 处出现了明显的波形重叠，即相似尺度的信号分布在不同的 IMF 中。由此表明，各分量之间存在严重的模态混淆。模态混淆问题导致各分量之间出现错乱的时频分布，使其不能正确表征本应具有不同物理含义的 IMF，为后续预测建模增添了不必要的误差。因此，如何基于待分解时序的数据形态，设计一种能够有效分离不同时频尺度分量的分解算法，是数据驱动的时序分解算法的另一研究重点。

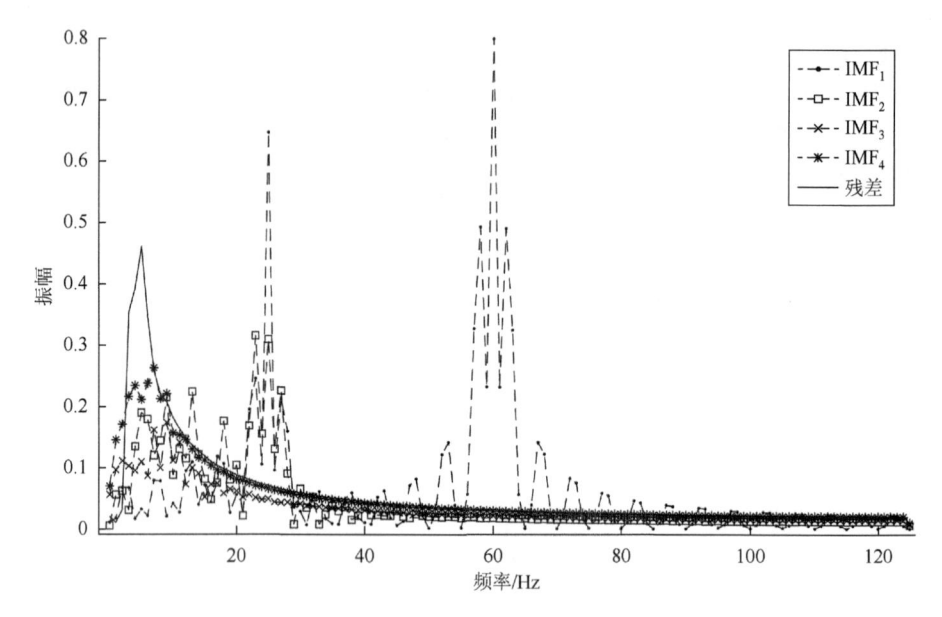

图 3.6 各分解分量的频谱图

3.3 端点效应抑制方法改进研究

通过 3.2 节的介绍可知，端点效应是影响经验模态类算法分解性能的主要原因之一。尽管在原始 EMD 算法的基础上衍生出了 EEMD、CEEMD 等算法，但这些算法未能完全解决所存在的问题。因此，本节首先介绍当前几种常用的端点效应抑制方法，然后在数据驱动思想的指导下，基于研究对象的数据形态，设计针对端点效应的改进方法，并通过信号仿真实验，说明所提出方法的有效性。

3.3.1 常用的端点效应抑制方法

经验模态类分解算法本质上是一种信号筛选过程，如果给定一段时间序列的端点并不是极值点，样条插值函数在端点处会产生发散现象，并且将随着分解过程的进行，不断向内污染数据，导致分解结果不能正确反映原始信号的特征。近年来，国内外学者就如何抑制端点效应进行了大量的研究，主要分为三大类：第一类是对构建上、下包络线的样条插值方法进行改进；第二类是直接对原序列进行预测建模，以预测值作为延拓的依据；第三类是对待分解信号进行延拓等预处理。对于第一类方法而言，受限于插值拟合算法理论的研究进展，并未取得较大的突破。尽管有学者提出分段三次 Hermite 样条插值、分段三次多项式贝塞尔插值算法，但与标准三次样条插值算法相比，未能证实哪种方法更有利于解决端点效应问题（谢小可，2010）。第二类基于预测建模的延拓方法，其延拓效果的好坏取决于模型的预测性能，且无论采用哪种预测模型，都将人为引入预测误差，具有一定的应用局限性（张郁山等，2003）。因此，当前研究较多集中于第三类方法，即采用不同的方法对原始待分解信号进行预处理，以下将对镜像对称、斜率匹配和边长匹配等几种常用的信号预处理方法进行回顾与总结。

镜像对称是一种较为常用且直观的信号延拓方法。其原理如下：首先确定信号某一端的极值点 $x(1)$，并找到距离该极值点最近的极大值 $\max(1)$ 和极小值 $\min(1)$；然后以 $x(1)$ 为镜面，找到其对称的极大值 $\max'(1)$ 和极小值 $\min'(1)$；运用同样的方法，找到信号另一端的镜像对称极值点，由此完成原始信号两端的极值延拓。针对延拓后的信号构建上下包络线并计算其均值，此后抛弃两端延拓的极值点，在保证信号长度不变的同时，抑制端点效应对原信号的影响。尽管镜像对称具有原理直观、操作简单的优点，但只考虑末端附近几个极值点的信息，没有全面顾及信号的整体变化规律，相较之下更适用于周期性较强的数据，对于变化较为复杂的信号，应用效果较为有限（张亢等，2010）。

除了镜像对称延拓外，由 Huang 等（1998）提出的基于波形特征匹配的延拓方法也是一类被广泛应用的端点效应抑制方法。其核心思想是在原始信号序列内部寻找与末端波形最为相似的子波形，以此为依据完成对末端端点的延拓，斜率匹配和边长匹配是其中较为常用的方法。斜率匹配的基本思想是通过计算信号末端极大值、极小值与端点之间的斜率，以此为依据在信号序列内部寻找与之最为相似的子波形。边长匹配的基本思想与斜率匹配类似，以末端的极大值、极小值和端点构成三角形，以该三角形的形状为特征，在信号序列内部寻找与之最为相似的子波形，以实现对末端的延拓。可见，以上两种算法均基于序列末端的变化特征与序列内部变化特征相似的前提假设。然而，如果序列末端的变化特征与序列内部差异较大，以内部相似的变动特征为依据对端点进行延拓，有可能产生更大的包络误差。

3.3.2 改进的端点效应抑制方法

通过以上对当前较为常用的镜像延拓和波形延拓（斜率延拓和边长延拓）等方法的回顾可知，每种单一方法都具有一定的局限性，没有哪一种方法具有绝对的优势。例如，镜像延拓的局限性在于只考虑信号两端的极值点信息，未能充分利用信号序列内部的波动特征；波形延拓的局限性在于仅以序列内部的波动特征为参考，当末端信号波动特征明显异于序列内部波动特征时，所得结果偏差较大。可见，镜像延拓和波形延拓的优缺点呈互补关系，镜像延拓侧重于拟合序列的端点信息，而波形延拓偏重拟合序列的内部信息。为了更好地弥补单一方法的局限性，本书基于组合的思想，提出一种兼具镜像对称和波形匹配的组合延拓方法。

假设在序列内部存在与序列两端相似的子波形，则以此波形对末端进行延拓；若不存在相似的子波形，则以序列末端的极值点为镜像，对称延拓对应的极值点到末端外部。通过这种组合延拓方式，在充分利用序列内部波动信息的同时，确保延拓波段能够较好地符合原序列的数据形态，其基本流程如下所示。

（1）通过求导确定原始信号序列 $x(t)$ 的极大值序列 $\{max_i\}$ ($i = 1, 2, \cdots, N$) 和极小值序列 $\{min_i\}$ ($i = 1, 2, \cdots, N$)，其对应在时间轴上的坐标分别为 $\{max_j\}$ 和 $\{min_j\}$。

（2）从序列的左端开始延拓，假设第一个极值点为极大值，则满足 $max_1 < min_1$，以 max_1—min_1—max_2 三点构造序列中的第一个波形三角形，记为 $Triangle_1$，其对应三条边的斜率分别为 $S_{max_1 min_1}$、$S_{min_1 max_2}$ 和 $S_{max_2 max_1}$，两极值点的差值 $\Delta_1 = max_1 - min_1$。

（3）以同样的方法继续向序列内部构造波形三角形，对于任意极值点 max_i—min_i—max_{i+1}，可得波形三角形 $Triangle_i$，对应的斜率和差值分别为 $S_{max_i min_i}$、$S_{min_i max_{i+1}}$、$S_{max_{i+1} max_i}$ 和 $\Delta_i = max_i - min_i$。

（4）定义 $Triangle_1$ 和 $Triangle_i$ 之间的相似系数 $K_{1-i} = H(S_{max_1 min_1}, S_{max_i min_i}) + H(S_{min_1 max_2}, S_{min_i max_{i+1}}) + H(S_{max_2 max_1}, S_{max_{i+1} max_i}) + H(\Delta_1, \Delta_i)$，其中指标 $H(x, y) = \left| \frac{max(|x|, |y|)}{min(|x|, |y|)} - \frac{x \times y}{|x \times y|} \right|$ 用以衡量 x 与 y 之间的相似性，当 x 与 y 数值相等且方向一致时，$H(x, y) = 0$；若 $H(x, y)$ 大于零，说明 x 与 y 之间的差异越大。

（5）重复步骤（3）、步骤（4），直至找到 $min(K_{1-i})$，对应的波形三角形定义为 $Triangle^*$；若 $K_{1-*} \leq K_\alpha$，则将 $Triangle^*$ 左边的极值点延拓到原序列左端；若 $K_{1-*} > K_\alpha$，则对序列左端的极值点进行镜像延拓。其中，K_α 为相似系数的阈值，值越小说明原序列的规律性越强，即端点与序列内部的相似性越大；阈值越大则表明原序列的规律性越弱，即端点与序列内部的相似性越小。在本节实验中，阈值设为1。

（6）对序列左端进行延拓时，若第一个极值点为极小值点，对调以上步骤中的 $\{max_j\}$ 和 $\{min_j\}$ 即可；同理，可进行右端延拓。

3.3.3 仿真实验及结果

以下设计一组仿真信号实验，对比不同端点效应抑制方法的效果，并验证所提出的组合延拓策略的有效性。假设待分解目标信号为 $x_i(t) = \sin(80\pi t) + \sin\left(20\pi t + i \times \frac{\pi}{10}\right)$，$i \in [0, 7]$，时间 t 为 1 秒，采样频率为 250Hz。由图 3.7 可见，随着 i 的变化，共产生八条信号序列，不同序列的波动形态十分相似，序列两端的形态略有差异。

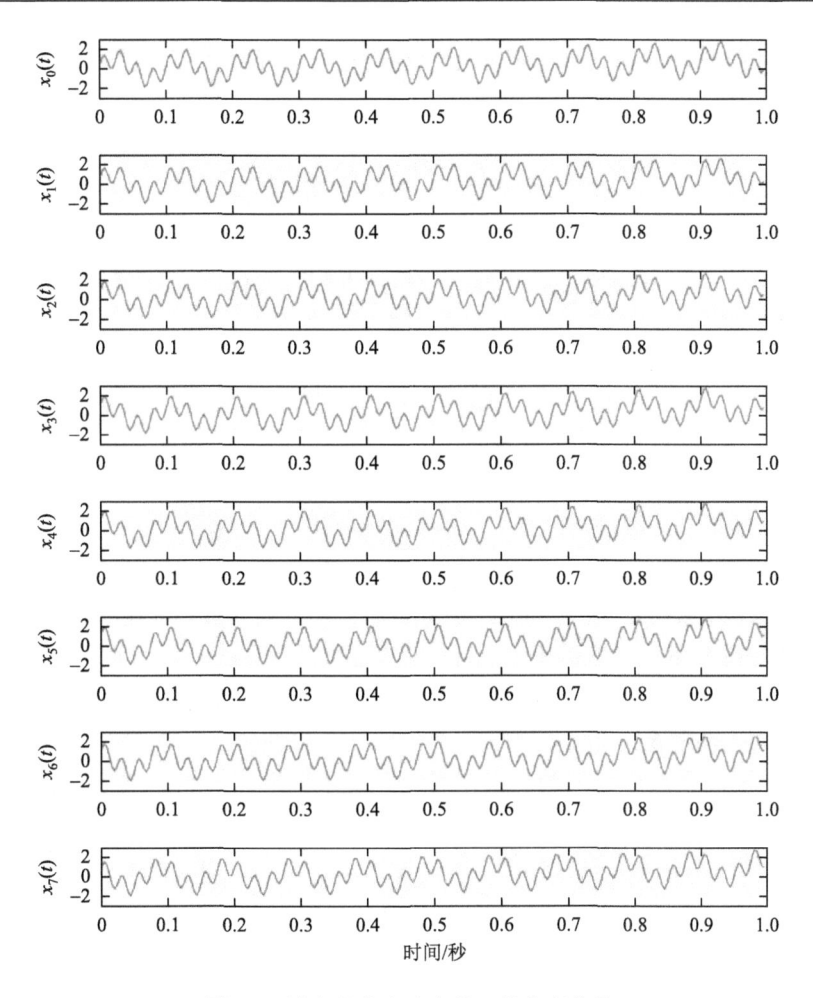

图 3.7 端点处发生改变的一组仿真信号

为评价不同方法端点效应抑制方法效果的优劣，此处采用对仿真及实际信号均具有较好适应性的能量变化指标作为评价准则。Wu 和 Huang（2004）提出了 IMF 的能量密度及信号的总体能量概念，作为度量 IMF 分量统计特性的指标。传统能量指标在计算过程中通常会考虑全部信号长度，然而，考虑到由端点效应造成的能量变化通常仅发生在序列两端，因此本书采用基于分区的能量变化指标，可以更有效地衡量端点效应对分解效果的影响程度。

学者通过大量仿真实验证明，EMD 分解得到的各 IMF 分量具有正交性。基于该性质可认为，分解前后信号序列具有的总能量基本不发生改变。如果出现端点效应，意味着分解结果中存在一定数量的虚假分量，从而导致分解后的总能量增加。因此，通过对比分解前后总能量的变化，即分解后各 IMF 能量之和与原序列总能量的差值，即可实现定量测度端点效应影响程度大小的目的，分解前后序列总能量的变化指标 θ 的计算公式为（荣钦彪，2018）

$$\theta = \frac{\left|\sqrt{\sum_{i=1}^{n}\text{RMS}_i^2} - \text{RMS}_{\text{original}}\right|}{\text{RMS}_{\text{original}}} \quad (3.8)$$

其中，RMS（root mean square）为信号的均方根有效值；下标 i 和 original 分别为第 i 个 IMF 和原始信号序列，RMS 的计算公式表示为

$$\text{RMS}_i = \sqrt{\frac{\sum_{t=1}^{T/k} x^2(t) + \sum_{t=1}^{T/k} x^2(T-t+1)}{T}} \quad (3.9)$$

$$\text{RMS}_{\text{original}} = \sqrt{\frac{\sum_{t=1}^{T} x^2(t)}{T}} \quad (3.10)$$

其中，T 为序列总长度；k 为划分区域数。由上述分析可知，在没有受到端点效应影响的理想情况下，θ 应等于 0；端点效应的影响程度越大，即虚伪分量越多，则 θ 越大。因此，可由 θ 的大小判断端点效应影响程度的高低。在本节实验中，划分区域数 k 设为 5。

表 3.1 展示了波形相近的八条信号序列经不同端点抑制方法分解后所得到的分区能量变化值 θ，每条序列中能量变化的最小值加粗标注。未抑制表示原始 EMD 算法的分解结果，镜像延拓、斜率延拓、边长延拓为三种常用延拓方法的分解结果，组合延拓代表本书提出的兼具镜像对称与波形匹配的延拓方法。分析表 3.1 的实验数据可得到以下三个结论。

表 3.1 不同端点效应抑制方法的分区能量变化

目标信号	未抑制	镜像延拓	斜率延拓	边长延拓	组合延拓
$i=0$	0.0231	0.0249	0.0089	0.0209	**0.0083**
$i=1$	0.0370	0.0236	0.0086	0.0183	**0.0080**
$i=2$	0.0376	0.0250	0.0118	0.0200	**0.0113**
$i=3$	0.0442	0.0265	0.0085	0.0177	**0.0080**
$i=4$	0.0525	0.0186	0.0069	0.0147	**0.0064**
$i=5$	0.0627	0.0066	0.0068	0.0076	**0.0063**
$i=6$	0.0522	0.4171	0.0028	0.0035	**0.0025**
$i=7$	0.0364	**0.0006**	0.0087	0.0049	0.0087

注：加粗字体表示每条序列中能量变化的最小值

(1) 延拓方法的总体有效性。在绝大多数情况下，所有四种延拓方法的 θ 值均小于未经抑制的原始分解算法，由此表明，延拓方法是改善端点效应的有效工具。

(2) 单一方法的局限性。镜像延拓在 $i=0$ 和 $i=6$ 时，θ 值甚至大于未抑制的算法，即使用了延拓方法反而使端点效应更为严重；而在 $i=7$ 时，其 θ 值为所有方法中的最小值。由此表明，镜像延拓法的效果并不稳定，即使对于波形特征非常相近的序列，其效果也差异甚大。

(3) 组合方法的稳健性。本书提出的组合延拓方法，在绝大多数情况下均为所有方法中的最优（能量变化指标最小），表明该种组合方法可以较好地兼顾不同方法的优点，具有较为理想且稳定的端点抑制效果。

3.4　模态混淆抑制方法改进研究

除端点效应外，模态混淆也是影响经验模态类分解算法效果的主要原因。模态混淆可导致 IMF 出现错乱的时频分布，导致分解信号不能反映出正确的物理含义，产生无效的分解结果。为了有效地解决模态混淆问题，学者对模态混淆的产生原因展开分析。当前主流研究认为间断信号和异常事件是引起模态混淆的两大因素，这些因素的出现将导致原始信号序列中极值点的异常分布，进而影响上、下包络线的形态。因此，对应的解决思路通常为向原序列添加辅助信号，使序列中的极值可以均匀分布，以便于算法筛选 IMF 分量。

尽管相关方法能在一定程度上解决模态混淆问题，但方法的有效性取决于算法关键参数的设定，目前对于如何选取合适的参数仍缺少理论指导。本节拟基于信息熵理论，依据各 IMF 分量蕴含的复杂度信息，设计一种具有数据自适应性的模态混淆抑制方法，有针对性地提取混杂在不同分量中的信号数据，以实现不同模态信号在时频域中的清晰分布，进而通过仿真实验来证实该方法的有效性。

3.4.1　常用的模态混淆抑制方法

Huang 等（1998）作为最早提出模态混淆问题及解决方案的学者，认为间歇信号的存在是导致模态混淆的主要原因。为此，他提出一种间歇检测方法，通过人为设定极值点之间距离的阈值，将小于阈值范围的分解分量确定为输出的 IMF。然而，这个方法存在以下缺陷：首先，基于人为设定的阈值，间歇检测法将使原始 EMD 算法具有自适应性失效；其次，对于大部分的自然信号，其信号在一定范围内出现持续的混合，间歇检测方法并不能很好地解决此类问题。因此，间歇检测方法的应用并不广泛（Olesen et al.，2016）。

除了间歇检测方法外，辅助信号类的模态混淆抑制方法也受到广泛关注。最为常用的方法包括 Deering 和 Kaiser（2005）提出的正弦信号辅助法及 Wu 和 Huang（2009）提出的白噪声辅助法。这些方法在一定程度上能缓解模态混淆问题，但其自身均存在一定的局限性。例如，如何确定正弦信号的频率和幅值，如何确定白噪声的幅值及添加次数等，这些关键参数的设定都将直接影响方法的稳定性及有效性。尽管相关研究提出了经验参数，白噪声的添加次数取 100，幅值取 0.2，但有研究证明，对于特定的研究数据，其最佳的参数选择与推荐的经验值相距甚远。Dong 等（2019）以 WTI 原油价格、Brent 原油价格、NYMEX 天然气期货价格和 HH 天然气现货价格时序为研究对象，以最小化序列总体复杂度为决策准则，确定最佳的白噪声添加参数。研究发现，使用最佳参数进行时序分解而得到的预测结果，优于使用经验参数进行分解而得到的预测值。以白噪声幅值为例，上述四个研究对象对应的最佳添加幅值分别为 0.07、0.06、0.06 和 0.16，与经验参数所推荐的 0.2 相差较大。由此可见，来自特定仿真实验的白噪声取值参考，并不具有大范围的普适性。已有学者证实，如果不恰当地选择白噪声参数，将产生噪声残留问题，导致其分解效果甚至不如原始 EMD 算法（Li X L and Li C W，2016）。理论上而言，加大白噪声的添加次数可在一定程度上缓解噪声残留问题，但过多的集成次数将使运算成本增大。

EEMD 是 EMD 算法发展历程中的最大突破，可有效提高 EMD 算法的稳定性，但也随之产生了新的问题。为此，学者尝试提出各种新的解决方案，其中，由 Yeh 和 Shieh 提出的 CEEMD 是其中的典型代表（Yeh et al.，2010）。CEEMD 的核心思想是，向原序列添加正负成对的白噪声，通过正负抵消来解决 EEMD 中的噪声残留问题。该方法提出后被成功应用于风速预测（王静和李维德，2018）、故障诊断（郭华玲等，2019；王海明等，2019）和脑电信号检测（Jia et al.，2017）等工程应用领域，并被证实具有比 EEMD 更优的分解性能。

除了以上几种基于原始 EMD 算法衍生出的改进算法，也有学者尝试从各信号分量频率之间的关系着手提出解决方案，如伪信号法和信号频移法等。但是，学者均承认，当前并没有哪一种方法能完全有效地解决模态混淆问题，针对不同的序列形态特征，适用的解决方案不尽相同（Xue et al.，2016；Zheng et al.，2019）。因此，模态混淆仍是一个值得研究的问题。

3.4.2 改进的模态混淆抑制方法

模态混淆问题的本质是不同频率的信号混合出现在同一个 IMF，即算法无法有效分离不同频率的信号。可见，模态混淆现象的出现势必导致信号序列的复杂度增加。基于该认识，本节运用信息熵理论，设计一种具有数据自适应性的模态混淆抑制方法。首先，以排序熵作为度量序列复杂度的指标，计算各 IMF 分量的复杂度；其次，对于复杂度高于预设阈值的 IMF 分量，运用快速傅里叶变换技术将其从时域转为频域；再次，在频域中提取幅值最大的信号数据，并将剩余信号通过逆快速傅里叶变换技术转换至时域，由此得到该 IMF 的残余分量；最后，将原 IMF 分量减去残余分量，得到新的 IMF 分量，以此作为后续预测建模的输入。通过该步骤，可有效去除原分量中的噪声成分，得到物理含义更为清晰的 IMF 分量，从而达到抑制模态混淆的目的。

排序熵是由 Bandt 和 Pompe（2002）于 2002 年提出的一种度量时间序列复杂度的物理量，以解决传统复杂度度量指标在测度时间序列复杂度时失效的问题。排序熵算法通过对比时序中的某一点与其相邻数据之间的大小关系，将原始时序转化为对应的符号序列，进一步计算每一种排序模式在所有可能排序模式中的出现概率，以此作为信息熵计算时的概率常数。由于排序熵算法具有概念简单、运算速度快、抗噪能力强等优点，被广泛应用于非线性时间序列分析中（Dai et al.，2019；颜云华和吴志丹，2016），其计算步骤如下所示（谢平等，2013）。

（1）设有原始时间序列 $x_n = \{x_1, x_2, \cdots, x_i, x_{i+1}, \cdots, x_n\}$，$n$ 为时间序列长度。

（2）对原始时序进行相空间重构，重构序列 $x_i = \{x_i, x_{i+1}, \cdots, x_{i+(m-1)\tau}\}$，其中 m 为嵌入维度，τ 为时间滞后项。

（3）重构序列中的 m 个元素按照升序进行排列，并将其映射为对应的符号序列 π_i。

（4）在新的 m 维空间中，每个向量 x_i 都有 m 种不同的取值，因此总共产生 $m!$ 种排序的可能性。

（5）令 $f(\pi_i)$ 表示某个符号序列在所有可能的符号排序中出现的次数，则其出现的频率为 $p(\pi_i) = f(\pi_i) / (n - (m-1)\tau)$。

（6）则排序熵定义为 $H_p(m) = -\sum_{i=1}^{n-(m-1)\tau} p(\pi_i) \log(p(\pi_i))$。

（7）归一化后可得 $\text{PE}(m) = H_p(m) / \log(m!)$。

由上述计算步骤可知，如果重构后的各时间序列出现概率相等，则其对应的 PE(m) 为 1，说明原序列是完全随机的，复杂性高；反之，原序列越有规律，其 PE(m) 越接近于 0。为了更清晰地阐述排序熵的计算过程，表 3.2 展示了当嵌入维度为 3 时，重构的时间序列与符号序列之间的对应规则。

表 3.2　排序规则（$m = 3$）

时间序列	符号序列
$x_i \leqslant x_{i+1} \leqslant x_{i+2}$	012
$x_i \leqslant x_{i+2} \leqslant x_{i+1}$	021

续表

时间序列	符号序列
$x_{i+1} \leqslant x_i \leqslant x_{i+2}$	102
$x_{i+2} \leqslant x_i \leqslant x_{i+1}$	201
$x_{i+2} \leqslant x_{i+1} \leqslant x_i$	210
$x_{i+1} \leqslant x_{i+2} \leqslant x_i$	120

假设有时间序列 $x = \{3, 2, 5, 8, 9, 6, 1\}$，嵌入维度 $m = 3$，时间滞后项 $\tau = 1$，根据表 3.2 的计算规则，可得重构后的时间序列及其对应的符号序列，如表 3.3 所示。

表 3.3　重构后的时间序列（$m = 3, \tau = 1$）

时间序列	符号序列 π
(3, 2, 5)	102
(2, 5, 8)	012
(5, 8, 9)	012
(8, 9, 6)	201
(9, 6, 1)	210

接着，计算各种符号序列出现的次数，有：$p(\pi_1) = p(102) = 1/5$，$p(\pi_2) = p(012) = 2/5$，$p(\pi_3) = p(201) = 1/5$，$p(\pi_4) = p(210) = 1/5$。进一步以 10 为底数，计算出原始时序的排序熵为 $H(3) = -(2/5)\log(2/5) - 3(1/5)\log(1/5) = 0.5785$，归一化后，得 $\mathrm{PE} = H(3) / \log(3!) = 0.5785 / 0.7781 = 0.7434$。

3.4.3　仿真实验及结果

3.2.3 节采用仿真实验展示了使用原始 EMD 算法得到的分解结果，从中可见，在序列末端处出现了明显的模态混淆。此处，沿用之前仿真实验所使用的目标信号 $y(t) = \sin(50\pi t) + 2\cos(120\pi t)$，将基于排序熵的改进分解算法命名为 EMD-PE、EEMD-PE 和 CEEMD-PE，使用改进算法分解目标信号，并运用快速傅里叶变换技术将分解结果从时域转至频域，以直观展示各分量的分布情况，如图 3.8～图 3.13 所示。

对比图 3.8～图 3.13 呈现的实验结果可得到两个结论。首先，对于三个原始算法，即 EMD、EEMD 和 CEEMD，其所得到的分解分量呈现出越来越清晰的变化规律，混合在同一分量中的不同信号明显减少。由此表明，EEMD 和 CEEMD

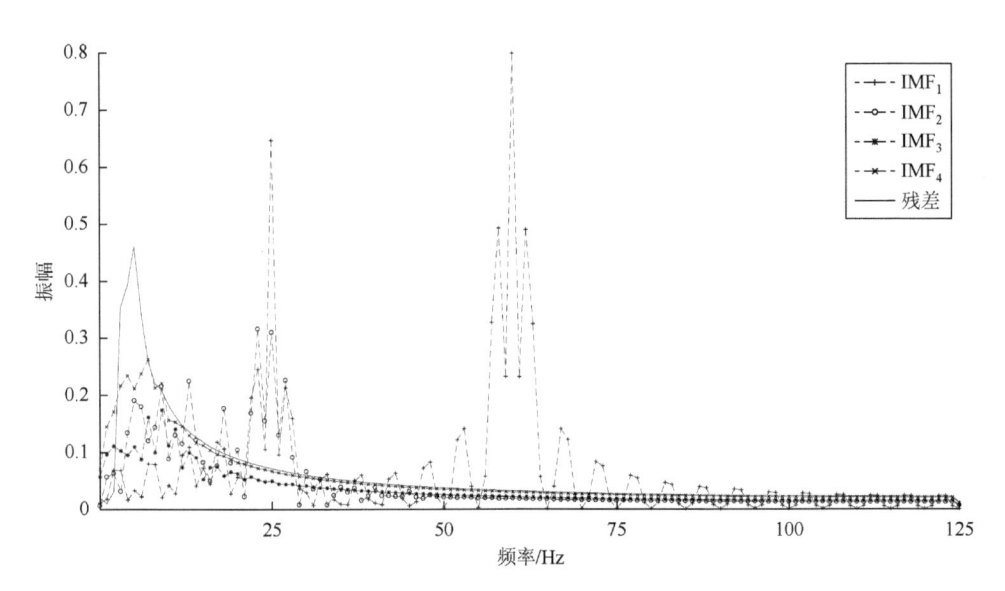

图 3.8 EMD 的分解结果

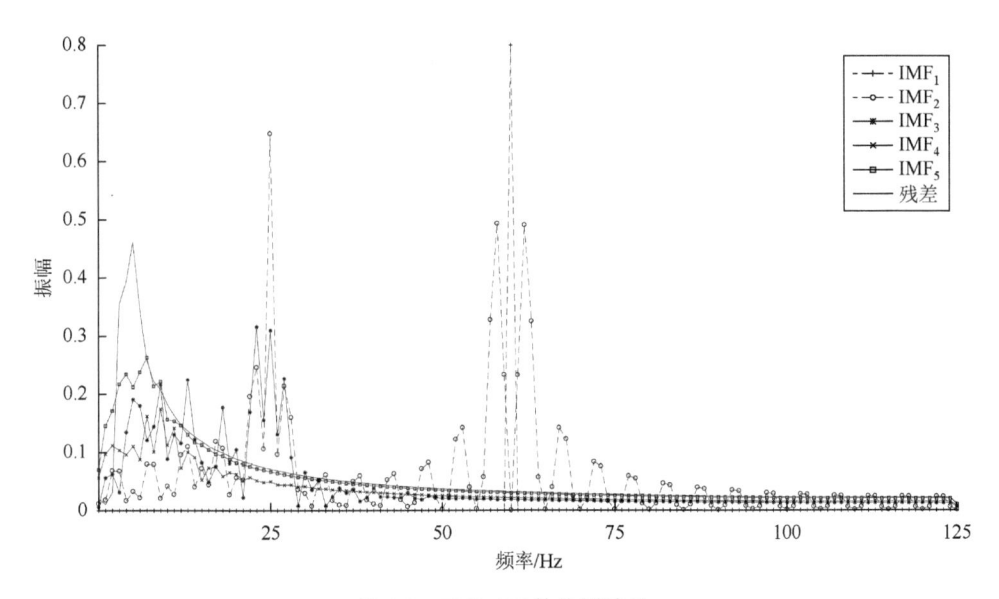

图 3.9 EMD-PE 的分解结果

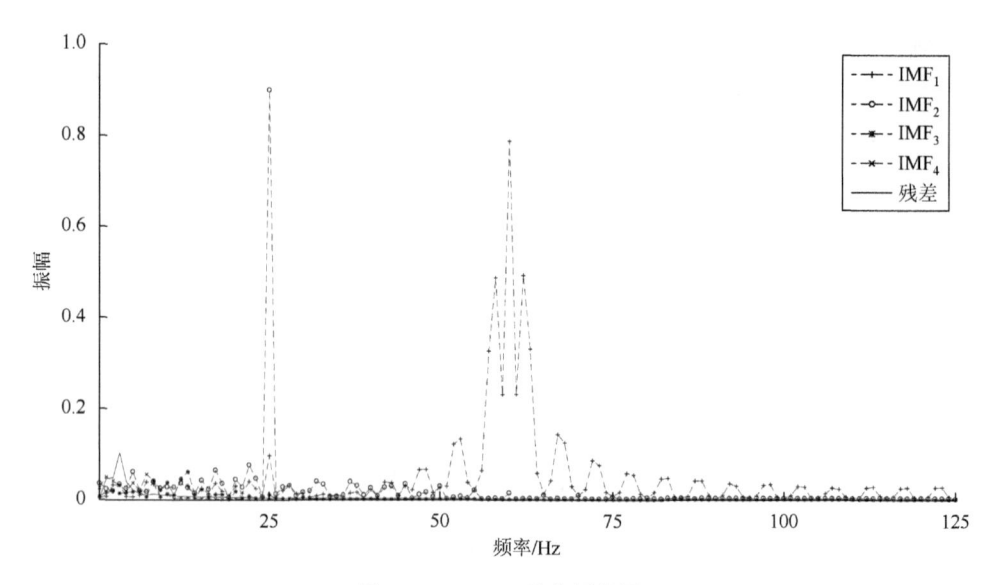

图 3.10　EEMD 的分解结果

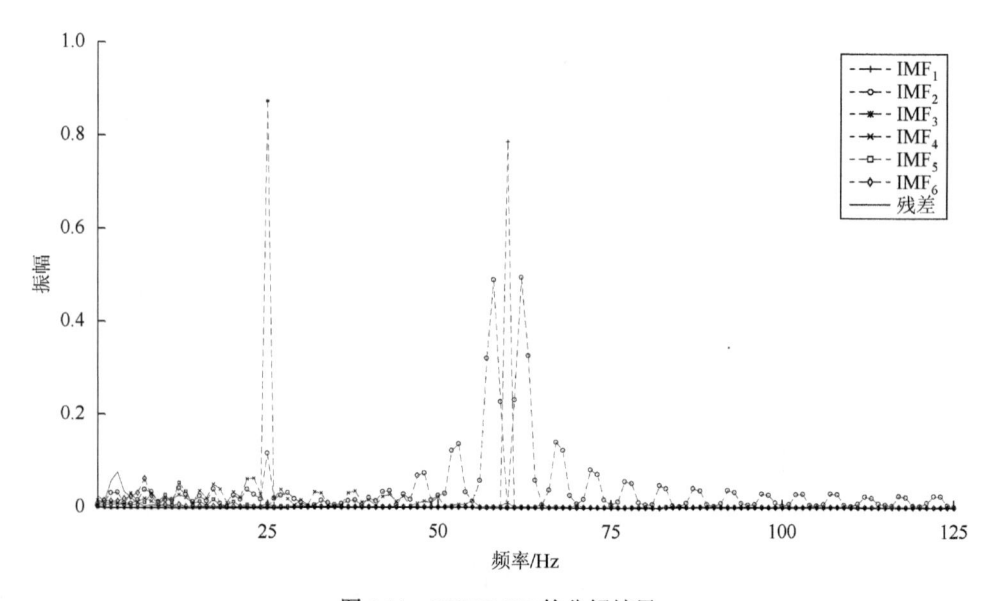

图 3.11　EEMD-PE 的分解结果

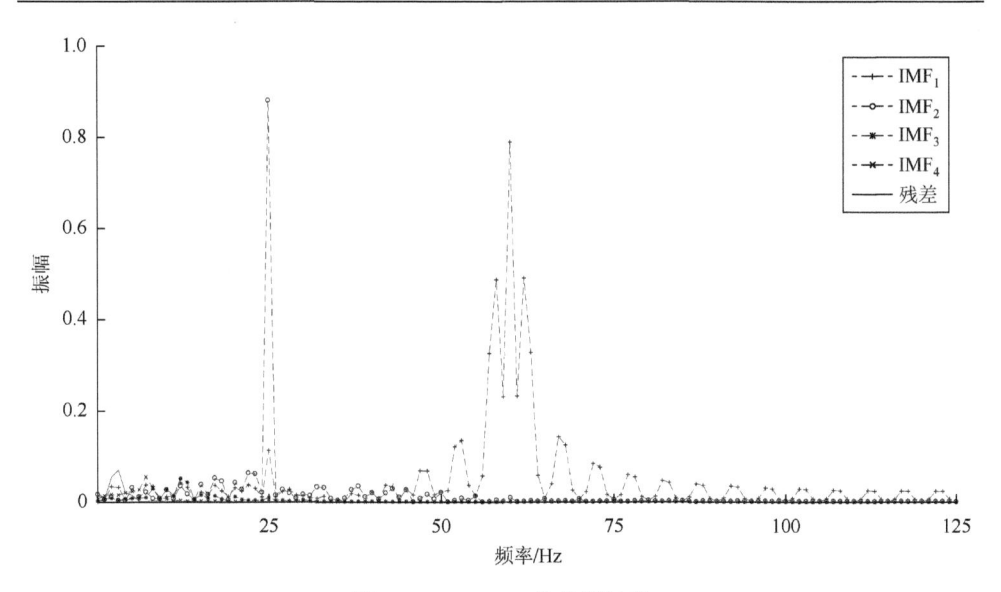

图 3.12 CEEMD 的分解结果

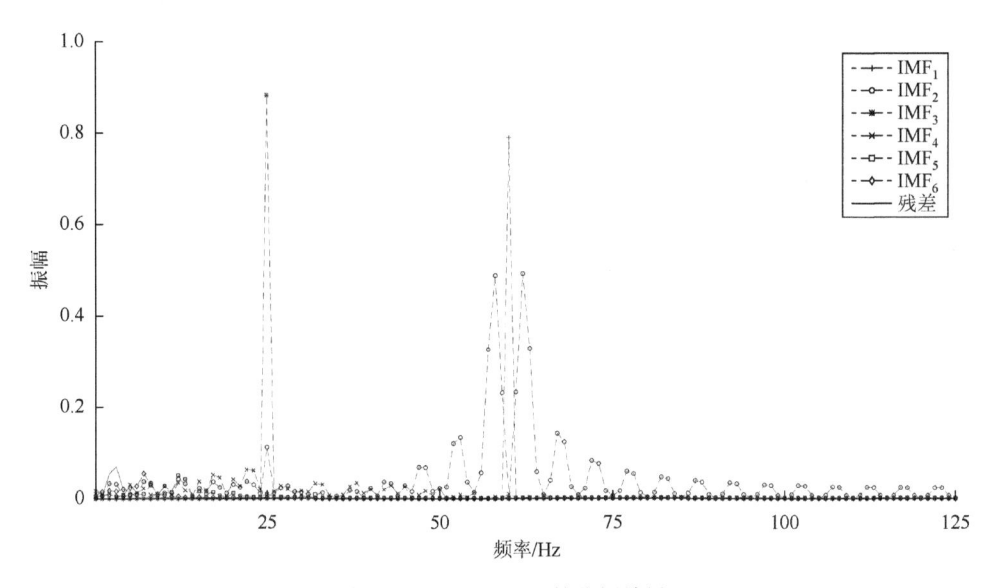

图 3.13 CEEMD-PE 的分解结果

作为原始 EMD 的改进算法,能在一定程度上解决 EMD 的模态混淆问题。但是,EEMD 和 CEEMD 的 IMF_1 分量在频率为 60Hz 附近出现了三个较为集中但是振幅不同的尖峰,说明原始算法对于模态混淆问题的处理能力具有一定局限性,对不同模态分量的提取能力有待提高。

其次,对比基于排序熵的改进算法与原始算法,可见改进后的算法均能有效提取出混合的原始信号与间歇信号。以 EMD 分解为例，原始 EMD 分解结果中，IMF_1 同时包含频率为 25Hz 的原始信号和 60Hz 的间歇信号；在 EMD-PE 分解结果中，IMF_1 中仅包含频率为 60Hz 的间歇信号，IMF_2 则主要体现了频率为 25Hz 的原始信号。对于 EEMD 和 CEEMD 而言，尽管原始算法在 IMF_1 中并未出现明显的模态混淆，但改进后的算法，可以进一步提取出混合在 IMF_1 中的频率为 60Hz 的间歇信号，从而实现对间歇信号更为全面的提取。以上结果表明，基于排序熵的分解算法，能有效解决原始分解算法的模态混淆问题，进一步提高算法的分解性能，为后续预测建模提供准确的输入信息。

3.5 本章小结

本章首先介绍 EMD 算法，探讨端点效应和模态混淆问题对分解效果的影响作用。其次，针对目前端点效应改进方法的不足之处，提出一种兼具镜像对称和波形匹配的组合延拓方法。再次，针对模态混淆问题，以排序熵度量子序列复杂度，结合快速傅里叶变换技术，设计一种精准提取各模态分量的方法。最后，运用仿真信号进行实验，证实所提出的改进分解算法的有效性。在后续的实证研究中，把本章提出的组合延拓方法和基于排序熵的模态混淆抑制方法共同融入经验模态类分解算法，形成数据驱动的时序分解方法，实现依据研究对象的波动形态进行自适应分解，确保分解的分量能最大程度地保留原序列的波动形态，为预测建模提供精准输入。

第 4 章 数据驱动的预测模型自适应选择

作为一个传统的研究领域，时间序列预测已经经历了大半个世纪的发展，并被广泛应用于社会经济、工程技术等众多研究场景。在此期间，得益于相关学科的快速发展，各种统计模型和人工智能模型不断涌现，为预测建模提供了丰富的备选模型。同时，相关领域的学者也不断对现有模型进行修正与完善，以提高模型的预测性能。据不完全统计，当前各种常用的预测模型约有 50 种。众多单项预测模型为研究者和决策者提供了解决问题的多种可能性，但同时带来了一个问题，哪一个才是最适合当前研究数据的预测模型？目前已有大量文献研究表明，没有哪一种或哪一个模型在所有预测情境中均具有最佳的预测性能。即使是同一个研究对象，数据集选取范围的改变也会导致最佳预测模型的改变。因此，如何有效选取最佳预测模型，降低模型错误选择的风险，成为预测领域的一大研究热点。

现有研究通常依据学者的主观经验来确定最佳预测模型，由于缺乏模型选择依据，往往容易产生模型误选的风险。也有研究事先选定 3~5 个备选模型，通过对比不同模型的样本内拟合精度，确定最佳模型。但是，训练各类模型需要耗费一定的时间成本，并不适合需要快速得到决策结果的商业情境。在数据驱动思想的启发下，本章将探讨构建一个基于时序特征的预测模型选择框架，依据研究对象内在的数据特征，来确定最佳预测模型，解决模型选择的主观性和盲目性问题。首先介绍预测模型选择的相关研究进展，其次提出基于时序特征的预测模型选择框架，再次设计预测模型自适应选择实验方案，最后以国际预测竞赛的公开数据集为样本进行实验，综合对比不同分类器及不同特征筛选方案对模型选择效果的影响。该框架的提出有助于实现数据驱动的预测模型自适应选择，有效规避未知情境下预测模型选择的风险，提高时间序列预测精度。

4.1 预测模型选择综述

预测模型选择这个概念有狭义和广义之分。狭义的预测模型选择对应着预测模型中的参数选择问题。例如，ARIMA 模型中的 (p, d, q) 参数，SVM 模型中的 gamma 和 cost 参数等。对于前者，通常使用赤池信息准则（Akaike information criterion，AIC）或贝叶斯信息准则（Bayesian information criterions，BIC）来确定（Hyndman et al.，2002）；对于后者，通常使用智能优化算法（如遗传算法、粒子群算法等）来确定（Kumar and Prajneshu，2017）。狭义的预测模型选择方法只能评价同类模型的预测性能，不能对比不同模型的预测精度。广义的预测模型选择则是评价不同类型预测模型的预测性能，为特定的预测对象确定最佳的预测模型。广义的预测模型选择本质上是一个分类问题，自 20 世纪 90 年代起受到学界重视。伴随着不同时期不同研究方法的出现，应用于预测模型选择的方法与工具也随之发生改变。通过对该领域的文献进行梳理，本书将预测模型选择的发展分为三个阶段，分别为基于规则的预测模型选择（rule-based forecasting，RBF）、基于神经网络的预测模型选择及具有可解释性的预测模型选择，以下将进行详细介绍。

4.1.1　基于规则的预测模型选择

20 世纪 90 年代初期，得益于专家系统的快速发展，学者产生了将专家的主观判断经验和领域知识提取为规则，来指导预测模型选择的想法。Collopy 和 Armstrong（1992）的研究工作被认为是 RBF 的开端。他们就如何选择最佳预测模型对 5 位预测领域的专家展开调查，基于专家的主观经验，结合 28 个时间序列特征提炼出 99 条预测模型选择规则。作为一项开创性的工作，他们仅针对 M1 竞赛中的 126 条年度频率时间序列进行研究，并以 4 个统计模型（随机游走[①]、回归模型、线性指数平滑和霍特指数平滑）作为备选标签。实验结果表明，相较于简单平均的预测结果，基于规则的模型选择方案能有效提高预测精度，模型性能的提高程度从 13% 到 42%。采用相同的数据集，学者使用 5 个需要专家主观判断的时序特征，针对 3 个预测模型及它们的简单平均结果构建 RBF 框架。结果表明，RBF 具有更高的预测精度，其中，中位数绝对百分比误差比简单平均方法减少了 15%，相较于 RW 模型，RBF 的预测精度提高了 33%（Vokurka et al.，1996）。值得注意的是，在上述研究所设计的规则中，除了融合专家的经验判断，还加入了对研究数据本质特征的识别过程，例如，是否具有季节性、是否具有趋势性、是否包含异常值等。类似地，Shah（1997）以简单指数平滑、二次指数平滑及 ARIMA 模型为备选标签，使用 26 个统计特征，针对 M1 竞赛中的季度数据建立包含 7 个步骤的模型选择流程。他们提出了一个判别得分（discriminant score）的概念，依据时间序列在训练集所呈现的变量特征来确定其判别得分，再由此确定整条时间序列的最佳预测模型。在前人开创性研究的基础上，学者提出一种启发式算法，将 Collopy 和 Armstrong（1992）使用的 18 个时序统计特征精简为 6 个，这 6 个统计特征（异常值、水平漂移、趋势变动、不平稳的近期趋势、最近的异常值及函数形式）可以使用一阶差分和回归估计得到。研究发现，该算法在减少原有 RBF 运算成本的

[①] 随机游走表示 random walk，英文简称 RW。

同时，还能在一定程度上提高模型选择框架的预测精度（Adya et al.，2001）。结合专家领域知识与经验的模型选择框架为该领域提供了良好的开端，但由于寻找专家的成本通常较为昂贵，且整个调查过程耗时较长，该类方法的应用相对有限。

4.1.2 基于神经网络的预测模型选择

随着神经网络的快速发展和广泛应用，更多学者开始采用神经网络和机器学习技术作为预测模型选择的工具。早在1995年，学者开创性地运用BP神经网络构建了一个预测模型选择框架（Sohl and Venkatachalam，1995）。在该框架中，6个时间序列特征（时序长度、频率、数据类型、基本趋势、近期趋势和可变性）作为神经网络输入，3类预测模型（简单模型、线性模型和趋势模型）作为神经网络的输出。以M1竞赛中的180条序列作为实验样本，该框架均取得理想的模型选择正确率（68.6%~72.1%）。基于元学习的思想，学者选择10个描述性指标作为时间序列特征，以C4.5决策树（decision tree，DT）和多层感知机为分类器构建模型选择框架，运用平稳型时序数据和M3数据集构建分类器，实证结果显示，以3个预测模型为备选模型，分类器的预测模型选择正确率接近70%，具有较为理想的分类效果（Prudêncio and Ludermir，2004）。

4.1.3 具有可解释性的预测模型选择

使用神经网络构建预测模型选择分类器，其所需要耗费的时间成本远小于基于专家系统的RBF，这是预测模型选择领域的重大进步。在此之后，学者进一步思考如何运用分类器学习不同特征与模型预测性能之间的关联关系，并提高分类器的可解释性。学者尝试使用机器学习方法来提取时间序列特征与不同预测模型性能之间的内在关系。首先，使用九个统计特征来表征时间序列的结构；其次，运用自组织映射来获得关于ARIMA、指数平滑、RW和神经网络等四个备选模型的六条判断性规则；最后，采用决策树方法以得到定量化的模型选择推荐规则（Wang et al.，2009）。该项研究工作推进了基于时序特征的预测模型选择研究，减少了原本模型选择框架"黑盒子"的特性，为如何选择恰当的预测模型提供了解释性的规则。Lemke和Gabrys（2010）基于元学习思想进一步拓展了该项研究，他们的研究工作相较于前人，有两个创新。一是时序指标的创新，除了常用的各种统计特征外，新增加了频域特征和多样性特性。二是分类器标签的创新，除了备选单项模型外，还加入了七种不同形式的组合预测方法，以判断是选择最佳单项模型，还是使用组合的方式来规避模型选择风险。上述研究使用决策树作为分类器回答了以下几个问题：什么情况下应该选择单项预测模型和组合预测方法？

什么时候该选择结构模型和神经网络模型？组合预测时，该如何决定是使用池化的组合方法还是回归的组合方法？研究发现，新引入的多样性指标具有较高的分辨性能，若单项模型的预测精度较优且相互之间多样性较高时，组合预测是比挑选最佳单模型更优的策略。

可见，预测模型选择发展到现在，不仅能解决选哪个模型的问题，还能进一步解释选择这个模型的原因。表4.1梳理了本领域的相关研究文献，对其所使用的时序特征、分类器类型及输出标签进行归类总结，从而使读者对于该领域有了更加全面的了解。

表4.1 时间序列预测模型选择的文献归纳

文献	输入特征	分类器	输出标签
Collopy 和 Armstrong（1992）	18个：时序的周期性、趋势性、异常值、可变性等，大多数为两分类变量	RBF	RW、线性回归、指数平滑、带趋势的指数平滑
Sohl 和 Venkatachalam（1995）	6个：时序长度、频率、数据类型、基本趋势、近期趋势和可变性	BPNN	3类共9个预测模型
Vokurka 等（1996）	5个：远期观测值、异常值、水平性、趋势性和周期性	RBF	一次指数平滑、带衰减趋势的指数平滑、分解方法及简单平均
Shah（1997）	26个：观测值个数、转折点个数、变异系数、不同滞后阶数的自相关和偏自相关系数、偏度、峰度等	RBF	一次和二次指数平滑、结构模型
Adya 等（2001）	6个：异常值、水平值、基本及近期趋势、最后的异常值、模型形式	判别分析	RW、线性回归、指数平滑、带趋势的指数平滑
Prudêncio 和 Ludermir（2004）	10个：时序长度、自相关系数、变异系数、偏度、峰度、转折点等	决策树	一次和二次指数平滑、RW、神经网络
Wang 等（2009）	9个：趋势、季节性、周期性、序列相关性、非线性、偏度、峰度、长期相关性和混沌度	决策树	ARIMA、指数平滑、RW和神经网络
Lemke 和 Gabrys（2010）	四大类共23个：统计类、频谱类、自相关类及多样性类特征	决策树、神经网络、SVM	简单预测方法、结构模型、ARIMA、人工智能模型及组合预测方法
Kück 等（2016）	四大类：统计类、信息类、模型参数类及过往预测误差类	前馈神经网络	不同形式的指数平滑类模型
Talagala 等（2018）	33个统计特征：时序长度、熵、ETS或STL参数、自相关参数等	RF	白噪声、RW、ARIMA和ETS
Villegas 等（2018）	19个：AIC和SBC在M1~M4中的信息准则、自相关性、模型估计参数、JB检验的p值等	SVM	4个统计模型和2个组合预测模型

注：BPNN表示误差反向传播的前馈神经网络（back propogation neural network）；ETS表示指数平滑状态空间模型（error、trend、seasonality）；STL表示季节分解法（seasonal and trend decomposition using loess）；SBC表示Schwarz Bayesian Criteria，施瓦茨贝叶斯准则

表 4.1 总结归纳了部分时间序列预测模型选择研究中所使用的输入特征、分类器和备选模型。可见，就分类器而言，经历了从 RBF 到数据挖掘，再到机器学习的发展历程。就输入标签而言，各研究所选用的时序特征差异较大，并未形成统一标准，除了传统的统计特征和信息特征外，还加入了预测模型过往的预测误差及其对应的统计检验指标作为特征。就备选模型而言，以传统统计模型居多，智能模型在其中的应用相对较少。可能的原因是，传统统计模型在 M1~M3 等国际主流预测竞赛中取得优异的成绩，因此被学者广泛选择作为备选模型。此外，除了不断提高分类器精度之外，近年来，学者也开始关注是否能从分类器中提取出对于预测模型选择具有解释性的规则，以更有效地指导模型选择。尽管上述研究为基于时序特征的预测模型选择研究提供了良好的参考与借鉴，但不难发现，当前研究仍存在以下两个不足之处。

首先，备选模型以传统统计模型为主，缺少人工智能模型，导致研究结论缺乏全面性，并制约了模型选择框架的应用范畴。随着全球经济格局的动态关联性不断增强，各类经济金融类时间序列呈现出更多复杂时间序列的特征，如非平稳、非线性、突变性、混沌性等。在此背景下，对于非线性系统具有较强拟合能力的人工智能模型，已在多种预测任务中表现出优于传统统计模型的预测性能（Ayankoya et al.，2016；Zhang and Na，2018）。因此，预测模型选择框架中，应该增加人工智能模型作为备选标签，以体现当前时间序列预测研究的发展趋势。

其次，模型选择框架中的输入特征的数量、种类不尽相同，欠缺针对时序特征对模型预测精度影响程度的分析。数十种甚至几十种的时序特征，对于模型的预测精度有何影响？是否存在对于预测精度特别显著（敏感）的特征？如果能有效识别出具有特异性的时序特征，不仅可以减少训练分类器的工作量，还能避免多种时序特征之间可能存在的多重共线性，进一步提高分类器性能。

针对上述两个不足之处，本章将首先构建一个基于时序统计特征的预测模型选择分类器；然后运用多元回归技术进行特征筛选，选出对于模型预测精度具有一定解释性的时序特征；最后基于分类正确率和平均预测精度两类指标，对分类器性能进行全面评价。

4.2 基于时序特征的预测模型自适应选择框架

本节将构建基于时序统计特征的预测模型自适应选择框架，究其本质而言，是基于机器学习方法的一种分类器。首先，以各条时序的统计特征作为输入，以测试集的误差（MAPE）最小者作为输出标签，从而构成训练样本；其次，以该样本训练分类器，运用机器学习算法强大的自主学习能力，自动获取各种时序统计特征与模型预测误差之间的映射关系；再次，提取新序列的时序统计特征作为分类器输入,由分类器自动匹配最佳预测模型作为输出,实现预测模型的自适应选择过程;最后,对比预测模型选择分类器匹配的最佳预测模型与真实的最佳预测模型之间的性能差异,基于分类正确率和平均预测精度两个指标,完成对分类器性能的评价。上述预测模型自适应选择框架的工作原理如图 4.1 所示。

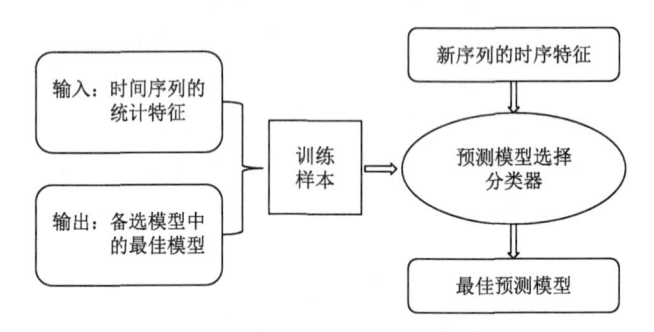

图 4.1 预测模型自适应选择框架的工作原理

下面将依次详细介绍该框架中所使用的时序统计特征、备选预测模型(统计模型和人工智能模型)及分类器的工作原理。

4.2.1 时序统计特征

对当前文献的总结归纳可知,不同研究所选用的时序统计特征在种类、数量上差距较大,并未就如何选择时序统计特征选择达成一致共识。在预测模型选择框架中,时序统计特征是原始时间序列的有效表征,若特征的类型、数量较少,则不能全面反映原始时序的数据形态(数据生成过程);若类型、数量较多,特征之间的共线性增大,则可能影响分类器性能。因此,本章首先梳理该领域常用的时序特征;其次,基于 R 软件的"tsfeatures"包中所提供的时序特征,选择其中统计含义明确,且与预测性能关联性较大的 18 个数值型特征作为本实验分类器的输入,具体介绍见表 4.2。

表 4.2 本书所采用的时序特征

特征名称	特征含义
x_acf1、x_acf10	原序列滞后 1 阶的自相关系数及滞后 10 阶的所有自相关系数之和
diff1_acf1、diff1_acf10	一阶差分后序列滞后 1 阶的自相关系数及滞后 10 阶的所有自相关系数之和
crossing_points	时间序列穿过其中位数的次数
Entropy	时间序列的频谱熵

续表

特征名称	特征含义
flat_spots	时间序列的平坦点个数
fluctanal_prop_r1	时间序列的波动特征
hurst	时间序列的赫斯特指数
Lumpiness	时间序列方差的方差
stability	时间序列均值的方差
nonlinearity	时间序列的非线性度
Skewness	时间序列的偏度
Kurtosis	时间序列的峰度
trend、spike、Linearity、curvature 时间序列的线性程度及曲率	基于 STL 分解的相关参数,反映时间序列的趋势性和季节性

4.2.2 备选预测模型

如前文所述,当前预测模型选择研究中所用的备选预测模型以统计模型为主,考虑到近年来人工智能模型的迅速兴起及其在多个领域的优异表现,本章实验将综合使用统计模型和人工智能模型作为备选预测模型。统计模型是时间序列预测中的经典建模方法,具有稳定且优异的预测性能,广泛应用于各类预测竞赛。此处选取其中三个最具代表性和竞争力的模型作为备选标签,即自回归单整移动平均 ARIMA、指数平滑 ETS 和 RW。至于人工智能模型,则选取其中应用较为广泛且性能较为稳定的三个作为的备选模型,即 BPNN、SVM 和 ELM。

1. ARIMA

ARIMA 是预测建模方法中统计模型的经典代表,鉴于其在学术研究及现实应用中的良好表现,它通常在各类预测研究中被用作基准模型。ARIMA 是一个典型的线性模型,对于满足平稳性条件的时间序列,它假设观测变量的未来值是其过去观测值和随机误差的线性组合,一个典型的 ARIMA(p,d,q) 的基本形式如式(4.1)所示:

$$\varphi(B)\nabla^d x_t = \theta(B)\varepsilon_t \tag{4.1}$$

其中,x_t 和 ε_t 分别为在时间点 t 的观测值和随机误差;B 为定义为 $Bx_t = x_{t-1}$ 的滞后算子;符号 ∇^d 等于 $(1-B)^d$,d 为原时间序列的差分阶数。$\varphi(B)$ 和 $\theta(B)$ 分别为 p 阶自回归和 q 阶移动平均算子,展开表示如式(4.2)和式(4.3)所示。

$$\varphi(B) = 1 - \varphi_1 B - \varphi_2 B^2 - \cdots - \varphi_p B^p \tag{4.2}$$

$$\theta(B) = 1 - \theta_1 B - \theta_2 B^2 - \cdots - \theta_q B^q \tag{4.3}$$

ARIMA 模型的理论基础扎实，在建模时充分考虑研究数据的历史波动规律，具有建模流程清晰规范、预测精度较高等优点，非常适合于单变量时间序列的短期预测任务。ARIMA 模型的建模过程包括模型形式识别、模型参数确定、参数估计和诊断检验等。根据 Box 和 Jenkins 提出的模型构建过程，可以根据最小化 AIC 信息准则，确定出最恰当的模型参数 (p,d,q)（Kourentzes et al.，2019）。在本章实验中，ARIMA 的建模过程是使用 R 软件"forecast"包中的 auto.arima 函数完成的。

2. ETS

ETS 起源于指数平滑，是一类创新性的空间状态模型的缩写，三个字母分别代表误差项（error）、趋势项（trend）和季节性（seasonality）。在 ETS 模型中，E、T、S 三部分可以进行任意组合，根据是否存在趋势项或季节项，以及误差项为加和形式还是乘法形式，学者一共总结出 30 种可能的模型形式（Athanasopoulos et al.，2009）。以下介绍两种最为常见的模型形式：ETS(A, N, N)和 ETS(A, A, N)。

ETS(A, N, N)表示具有加性误差的简单指数平滑模型，即最简单的指数平滑模型，描述既无趋势又无季节性的时序数据。下一时点的预测值 $\hat{y}_{t+1}$ 仅与当前时点的真实值 y_t 和上一时点的平滑值有关，如式（4.4）所示：

$$\begin{aligned} \hat{y}_{t+1} &= l_t \\ l_t &= \alpha y_t + (1-\alpha) l_{t-1} \end{aligned} \tag{4.4}$$

其中，l_t 为 t 时刻的平滑值；α 为平滑系数，取值在[0, 1]，α 取值越小，表示将有更多的历史数据参与预测建模过程。

然而，现实中的许多时序数据都具有一定的趋势性，因此，学者建立了二次指数平滑模型，即 ETS(A, A, N)，如式（4.5）所示：

$$\begin{aligned} y_t &= l_{t-1} + b_{t-1} + \varepsilon_t \\ l_t &= l_{t-1} + b_{t-1} + \alpha \varepsilon_t \\ b_t &= b_{t-1} + \beta \varepsilon_t \end{aligned} \tag{4.5}$$

在本章实验中，ETS 的建模过程是使用 R 软件的"forecast"包的 ets 函数完成的，运用其中的自动建模过程，基于信息量准则，可以识别出最佳的模型形式。

3. RW

RW 模型描述了一个非平稳的随机过程，即事物下一阶段的变化状态仅取决于其上一阶段的状态，类似于无规律的布朗运动状态。在时间序列预测中，通常表述为下一时点的预测值等于当前时点的真实值外加一个白噪声过程，用公式表示如下所示：

第4章 数据驱动的预测模型自适应选择

$$y_t = y_{t-1} + \varepsilon_t \tag{4.6}$$

其中，ε_t 为白噪声过程，满足 $\varepsilon_t \sim (0, \sigma^2)$。尽管其形式简单，却能有效地刻画一个随机系统的变化过程，且正好对应金融市场的弱式有效性市场假说。因此，RW 模型被广泛应用于金融市场分析，并被视为该领域的基准模型之一（程可胜，2009；李金林和金钰琦，2002）。

4. BPNN

BPNN 是最为常用的人工神经网络建模技术之一。BPNN 具有灵活的非线性函数映射能力，使用梯度下降法对神经网络的各层权值进行优化调整，使其可以无限逼近任何一个非线性函数。此外，作为一种数据驱动的网络结构，BPNN 对研究样本的数据生成过程并无过多假设约束，相较于大多数统计模型，BPNN 不易受模型错误识别的影响（Khashei and Bijari，2011）。

对于时间序列预测任务而言，通常使用三层（输入层、隐含层及输出层）的 BPNN 网络结构。输入层可以为任意数量的特征，对于时间序列模型而言，输入层对应于建模中所使用的历史数据的个数，即具有时间滞后性的神经网络；若是多元回归建模，输入层则可理解为多维度的影响因素。隐含层中的神经元个数为可调节的参数，通常依据经验公式确定。输出层通常设为单节点，代表要预测的某个时点的具体数值，其结构如图 4.2 所示。

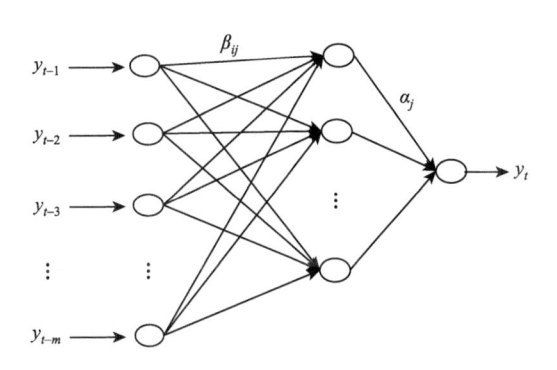

图 4.2 三层 BPNN 的结构图

图 4.2 中的输入和输出之间的关系，可用式（4.7）表示。

$$y_t = f\left(\alpha_0 + \sum_{j=1}^{q} \alpha_j g\left(\beta_0 + \sum_{i=1}^{m} \beta_{ij} y_{t-1}\right)\right) \tag{4.7}$$

其中，$\alpha_j(j=1,2,\cdots,q)$ 为第 j 个隐含层神经元到输出神经元的连接权重；α_0 为输出神经元的偏置；β_{ij} 为第 i 个输入神经元到第 j 个隐含层神经元的连接权重；m 为输入神经元的个数；q 为隐含层神经元个数。

在本章实验中,BPNN 的训练过程是使用 R 软件的"nnet"包实现的。BPNN 输入神经元的个数(即时间序列的滞后项),通过计算时间序列的平均波动周期来确定,如式(4.8)所示,隐层神经元的个数为 2 倍的输入神经元,最大迭代次数 300 次,权值衰减参数设为 $5e^{-2}$。

$$m = \frac{1}{L-1}\sum_{l=1}^{L}(\zeta_l) \quad (4.8)$$

其中,L 为时间序列所有极大值的个数;ζ_l 为第 l 个极大值与第(l+1)个极大值点之间的样本长度(Wang et al.,2018a)。

5. SVM

SVM 是 Vapnik 基于结构化风险最小化原则所提出的一种智能模型,可广泛应用于分类和回归任务。对于预测建模而言,使用 SVM 的回归形式,即 SVR(support vector regression,支持向量回归)。对于给定样本数据集 $\{(x_i,y_i)\}_{i=1}^{N}$,x_i 为 m 维输入特征中的第 i 个向量;y_i 为对应于 x_i 的预测值;N 为样本数据集的总体组数。SVM 通过一个非线性方程 $\phi(x_i)$,将输入数据 x_i 映射到高维空间,以解决在低维输入空间中的非线性回归问题,输出 $f(x_i)$ 与输入 x_i 之间的关系可用式(4.9)表示。

$$f(x_i) = \omega^\mathrm{T}\varphi(x_i) + b \quad (4.9)$$

式(4.9)中的 ω 和 b 分别为系数与偏置,可通过求解式(4.10)得到

$$\min \frac{1}{2}\omega^\mathrm{T}\omega + C\sum_{i=1}^{N}(\zeta_i + \zeta_i^*)$$
$$\text{s.t.} \begin{cases} \omega^\mathrm{T}\varphi(x_i) + b - y_i \leq \varepsilon + \zeta_i^* \\ y_i - (\omega^\mathrm{T}\varphi(x_i) + b) \leq \varepsilon + \zeta_i \\ \zeta_i, \zeta_i^* \geq 0 \end{cases} \quad (4.10)$$

其中,ε 为损失函数的宽度,在该宽度之内的点不纳入误差计算范围;C 为控制模型参数多少的惩罚因子,C 越大表示模型对误差绝对值超过 ε 的样本的惩罚越大;ζ_i 和 ζ_i^* 是度量训练数据到下(上)边界垂直距离的非负松弛变量。进一步,通过引入拉格朗日乘子 a_i 和 a_i^* 及对应的约束条件,将式(4.10)转化为如下回归函数形式,具体过程参考文献 Chen(2011):

$$f(x, a_i, a_i^*) = \sum_{i=1}^{n}(a_i - a_i^*)k(x_i, x_i) + b \quad (4.11)$$

其中,$k(x_i,x_i)$ 被定义为核函数,其值等于两个输入向量 x_i 和 x_j 在高维特征空间中的内积,即 $k(x_i,x_j) = \varphi(x_i)\varphi(x_j)$。核函数可将低维空间的非线性回归问题转化为任一高维空间的线性回归问题,在实现数据拟合功能时起到非常关键的作用。目前常用的核函数包括线性核、多项式核、Sigmoid 核及 RBF 核。鉴于 RBF 核在

众多时序预测研究中都被证实其有效性,本章选择其作为 SVM 的核函数。本章实验中的 SVM 建模使用 R 软件的"e1071"包完成,cost 和 gamma 参数采用网格寻优法确定,参数的搜寻范围均为$[10^{-2}, 10^{2}]$,采用 10 折交叉验证法以避免过拟合现象,取运行 20 次的平均结果作为模型的最终结果。

6. ELM

ELM,也称超限学习机,由新加坡南洋理工大学的黄广斌教授于 2004 年首次提出。作为一种新型的单隐层前反馈神经网络,其提出目的在于改进传统 BP 神经网络学习效率低及简化其参数训练过程。ELM 在训练前只需设定合适的隐节点个数,训练中能够随机产生输入层和隐含层之间的连接权值,以及隐含层神经元间的阈值,且无须调整。整个训练过程一次完成,无须迭代,且能产生唯一的最优解,目前已在多个标准数据集中被证实具有较高的计算性能和准确率(王保义等,2014)。

对于一组给定的训练样本 (x_i, y_i) 且 $x_i \in R^N, y_i \in R^M$,一个包含 $L(L \leq N)$ 个隐节点的 ELM 可表示如下:

$$\sum_{j=1}^{L} \beta_j g(\omega_j x_i + b_j) = y_i \qquad (4.12)$$

其中,$\omega_j = [\omega_{j1}, \omega_{j2}, \cdots, \omega_{jn}]^T (j=1,2,\cdots,L)$ 为输入节点到第 j 个隐节点之间的权连接向量;$\beta_j = [\beta_{j1}, \beta_{j2}, \cdots, \beta_{jm}]^T (j=1,2,\cdots,L)$ 为输出节点与第 j 个隐节点之间的权连接向量;b_j 为第 j 个隐节点的偏差。若以矩阵形式简化表示,式(4.12)可表示为 $H\beta = Y$。其中,H 为 ELM 隐层的输出矩阵,Y 是目标输出向量,具体表示如下:

$$H = \begin{bmatrix} g(\omega_1 x_1 + b_1) & \cdots & g(\omega_L x_1 + b_L) \\ \vdots & & \vdots \\ g(\omega_1 x_N + b_1) & \cdots & g(\omega_L x_N + b_L) \end{bmatrix}_{N \times L} \qquad (4.13)$$

$$\beta = \begin{bmatrix} \beta_1^T \\ \vdots \\ \beta_L^T \end{bmatrix}_{L \times M} \qquad (4.14)$$

$$Y = \begin{bmatrix} y_1^T \\ \vdots \\ y_N^T \end{bmatrix}_{N \times M} \qquad (4.15)$$

在 ELM 的训练过程中,ω_j 和 b_j 都是随机设定的,在训练过程中不需要调整。因此,只需要计算出输出层权连接向量 β_j,便可得到对应的目标输出值。可通过 $\hat{\beta} = H^+ Y$ 求得 β 的估计值,H^+ 为 H 的 Moore-Penrose 广义逆矩阵(Yu et al.,

2019)。在本章实验中 ELM 的建模过程是使用 R 软件的"elmNNRcpp"包完成的，激活函数选用 sine，隐节点在 1 至 100 个寻优确定，取运行 20 次的平均结果作为模型的最终结果。

4.2.3 分类器

决策树是一种最为广泛使用的树状分类器，其通过在每个节点中选择最优的分裂属性来实现不断分类的过程，直到达到树停止生长的条件。对于训练好的决策树，树内每一个节点表示在某个属性上的判断，每个叶子代表一种分类结果的输出。决策树是一种简单快捷的分类方法，且分类结果具有良好的可解释性；然而，当待决策样本数据量较大或结构较为复杂时，决策树的分类性能将遭遇瓶颈（王奕森和夏树涛，2018）。2001 年，Breiman 结合集成学习理论与随机子空间方法，提出一种基于决策树的集成学习算法，即 RF。RF 利用 bootstrap 重抽样方法，从原始样本中有放回地抽取与原样本数量相同的样本形成训练子集；运用每个样本构建一个决策树；最终运用投票法综合多个决策树的结果，以得到 RF 的最终结果。假设重抽样生成 k 个样本，针对每个样本构建决策树后得到 k 种分类结果，则 RF 最终的分类结果可以表示为式（4.16）（于晓虹和楼文高，2016）。

$$H(x) = \arg\max_{Y} \sum_{i=1}^{k} I(h_i(x) = Y) \quad (4.16)$$

其中，$h_i(x)$ 为单个决策树的分类结果；Y 为输出标签；$I(\bullet)$ 为示性函数。对于一组从原始数据集 (X,Y) 中随机抽样生成的分类器 $h_1(x), h_2(x), \cdots, h_k(x)$，可用式（4.17）定义的余量函数（margin function），以度量将输入向量 X 正确分类为标签 Y 的平均得票数大于其他类（即错误分类）的平均得票数的程度。

$$\mathrm{mg}(X,Y) = av_k I(h_k(x) = Y) - \max_{j \neq Y} av_k I(h_k(x) = j) \quad (4.17)$$

可见，余量函数的值越大，分类器的分类精度越高。由此得到分类器的泛化误差 PE^* 如式（4.18）所示。随着 RF 中决策树数量不断增加，根据大数定理，可以证明泛化误差将趋向于一个上界，换而言之，证明了 RF 不会出现过拟合的特性。

$$\mathrm{PE}^* = P_{X,Y}(\mathrm{mg}(X,Y) < 0) \quad (4.18)$$

本章实验中，RF 的建模训练过程是使用 R 软件的"randomForest"工具包实现的。在构建 RF 时，决策树的数量是一个重要参数。鉴于 RF 不会出现过拟合，原则上可以通过增大决策树的数量，从而增加分类器的多样性，进而保证集成学习的性能。但是，若树的数量过大，将导致 RF 的计算成本过大。因此，必须要在分类器的性能和训练成本之间进行权衡。依据学者在各种数据集中的实验结果，本章实验选择 500 棵作为实验参数，以保证较优的分类效果。

4.3 预测模型自适应选择实验方案

4.3.1 数据来源

本章实验在 M3 数据集（国际预测竞赛使用的公开数据集）中随机选取 200 条时间序列，使用原始的经验模态类分解算法（EMD、EEMD、CEEMD）及改进后（improved）的经验模态类分解算法（IEMD、IEEMD、ICEEMD）对其进行自适应分解，共得到 27 321 条 IMF，以此作为训练预测模型选择分类器的样本。

4.3.2 实验步骤

训练预测模型选择分类器，包括两个阶段，首先需要使用全体备选模型对所有 IMF 进行预测建模，以确定每条 IMF 的最佳预测模型；其次，将所有时序特征和最佳预测模型构成学习样本，使用分类器学习时序特征与最佳预测模型之间的映射关系。以下将具体介绍整个实验步骤。

（1）使用六种备选模型（ARIMA、ETS、RW、BPNN、SVR、ELM）对全体 IMF 进行预测建模，每条 IMF 的前 80%作为训练集，后 20%作为测试集，以 MAPE 为误差指标，选出每条 IMF 的最佳预测模型，以此作为标签。

（2）以每条 IMF 的 18 个时序特征及对应的最佳预测模型标签构成分类器学习样本，从而得到一个 27 321×19 的矩阵。

（3）将此矩阵随机划分为训练样本和测试样本，训练样本占总体样本的 80%，测试样本占 20%。

（4）以训练样本训练 RF，使用 500 棵决策树，并得到样本内分类精度。

（5）将测试样本中的时序特征输入训练好的分类器，对比分类器计算出的最佳预测模型和真实的最佳预测模型，由此得到样本外分类精度。

4.3.3 特征筛选

通过以上实验步骤，可达到借助机器学习算法强大的学习能力，获取各时序特征与模型预测精度之间的映射关系的目的。之后，在面对一条新的时间序列时，只需提取该序列的时序特征并输入分类器，即可得到由分类器自动匹配的最佳预测模型，从而实现预测模型的自动选择，减少模型选择的主观性与盲目性。

机器学习算法虽然具有较高的分类准确率，但其"黑盒子"特性的分类过程，导致分类器的可解释性较差。正如前文所述，当前该领域不同研究所用的时序特征数量差异较大，特征之间可能存在的多重共线性会降低分类器的分类性能。在所有特征中，哪些特征与预测精度的关联性更高？哪些特征对预测模型选择的结果影响较大？都值得进一步研究。如果能有效地识别出对预测精度作用较大的时序特征并以此作为分类器输入，不仅能减少分类器训练时间，还能提高分类器的可解释性。基于此思路，此处提出一种具有可解释性的预测模型选择分类器（interpretable classifier for model selection，ICFMS），以期在实现特征筛选的同时，提高分类器性能。

参考 Petropoulos 等（2014）的研究，ICFMS 的特征筛选过程借助多元回归模型实现。给定 i 个备选预测模型和 m 个时序特征，以第 i 个备选预测模型的 MAPE 值为被解释变量，以所有 m 个时序特征为解释变量构建回归方程，如式（4.19）所示。

$$\text{MAPE}_i = \alpha_0 + \alpha_{1,i} f_1 + \alpha_{2,i} f_2 + \cdots + \alpha_{m,i} f_m + e_i \quad (4.19)$$

通过模型回归系数 $\alpha_{m,i}$ 的大小及显著性水平，可以确定各时序统计特征与模型预测精度之间的相关关系。若 $\alpha_{m,i}$ 能通过统计检验，则表示其对应的时序统计特征 f_i 对于模型的预测精度具有一定的可解释性。本章实验共有六个备选模型，因此需进行六次回归建模。在 95% 置信区间下，选取回归系数显著的时序特征纳入保留特征集，即 F_i^* (i = ARIMA, ETS, RW, BPNN, SVR, ELM)。对所有备选预测模型的保留特征取并集，$F^* = (F_1^* \cup F_2^* \cup \cdots \cup F_i^*)$，由此得到最终的特征集合并作为分类器输入。

4.4 预测模型自适应选择实验结果

4.4.1 备选模型的分布情况

为确保所建立的预测模型自适应选择分类器具有较高的现实场景适用性，本章实验所建立的分类器涵盖了提前 1 步、3 步及 6 步的预测步长，对应于短、中、长期预测任务。六个备选预测模型在总体 27 321 个样本中的最佳模型分布如表 4.3 所示。

表 4.3 最佳模型分布

数据集划分	ARIMA	ETS	RW	BPNN	SVR	ELM
训练集个数	9180	1584	112	2466	1358	7157
训练集占比/%	42.00	7.25	0.51	11.28	6.21	32.74
测试集个数	2303	403	35	584	335	1804
测试集占比/%	42.15	7.38	0.63	10.69	6.13	33.02

注：数值因计算误差结果总和可能不为 100%

从表 4.3 可见，不同种类的最佳预测模型在训练集和测试集中的分布比例基本相同。以训练集为例，统计模型（ARIMA、ETS、RW）中的最佳模型占总体样本的比例为 49.76%（10 876 条），人工智能模型中的最佳模型占比为 50.24%（10 981 条），两类模型的总体分布较为均衡。然而，不同单模型之间的性能差异较大，最优者 ARIMA 与最劣者 RW 的被选中概率相差近 80 倍。该实验结果再次印证了 ARIMA 模型稳健的预测性能和显著的对比优势，正因如此，其在各类预测竞赛中均被作为评价新模型性能的基准方法。尽管如此，从备选模型的整体分布也可发现，并不存在适用于所有情境的万能模型。因此，必须依据研究样本的数据生成过程，匹配出最佳预测模型，方能减少未知情境下的模型选择风险。

4.4.2 特征筛选结果

按照 4.3.3 节对 ICFMS 的介绍，采用多元回归方法分析模型预测精度与各时序统计特征之间的相关性，在 95%置信区间下，筛选出对于模型预测精度具有解释性的时序统计特征，作为改进后分类器的输入。本章实验共有六个备选预测模型，需要对每个模型的预测结果与时序特征分别进行多元回归。表 4.4 展示了六个备选预测模型在回归分析后所保留下的时序特征，对其中所有时序特征取并集，形成改进后的九个预测模型选择分类器的输入特征（即 flat_spots、hurst、diff1_acf1、diff1_acf10、Kurtosis、stability、trend、Skewness、crossing_points）。

表 4.4　时序统计特征筛选结果

备选预测模型	回归后保留的时序特征
BPNN	flat_spots、hurst
SVR	diff1_acf10、flat_spots、hurst、Kurtosis
ELM	diff1_acf10、flat_spots、hurst
ARIMA	diff1_acf10、flat_spots、hurst
ETS	diff1_acf1、diff1_acf10、flat_spots、stability、trend、Skewness
RW	crossing_points、flat_spots、hurst

4.4.3 分类器性能对比

ICFMS 为改进后的分类器，为验证基于回归的特征筛选方法是否有助于提高分类器性能，将 ICFMS 的分类精度与原始的分类器进行对比，原始的分类器包含 18 个时序特征，缩写为 MS（model selection）。以 M3 数据集为样本，MS 在测试集中的分类精度为82.52%，ICFMS在测试集中的分类精度为83.39%，可见，基于回归的特征筛选方法，能够在一定程度上提高分类器性能，并节省分类器训练时间。

有别于一般的分类任务，构建预测模型自适应选择分类器的终极目标在于减少未知情境下的模型选择风险，并提高模型的平均预测精度。因此，除了以分类正确率作为性能度量指标，本章实验还从预测误差视角出发，评价分类器对于提高预测精度的有效性。以MAPE为指标，表4.5展示了六个备选模型及两个预测模型选择分类器在测试集中的多步预测误差。其中，单项模型的预测结果是使用该模型对时间序列进行直接建模所得；分类器的预测结果则首先使用分类器为时间序列匹配最佳预测模型，然后使用该最佳模型对时间序列进行预测建模所得。

表4.5 备选模型及分类器在测试集的多步预测误差（MAPE）（单位：%）

步长	BPNN	SVR	ELM	ARIMA	ETS	RW	MS	ICFMS
$h=1$	173.3755	172.7231	173.9572	174.0637	119.0785	462.6883	58.6870	55.6826
$h=3$	223.5459	237.1848	323.6399	269.1346	327.0040	513.1960	87.2428	82.8580
$h=6$	197.0195	268.0603	329.4492	227.7148	526.1070	648.6067	98.2855	98.9013

从表4.5展示的预测精度数据可见，在绝大多数情况下，随着预测步长的增加，预测误差也随之增大，这一规律对于不同类型的单项预测模型均成立，也与人们的常识认知相符。以BPNN在提前1步的预测误差173.3755%为例，该数值表示，使用BPNN对测试集中所有5464条时间序列进行预测建模，得到的平均绝对百分误差为173.3755%。对比六个备选单项模型的预测精度可见，除了RW模型外，其余五个单模型的预测精度在提前1步预测时相差不大；随着预测步长的增加，ETS的预测精度急剧下降。可见，不同模型应对不同预测步长的能力并不相同，能够胜任提前1步预测任务的模型，未必能胜任提前多步的预测任务。因此，在构建预测模型选择分类器时，预测步长应成为其中一个重要的变量，从而实现依据不同的预测任务，有针对性地筛选出最佳的预测模型。

进一步对比预测误差在不同步长中的变化趋势发现，从提前1步到提前3步，预测误差的变化相对明显；对于提前3步和提前6步，误差变化则相对较小。鉴于多步预测的难度高于单步预测，若要对一个模型的预测性能进行全面评价，必须观察其多步预测精度指标。为此，图4.3展示了六个备选模型及两个预测模型选择分类器在三个预测步长下的平均预测误差，从而全面展示各模型的总体预测性能。

第 4 章　数据驱动的预测模型自适应选择

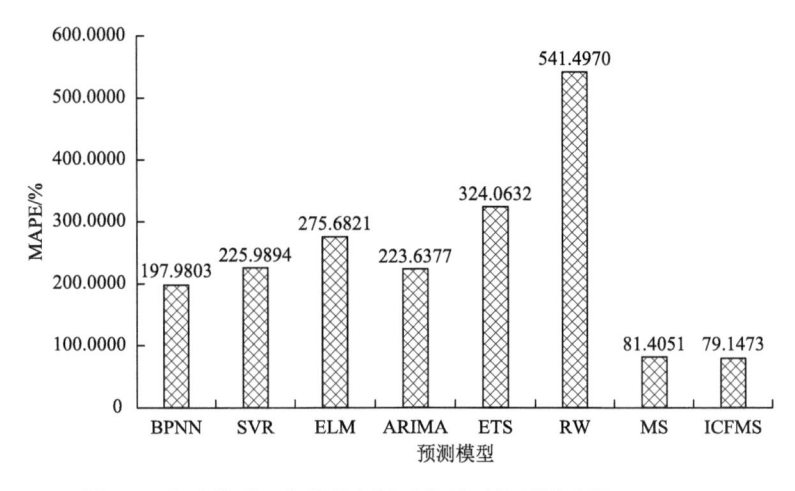

图 4.3　备选模型及分类器在测试集的平均预测误差（MAPE）

综合对比图 4.3 中各模型的平均预测误差与表 4.3 的最佳模型分布情况，得出以下结论。就最佳模型分布占比而言，ARIMA 是最具优势的备选模型。其在总体样本中的被选中率为 42%，即在 27 321 条时间序列中，有 42% 的序列的最佳预测模型是 ARIMA。这一结论再次证明了 ARIMA 模型稳健的预测性能。就平均预测精度而言，最具竞争优势的是 BPNN，在所有六个备选模型中，BPNN 的平均预测误差是 197.9803%，与其余五个单项模型相比，优势较为明显。然而，BPNN 作为最优模型在总体样本中的占比仅为 11%。由此得到一个重要的发现：被选中次数最多的备选模型，与平均预测精度最高的备选模型，两者并不统一。

进一步，假设有 A、B 两个分类器，基于本章实验的结果，A 分类器全部选择 ARIMA 模型，B 分类器全部选择 BPNN 模型，则 A 分类器的正确率为 42%，B 分类器的正确率仅为 11%。尽管 A 分类器正确率高于 B 分类器，但就平均预测精度而言，B 分类器优于 A 分类器。基于上述分析，本书认为，区别于一般的分类任务，预测模型选择分类器的核心目标在于规避模型选择风险，进而提高预测精度。因此，分类正确率并不能全面度量预测模型选择分类器的性能，还应结合平均预测精度视角对分类器性能进行评价。

为此，本书建立预测精度改进率（improvement ratio，IR）这一指标，直观展现分类器相对于备选预测模型的优越性。IR 的定义如式（4.20）所示。下标 Candidate 为备选模型，即基准模型；Classifier 为预测模型选择分类器。

$$\text{IR} = \frac{(\text{MAPE}_{\text{Candidate}} - \text{MAPE}_{\text{Classifier}})}{\text{MAPE}_{\text{Candidate}}} \times 100\% \quad (4.20)$$

从图 4.3 各备选预测模型和分类器的平均预测精度可见，两个分类器的平均预测精度显著优于六个备选模型。两个分类器 MS、ICFMS 的平均预测误差分别为

81.4051%和79.1473%，即使是与六个备选模型中的最优者BPNN相比（197.9803%），预测精度的提升优势也非常明显。

表4.6展示了相较于六个备选模型，两个分类器的IR。其中，分类器的预测精度改进率在58.88%~85.38%。由此表明，分类器确实可以有效降低模型选择风险并提高平均预测精度。进一步对比两个分类器的性能，MS和ICFMS的平均预测误差分别为81.4051%和79.1473%，表明经过特征筛选的分类器不仅具有比原始分类器更高的分类正确率，其产生的平均预测精度也优于原始分类器。由此可得到以下结论，相较于原始分类器，基于回归的预测模型选择分类器通过筛选出更具解释性的时序特征，不仅可以减少分类器训练的工作量，同时也有效提高了分类器性能。

表4.6 分类器的IR（单位：%）

备选模型分类器	BPNN	SVR	ELM	ARIMA	ETS	RW
MS	58.88	63.98	70.47	63.60	74.88	84.97
ICFMS	60.02	64.98	71.29	64.61	75.58	85.38

4.5 本章小结

本章构建了一个基于时序统计特征的预测模型自适应选择分类器，实现了依据时间序列的统计特征，自动匹配最佳预测模型的研究目标。原始的分类器使用18个统计特征作为输入，备选预测模型包括传统统计模型和人工智能模型两大类，分别有BPNN、SVR、ELM、ARIMA、ETS及RW。在原始分类器的基础上，为了提高分类器的可解释性及预测性能，使用多元回归方法进行特征筛选。在初始18个时序特征中，通过分析特征与预测精度之间的相关性，筛选出九个对模型预测精度具有显著相关性的时序特征来作为分类器输入。基于M3数据集的实验数据显示，相较于六个单项备选预测模型，本章构建的两个分类器均能大幅提高平均预测精度，证实了基于时序统计特征的预测模型选择分类器的有效性。其次，进一步对比两个分类器的性能，无论是从分类准确率还是平均预测精度视角，基于回归的分类器均优于原始分类器。该结果证实了基于回归的特征筛选策略，不仅有助于减少分类器训练的工作量，还能在一定程度上提高分类器性能。

第 5 章 数据驱动的集成预测策略

集成预测（有时也称为组合预测，本书统一表述为集成预测），是预测领域公认的能够有效提高预测性能的途径之一（Wang et al., 2019a）。众多研究工作均证实，单项预测模型仅能涵盖预测对象的部分信息，不能完全拟合原始时序的数据生成过程，尽管特定数据集具有良好的预测性能，但在新的预测情境下，极有可能出现模型失效的问题。因此，集成预测的核心思想在于通过有效集成多种预测模型的预测结果，综合利用各种模型所提供的有用信息，无限逼近预测对象的真实数据的生成过程，从而实现减少单项预测模型性能的不确定性，提高模型预测精度和稳健性的目标（凌立文和张大斌，2019）。集成预测是预测领域的研究热点之一，学者从不同视角探讨如何提高预测结果的多样性，为本章的研究工作提供了宝贵的借鉴思路。

本章首先对集成预测的研究进展进行介绍，总结集成预测的不同研究方向；其次，探讨如何依据各单项预测结果蕴含的信息量来确定最优集成子集，设计一个基于邻域互信息的最优集成子集筛选算法，并分析不同集成权重策略的有效性；最后，基于信息来源多样化的考量，结合 ISD 丰富的信息内涵，提出一个融合 ISD 的农产品价格预测建模框架，并设计一个融合多时间尺度数据的集成预测策略，在不增加预测模型数量的基础上，实现预测结果多样性的提升。

5.1 集成预测综述

集成预测起源于 Bates 和 Granger（1969）提出的组合预测思想，其出发点在于通过组合不同模型的预测结果，来解决单预测模型性能时好时坏的问题，从而提高预测结果的稳健性。该思想提出后在农业（蔡超敏等，2016；郑莉等，2013）、工业（肖大海等，2017；熊富强等，2012；郑莉等，2013）、能源（李国和江晓东，2018；沈兆轩和袁三男，2020；熊富强等，2012）、运输（梁小珍等，2017；杨光华和邹敏，2014；周程等，2018）、金融（贺毅岳等，2019；李爱忠等，2013）等领域得以广泛应用，并被证实为是一种提高预测性能的有效途径（de Menezes et al., 2000；Panigrahi and Behera, 2017）。在 2018 年结束的 M4 国际预测竞赛中，在 17 种最具竞争力的预测模型中有 12 种为集成模型，充分证明了集成策略的有效性。总体而言，当前集成预测的研究视角主要集中于集成预测的性质研究、不同预测模型的集成、不同预测结果的集成及不同信息来源的集成，以下将分别进行介绍。

5.1.1 集成预测的性质研究

集成预测思想自提出后，在众多领域得以应用并取得显著效果。针对这一现象，学者对集成预测的有效性、适用条件等基础问题展开研究，揭示了集成预测的普遍性优势，并为此提供了充分的理论依据。例如，Hibon 和 Evgeniou（2005）以 M3 预测竞赛数据集的 3003 条时间序列为研究样本，14 种常用的预测模型为备选对象，穷尽 14 种备选模型所有可能的集成结果。以简单平均集成策略为对比基准，该研究发现集成预测具有普遍的有效性，但该效应存在边际递减趋势，即随着集成模型个数的增加，集成的预测精度也随之下降。最优的集成个数通常为七个，大于该阈值后，集成预测性能的提升效果相对不明显。通过与最佳单项预测模型进行对比，该研究认为，集成预测并不一定会产生比最佳单模型更优的结果，其优势在于减少选择单项预测模型的风险。类似地，蒋传进（2015）以 M3 预测竞赛数据集中的 N1115 序列为研究对象，引入单项预测模型误差之间的方差比、相关性及预测的偏度三个统计指标作为集成方法的遴选依据。研究发现，使用简单平均集成策略通常能够得到比最差单模型好很多的预测结果，并且在中长期预测中表现优异；若单项预测结果的序列相关性误差方差比较高，可选用线性回归方法进行短期集成预测；反之，则使用人工神经网络进行短期集成。基于公开竞赛数据集进行大样本的实验，从中总结归纳出集成预测的规律，这样的研究需要花费大量的时间与计算资源，总体而言数量并不多，但其中得到的经验规律，对于后人开展实际研究工作，具有很高的指导价值。

该领域的另一个研究热点是"集成预测之谜"（forecast combination puzzle，FCP），意思是在对单项预测结果进行集成时，使用复杂方法得到的最优权重，其效果往往比简单平均的集成效果更差，尤其是在样本外的预测情境。学者从不同的视角对该现象给予分析和讨论。例如，Claeskens 等（2016）认为，集成预测优越性能的取得，通常基于固定权重的前提假设，显然，简单平均满足这一条件。倘若要得到所谓的最优权重，则可能在估计过程中引入偏差（即便原始预测结果是无偏的），导致组合的结果是有偏的。因此，最优权重得到的集成结果的方差往往会大于简单平均结果的方差。类似地，Chan 和 Pauwels（2018）建立了一个理论分析框架，推导出得到最优集成权重的充分必要条件，以及简单平均成为最优线性组合的充分必要条件。

上述研究大多使用较为复杂的数理推导和证明过程，不利于非专业读者理解集成预测的性质。Atiya（2020）开创性地借助图形的表达方式（图 5.1），直观阐述了集成预测相较于单一模型预测的优势，以及集成预测能够取得优良性能的应用条件。图 5.1 中，y 表示真实值，$u(1), u(2), \cdots, u(5)$ 分别表示五个单项模型产生的预测结果。任两个 $u(i)$ 之间的实线连线表示两个单项模型预测结果的集成，y 到 $u(i)$ 之间的虚线长度，可视为真实值与预测值之间的均方误差（mean squared error，MSE），同理，y 到实线的距离可视为真实值与集成预测结果之间的 MSE。图中共展示了四种组合结果，即 $u(2)$ 和 $u(5)$、$u(2)$ 和 $u(1)$、$u(1)$ 和 $u(3)$、$u(1)$ 和 $u(4)$。其中，$u(2)$ 和 $u(5)$、$u(2)$ 和 $u(1)$ 的集成效果较为明显（表现为 y 到对应实线的距离明显小于 y 到实线上任意两个端点的距离）。$u(1)$ 和 $u(3)$ 的集成尽管也有一定效果，但并不明显，原因在于，$u(1)$ 和 $u(3)$ 两个单模型的预测结果具有高度相似性。$u(2)$ 和 $u(5)$ 的集成效果之所以显著，是因为 $u(2)$ 和 $u(5)$ 两个单模型的预测结果具有高度差异性。从单模型的预测效果看，$u(5)$ 的预测误差较大，但由于其与 $u(2)$ 的差异较大，二者集成之后仍能取得理想的效果。由此可见，决定集成预测性能优劣的关键并不在于单项预测模型的性能，而在于待集成的单模型之间是否具有足够的差异性和多样性。

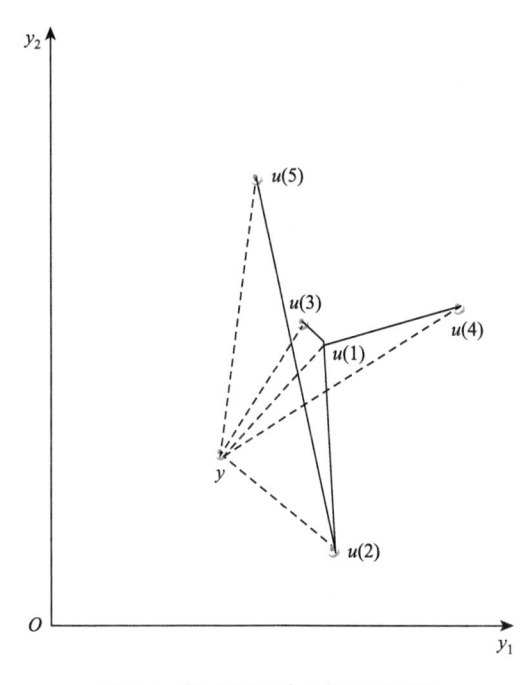

图 5.1 集成预测效果的图形解释

资料来源：Atiya（2020）

上述研究为人们深入理解集成预测的性质提供了宝贵的指引，当前对集成预测性质的研究方兴未艾，其中一个研究问题是如何度量各单模型之间的多样性。

Lemke 和 Gabrys（2010）使用单模型的预测精度与全体备选模型的平均预测精度的偏离程度作为度量指标，Xiao 等（2019）使用单模型预测结果的信息熵，Atiya（2020）使用不同预测结果在投影空间中的向量夹角余弦值。究竟哪一种度量方法更为直观有效，还有待进一步深入研究。

5.1.2 不同预测模型的集成

如前文所述，集成预测的优势在于集成不同的预测模型，以提高最终预测结果的稳健性。当前不同类型的预测模型种类繁多，为集成预测提供了丰富的备选模型池。在此背景下，选择不同的单项预测模型构建集成策略，便成了集成预测研究中的一大热点。

从大类上来看，集成预测包括同质集成策略和异质集成策略。所谓同质集成策略，是指集成若干拥有相同模型结构，但包含不同模型参数的预测模型，该类模型也被称为 sister models。例如，具有不同 p、d、q 参数的 ARIMA 模型、具有不同超参数（cost 和 gamma）的 SVR 模型及包含不同自变量的多元回归模型。学者运用该思路建立了电力负荷的集成预测模型，使用自变量为温度和时间分类变量的多元线性回归为基准预测模型，通过在基准模型中逐步加入各自变量的交叉项和滞后项，来形成多个同质模型。实证研究表明，该集成方法能有效提高短期电力负荷预测精度（Nowotarski et al.，2016）。类似地，Zhang 等（2019b）基于异质自回归（heterogeneous autoregressive，HAR）框架生成八个包含不同变量的 HAR 模型以预测国际油价波动率，对比弹性网络、基于 LASSO 的收缩法（shrink，SHK）与传统集成方法的效果差异，认为收缩法的集成效果优于传统方法。

鉴于不同类型的预测模型能够更全面地捕捉研究对象的数据生成过程，异质集成策略的应用相较于同质集成更为广泛。异质集成建模的前提假设是研究对象的数据生成过程混合了线性与非线性成分，因此需要综合使用线性模型和非线性模型，从而全面拟合数据中不同的动力机制。其中，有两种建模方式较为常见。一种是首先使用多种线性和非线性模型来拟合原始时序，然后采用不同的集成方法以得到最终结果，也称为并联集成策略。例如，Andrawis 等（2011b）以各类预测竞赛中的模型表现为依据，选择包含线性与非线性模型在内的九个单项模型为备选集合（包括高斯过程回归模型、神经网络模型、多元回归模型、简单移动平均模型等）。以 NN5 预测竞赛数据集为对象，研究结果表明该集成预测方法适用于具有高度季节性的数据，集成预测精度在九个单项预测模型中排名第一，比最佳单模型的精度更优。类似地，Wang 等（2018b）使用 AR、ARIMA、SVR 和 ANN（artificial neural network，人工神经网络）作为单项预测模型，结合不同的时序分解方法，设计了异质集成策略来对原油价格进行预测。对于并联集成策略而言，选择哪些单项预测模型作为集成的对象、选择多少个单项预测模型进行集成，并无明确的理论指导。学者通常基于自身的偏好，选择部分常用的线性及非线性预测模型构成集成模型池。

另一种异质集成策略是，首先使用线性模型拟合原始时序，将真实值减去预测值得到残差序列，再使用非线性模型拟合对应的残差序列，将线性与非线性部分的预测值相加得到最终预测结果，也被称为串联集成策略。Zhang（2003）使用 ARIMA 拟合时间序列中的线性成分，对于其残差序列，则使用人工神经网络进行建模，以三条时间序列分析中的典型代表（太阳黑子、加拿大猞猁及国际汇率）为实证对象，发现集成预测精度优于单模型预测精度，且这一结论在多步预测中同样成立。Chen（2011）选择指数平滑、ARIMA、BPNN 和 SVR 为单模型，首先用线性模型（指数平滑、ARIMA）拟合原始数据，以提取其中的线性成分；其次，使用神经网络（BPNN、SVR）对于残差序列分别进行预测建模。最后，集成线性与非线性部分预测结果，基于四种组合形式（ARIMA+BPNN、ARIMA+SVR、指数平滑+BPNN、指数平滑+SVR）得到最终预测值。以旅游业需求数据为实证对象，研究发现该集成策略不仅在预测精度上具有优势，还能有效改进预测结果的方向性精度。进一步，学者还通过控制变量法分析了不同单项模型对不同成分数据的拟合能力，认为对于线性部分，ARIMA 的拟合能力优于指数平滑；对于非线性部分，SVR 的拟合能力优于 BPNN。Khashei 和 Bijari（2011）在 Zhang（2003）的研究基础上改进集成策略，考虑到残差序列中有可能存在极少部分未能被线性模型提取的线性部分，他们在使用 ARIMA 模型拟合原始数据后，采用多层感知机对残差序列及可能未被充分提取的线性部分进行建模，由此提高集成预测精度。尽管 ARIMA 模型是目前最为常用且性能优异的线性模型，考虑到创新性空间状态模型（ETS）同时具有线性及非线性的形式，学者尝试使用 ETS 代替 ARIMA 作为线性部分的预测模型，并与 ANN 得到的非线性预测结果进行集成。以 16 个不同行业的数据集作为实证对象，发现 ETS+ANN 的集成预测精度总体优于 ARIMA+ANN，为集成预测建模提供了新的研究思路（Panigrahi and Behera，2017）。

5.1.3 不同预测结果的集成

如上所述，集成各种同类或不同类的单项预测模型，是当前集成预测领域的研究热点，吸引了不同领域的学者进行了大量的实证研究工作。然而，在获得到多个单项预测结果后，如何有效集成来自不同模型的预测结果，是另一个直接影响集成预测性能的研究问题。这一问题，可表述为如何给不同单项预测结果分配恰当的集成权重，以及如何找到最优集成权重。正如前文介绍集成预测之谜时所提到的，简单平均是一种最为常见的集成策略，即给每个单模型分配相等的权重。该方法虽然简单，但已在众多研究中被证实具有稳健的预测性能，甚至在样本外预测时，能够取得比复杂的权重设计方法更优的集成结果，因此被广泛用作评价某种集成策略优劣的基准策略（Genre et al.，2013；Claeskens et al.，2016）。

为各单项预测模型设计对应的集成权重，有多种策略，就集成各单项预测结果的函数形式而言，可分为线性与非线性集成策略；就集成权重的时间特性而言，可分为固定权重与时变权重。其中，简单平均法和中位数法是最为经典的线性等权重集成策略。此外，也可以以各单项预测模型在验证集中的预测精度为依据进行权重设计。例如，Aiolfi 和 Timmermann（2006）探讨了外生性固定裁剪方法对提高模型性能的作用。他们依据各单预测模型在训练集中的预测表现，按照误差从小到大的排序，分别选取不同比例的模型进行组合，实验证实可以通过组合更少的模型来获得更高的预测精度。在此基础上，Samuels 和 Sekkel（2017）进一步提出基于模型置信集（model confidence set，MCS）的裁剪方法，通过筛选出统计意义上的最佳模型进行组合来提高集成性能。实验表明，该方法显著优于简单平均法，且比外生性固定裁剪方法具有更好的鲁棒性及预测性能。尽管模型裁剪（model trimming）已被证实可在一定程度上提升组合模型的性能，但针对不同数据集，最佳的模型裁剪比例如何确定，并未取得共识。总体而言，在线性集成领域使用较多且效果较为稳健的方法有：均方误差倒数（inverse MSE，INV）法（以单模型在验证集内的 MSE 为依据，权重分配与方差大小成反比）、预测方差倒数法（以预测结果的方差为依据，权重分配与误差大小成反比）、回归法（在验证集内建立各单项预测结果与真实值的回归方程，以回归系数为依据设计权重）、收缩法（依据一定规则实现单模型的集成权重向等权重收缩）和排序法（以单模型在验证集内各时间点的预测精度排序为依据设计权重）。

就非线性集成策略而言，学者设计了基于几何平均和调和平均的集成方法（陈华友等，2004）。非线性集成意味着最终预测结果与各单项预测结果之间不再是线性加和的关系，存在更多集成形式的可能性。相较于线性集成策略，非线性集成策略在预测领域中的应用较少。笔者曾尝试将几何平均和调和平均集成策略应用于畜禽产品价格预测，取得了超越最佳单项模型的良好效果。究其原因，可能是因为畜禽产品的价格波动序列非线性特征较为明显，采用非线性的集成方式能更好地拟合研究对象的数据特征，因此可取得比传统线性集成方式更优的结果。此外，随着人工神经网络的快速发展和广泛应用，学者也开始尝试将其作为一种集成工具，利用神经网络强大的学习能力，深入捕捉各单项预测结果与最终预测结果之间的映射关系。其中，人工神经网络（Yu et al.，2017）、支持向量回归（Tang et al.，2012）、ELM（Xiong et al.，2018）等均在集成预测中有所应用。然而，神经网络容易产生过拟合问题，尽管在训练数据中有较好表现，但在测试集中，其性能未必优于传统线性集成方法。

上述集成策略均属于固定权重形式，即同一个单项模型在所有时间点的权重系数均相同。然而，从前文对预测基本理论的回顾可知，即使是同一个单模型，其预测性能也会随时间的改变而改变，因此，固定权重的集成方式具有一定的局限性。为解决该问题，时变权重的概念应运而生。所谓时变权重，即依据各单项模型在每个时间点的预测表现来确定对应的集成权重，不同时点的权重各不相同。杨光艺（2019）采用时变系数模型对中国股票市场的超额收益率进行预测，研究发现时变系数模型相比常系数模型具有更好的预测效果，由于模型具有一定的灵活性，在股市"牛"转"熊"的过程中能够快速给出投资建议，提醒投资者降低股票市场份额，帮助投资者在市场剧烈变化时做出合理应对。陶志富等（2020）通过引入预测残差数据的变异系数和滑动窗口模型，提出一类基于滑动窗口和改进变异系数的时变权重确定方法。研究发现，将传统基于预测数据层面的变异系数拓展到预测残差数据层面，可有效消除传统变异系数由于数据量级引起的数据变异程度被弱化的情况；运用滑动窗口将固定权重转为可变权重，可有效提高预测精度。张健等（2020）提出了一种时变模型平均方法，基于最小化局部 Jackknife 准则给出权重选择，结合非参数估计方法，实现了权重随时间而变化的效果。采用我国排名前五的机场客运量来进行预测建模实证研究，认为该方法可以有效降低由于航空客运量的结构性变化和预测模型不确定性等导致的预测风险，进而做出精准而稳定的客运量预测。进一步，高思凡（2021）在三种实数时变权重求解方法的基础上，相应构造出三种区间数时变权重确定方法，从而将时变权重的应用从传统的点预测扩展到区间预测。

以上介绍的集成方法均属于非最优权重设计方法，近年来，伴随着各种智能优化算法不断出现，最优权重设计方法开始受到学界重视。所谓最优权重设计方法，首先需要构造一个决策函数（通常以验证集内的误差平方和或是绝对误差之和为决策目标），然后通过求解该函数的最优解来获得最优集成权重。Yang 和 Wang（2018）针对短期风速预测问题进行多步预测建模，运用拟牛顿法优化集成权重，实证结果表明，使用优化后的权重得到的集成预测结果，显著优于最优单模型。类似地，Wang 等（2019a）以大宗农产品期货价格为研究对象，运用人工蜂群算法针对五个单模型设计最优集成权重，并与简单平均法、中位数法等传统集成方法进行对比。研究发现，结合最优权重设计方法得到的预测结果优于传统集成方法；与最优单模型为基准，最优权重设计方法能减少 50%的预测误差，效果十分理想。由此可见，使用传统集成方法有助于规避最差单模型的影响，从而获得非劣性的集成预测结果；使用最优化权重设计方法，则有助于取得超越最佳单模型的优性集成预测结果。

5.1.4 不同信息来源的集成

近年来，随着集成预测领域研究的不断深入与拓展，学者提出了多样化的集成策略，丰富了原本以集成不同单项预测模型为主的研究模式，为进一步提高集成预测性能提供了新的研究视角。研究认为，集成预测的多样性不仅可以来源于不同类型的预测模型，还可以来自不同的数据预处理形式及不同的数据来源（Atiya，2020）。以数据预处理方法为例，Wang 等（2018b）使用了 WT、SSA、EMD 及 VMD 等四种技术作为数据预处理方法，采用 AR、ARIMA、SVR 和 ANN 这 4 种单项预测模型，形成 16 种可能的集成对象（即 WT-AR、WT-ARIMA、WT-SVR、WT-ANN、SSA-AR、SSA-ARIMA、SSA-EMD、SSA-VMD、EMD-AR、EMD-ARIMA、EMD-SVR、EMD-ANN、VMD-AR、VMD-ARIMA、VMD-SVR 和 VMD-ANN），在此基础上，结合智能优化算法设计半异质集成策略。以原油价格为实证对象发现，不同的数据预处理方法性能各异，总体而言，WT 技术更适合于原油价格时序。此外，由于半异质集成策略包含了不同的数据预处理方法，增大了预测结果的多样性，从而可有效提升预测性能。

为了增大数据来源的多样性，学者尝试集成来自同一研究对象但具有不同时间尺度的研究数据。例如，学者在预测游客数量时，集成了来自短期预测模型及长期预测模型的预测值，结果证实，集成不同时间尺度的预测值，结果优于单一时间尺度的预测结果。其可能的原因是，不同时间尺度的预测模型包含了预测对象不同的数据生成机制，通过有效的集成，预测模型得以更全面地反映研究对象的数据生成机制，从而获得更精准的预测值（Andrawis et al.，2011a）。以周度数据为例，通过数据频率转换，可生成其对应的月度、季度及年度数据。其中，年度数据可反映该研究对象的长期变动规律（趋势项），月度及季度数据可反映中期变动规律（周期性、季节性等），而原始的周度数据可反映短期波动特征（不规则项）。总体而言，随着时间尺度从小往大增加，研究对象中的高频信号被逐渐剥离，低频信号逐渐显现。因此，综合不同时间尺度的数据变动形态，可全面提取研究对象数据生成机制中的多维度信息。基于这个思路，学者在 M3 竞赛数据集中进行大规模验证性实验，同样证实了该集成策略在不同时间尺度（年度、季度、月度）数据中的适用性（Kourentzes et al.，2014）。相较于传统的基于不同预测模型的集成方法，基于不同时间尺度的集成方法只需要对研究数据进行不同时间尺度的预处理，即可得到较优的集成结果，在一定程度上规避了预测模型选择这一难题。

近年来，随着 ISD 的大量出现，学者开始将其作为预测建模新的数据来源，并在经济、社会、能源预测领域取得了显著改进效果。2009 年，世界顶级科技期

刊 *Nature* 报道了谷歌公司工程师团队的一项研究工作,他们确定了 45 个与流感相关的网络搜索关键词,将其搜索数据量作为预测流感爆发的解释变量,使用最基本的线性回归模型作为预测工具。研究发现,ISD 的加入对提升模型预测性能的作用十分显著,谷歌公司的预测模型能比美国疾病预防控制中心提早 2 周预测流感的暴发。由此,开启了使用 ISD 进行预测建模的研究风潮。ISD 能够改进模型预测性能的原因在于,在大数据时代,用户的网络搜索行为是其对某种事物关注程度的直观体现,这种关注程度,恰好是引起研究对象变动的重要影响因素(Li et al.,2015)。ISD 可视为公众关注或投资者情绪的定量度量指标,鉴于其变动通常先行于预测对象的变化,因此可将其作为预测模型中的变量输入(Ling et al.,2020)。

在此思想的启发下,ISD 开始被广泛应用于不同领域的具体预测实践。例如,Fantazzini 和 Toktamysova(2015)针对汽车行业长期预测精度不高的问题,结合经济变量(如住房新建数量、消费者信心指数、居民消费价格指数、银行贷款利率、国内生产总值、失业率、汽油价格等)及谷歌在线搜索数据,运用多元回归技术构建了不同品牌厂商的汽车月度预测模型,得到提前 2 年的预测结果。分析不同品牌汽车厂商的月度销售数据与关于该品牌的 ISD 发现,两者之间存在高度相关性,在时间序列的波峰、波谷处均存在明确的对应关系。聚焦于游客数量预测问题,Bangwayo-Skeete 和 Skeete(2015)将旅游目的地酒店和航线的 ISD 作为模型的解释变量,建立自回归-混频数据抽样模型对多个国际旅游目的地进行客流量预测,实证发现,加入 ISD 的预测模型的精度显著高于传统时间序列模型。张茜等(2016)设计了一个季播电视综艺节目收视率预测的研究框架,使用百度指数和新浪微指数捕捉公众的关注度并融入线性回归模型。实证发现,百度指数和新浪微指数与收视率存在显著正相关,融合 ISD 能更有效地预测节目收视率的走势。考虑到国际原油价格容易受各种市场因素及突发事件的影响,Wang 等(2018a)运用网络搜索指数构建了市场关注指数、天气关注指数及战争关注指数,将上述三个指数作为解释变量加入传统时间序列模型,以提高原油价格波动率的预测精度。其中,市场关注指数包括"crude oil""oil price""crude oil price""crude oil prices"共四个网络搜索关键词;天气关注指数包括"hurricanes""El Niño""La Niña"共三个网络搜索关键词;战争关注指数则包括"wars in Libya""wars in Afghanistan""wars in Iraq""wars in Syria"共四个网络搜索关键词。

以上研究均证实,相较于传统单一变量的时间序列模型,或者多元回归预测模型,加入 ISD 后模型的预测性能显著提升。由此表明,ISD 可有效捕捉传统解释变量所不能涵盖的预测信息,通过增加预测信息来源的多样性,从而改进模型预测性能。在上述研究的启发下,笔者尝试将 ISD 引入农产品价格预测领域。动物疫病是导致猪肉价格异常波动的重要外部影响因素,在传统的研究方法下,通常采用疫病造成的经济损失来衡量疫病的影响程度。然而，这种方法属于事后评价，不能实现提前预测动物疫病对猪肉价格波动的影响程度的研究目标。为此，笔者选取了与动物疫病相关的多个关键词，在百度搜索引擎中获取各关键词的历史搜索数据，并构建动物疫病指数。通过分析动物疫病指数与猪肉价格波动时序的相关性，将此疫病指数作为预测模型的解释变量，实证研究发现，加入网络搜索指数后，模型的预测精度得以大幅提高（Ling et al.，2020）。

综上所述，集成预测的优势来源于各种集成元素的多样性，如单项预测模型的多样性、数据处理方法的多样性、数据来源的多样性等。正是这些多样性，增加了模型应对未知预测情境的稳健性，在一定程度上避免了模型失效的问题。尽管集成预测领域已取得众多丰硕的研究成果，但仍存在一定的改进空间。例如，在构建集成子集时，面对数量繁多的单项预测模型，如何依据一定规则从备选模型池中筛选出最佳集成子集？为此，本书拟以信息熵为度量准则，依据各单项预测结果中蕴含的信息量，构建一种数据驱动的最优子集筛选算法，完善子集选择的理论依据。尽管 ISD 在改进模型预测精度方面取得显著成效，但是，为什么加入 ISD 可以提高预测精度？ISD 与研究对象的变动之间是否存在因果关系？这些问题仍值得进一步研究。为此，本书拟构建一个融合 ISD 的农产品价格预测模型，通过因果关系检验筛选出对于研究对象具有预测作用的指标，作为预测模型的解释变量。最后，本书还将探讨集成不同时间尺度的价格数据对于提高多步预测精度的作用，并分析不同时间尺度数据与不同预测步长之间的匹配关系。

5.2 基于邻域互信息的集成预测策略

目前各种单项预测模型数量众多，为集成预测提供了丰富的备选模型池。Hibon 和 Evgeniou（2005）针对集成预测性质的研究证明，集成单模型的数量并不是越多越好，超过一定数量后，集成预测的效果将出现边际递减的现象，这可能与单项预测结果之间存在的信息冗余有关。由此，产生了子集选择的问题。随着备选模型个数的增加，可供选择的子集数量也随之呈指数增长。假设要从 m 个备选模型中选取 n 个来形成集成子集，则可能的子集数量为 $2^{C_m^n}$ 个。若采用穷举法，在验证集计算所有可能子集的预测精度以选择最优子集，将产生巨大的计算成本。

为此，本节将以邻域互信息作为各单项预测结果相关性的度量指标，依据最大相关性和最小冗余度准则，设计一个基于邻域互信息的最优集成子集筛选算法，依据各单项预测结果蕴含的信息量，自适应地确定最优集成子集的构成。该算法不仅能极大减少子集选择的计算工作量，还能提高子集选择的科学性，为最优集成子集选择提供理论依据。首先，介绍邻域互信息的相关理论知识；其次，具体说明基于邻域互信息的最优集成子集筛选算法；最后，探讨如何使用智能优化算法对邻域控制参数进行优化。

5.2.1 邻域互信息的基本概念

度量多个变量（特征）之间的相关性，是模式识别中的经典研究问题。最为常用的度量指标是皮尔逊相关系数，用以测度两个随机数值型变量之间的线性相关性。然而，这一指标的局限性也十分明显，它不能反映变量之间的非线性相关性，且不能度量一个变量与另一组变量之间的相关性。为了解决上述问题，一系列新的度量指标应运而生，例如，互信息（mutual information，MI）（Battiti，1994）、模糊依赖度（Hu et al.，2007）、卡方统计量（Liu and Setiono，1997）、Relief 和 ReliefF 算法（Robnink-Sikonja and Kononenko，2003）等。

在上述指标中，MI 由于能同时度量变量间的线性及非线性相关性而得到广泛应用。例如，最经典的 ID3 和 C4.5 决策树均使用 MI 作为样本分裂属性的判断依据。MI 可以看成一个随机变量中包含的关于另一个随机变量的信息量，或者是一个随机变量由于已知另一个随机变量而减少的不确定性。MI 数值越大，两个变量之间的相关性也越大。对于任意两个随机变量 A 和 B，其互信息可定义为

$$\text{MI}(A,B) = \sum_{a \in A} \sum_{b \in B} p(a,b) \log \frac{p(a,b)}{p(a)p(b)} \tag{5.1}$$

从式（5.1）可见，互信息的计算需要知道变量的概率分布及其联合概率分布。对于离散型数据，可通过直方图获知其概率分布；对于连续型数据，需要首先对其进行离散化，才能计算 MI。离散化过程需要占据一定的数据预处理时间，同时可能造成部分重要信息丢失，由此影响后续模型性能。为了解决该问题，Hu 等（2011）结合信息熵及邻域粗糙集理论，提出了邻域互信息，从而拓展了信息熵理论的应用范围，以下介绍邻域互信息的相关定义。

定义 5.1：对于一个给定的实数空间非空样本集 $U = \{x_1, x_2, \cdots, x_n\}$，$F, S \subseteq F$ 是其中的属性集，则样本 x_i 在属性集 S 中的邻域记为 $\delta_S(x_i)$，该样本的邻域不确定性由邻域熵 NH 表示，定义为

$$\text{NH}_\delta^{x_i}(S) = -\log \frac{\|\delta_S(x_i)\|}{n} \tag{5.2}$$

相应地，样本集的平均不确定性可定义为

$$\text{NH}_\delta(S) = -\frac{1}{n} \sum_{i=1}^{n} \log \frac{\|\delta_S(x_i)\|}{n} \tag{5.3}$$

其中，δ 的大小决定了样本集的邻域熵，是邻域互信息计算过程中需要确定的唯一一个关键参数。δ 越大，邻域熵越小，样本的不确定性就越低。

定义 5.2：$R, S \subseteq F$ 是两个属性子集，样本 x_i 在属性空间 $R \cup S$ 的邻域记为 $\delta_{R \cup S}(x_i)$，其联合邻域熵定义为

$$\mathrm{NH}_\delta(R, S) = -\frac{1}{n} \sum_{i=1}^{n} \log \frac{\|\delta_{R \cup S}(x_i)\|}{n} \quad (5.4)$$

若 R 是输入变量集，C 是分类属性，则可定义 $\delta_{R \cup C}(x_i) = \delta_R(x_i) \cap C_{x_i}$，则有

$$\mathrm{NH}_\delta(R, C) = -\frac{1}{n} \sum_{i=1}^{n} \log \frac{\|\delta_R(x_i) \cap C_{x_i}\|}{n} \quad (5.5)$$

定义 5.3：$R, S \subseteq F$ 是两个属性子集，R 相对于 S 的条件邻域熵定义为

$$\mathrm{NH}_\delta(R \mid S) = -\frac{1}{n} \sum_{i=1}^{n} \log \frac{\|\delta_{R \cup S}(x_i)\|}{\|\delta_S(x_i)\|} \quad (5.6)$$

定义 5.4：$R, S \subseteq F$ 是两个属性子集，样本集在空间 R 和 S 的邻域互信息定义为

$$\mathrm{NMI}_\delta(R; S) = -\frac{1}{n} \sum_{i=1}^{n} \log \frac{\|\delta_R(x_i)\| \cdot \|\delta_S(x_i)\|}{n \|\delta_{R \cup S}(x_i)\|} \quad (5.7)$$

5.2.2 基于邻域互信息的最优集成子集筛选算法

邻域互信息自提出后被应用于多个邻域特征选择问题。Wang 等（2019b）针对太原市的空气污染问题，运用 WT 将 $PM_{2.5}$ 污染物浓度时间序列分解为多条子序列，并使用邻域互信息为度量工具，筛选出与 $PM_{2.5}$ 时序高度相关的子序列作为人工智能模型的输入，从而得到相应预测值。Liu 等（2019）使用邻域互信息进行特征筛选，将筛选后的特征作为基于案例推理（case based reasoning，CBR）的输入，实证表明该特征筛选过程能显著提升 CBR 性能。范建平等（2019）运用邻域互信息对交叉效率评价中的多个决策单元进行分组排序，提出一个新的区间 DEA 交叉效率评价方法。以上研究均证明，邻域互信息是一个有效的变量相关性度量指标。

如前文所述，集成预测的优势在于充分综合各类模型的预测结果，从而更全面地拟合预测对象的数据生成过程，以确保预测结果的稳健性。在此过程中，增加备选模型的多样性是保证集成预测性能的有效途径。然而，面对数量、种类众多的单项预测模型，究竟选择哪些作为集成的对象，在学术界尚未达成一致共识。同时，集成的数量并不是越多越好，随着模型数量的增加，预测误差减小的边际效应会逐渐减弱；此外，各模型预测结果之间可能存在的共线性也会导致集成效果变差（Hibon and Evgeniou，2005）。由此可见，依据某种客观准则选择最优集成子集，而非依据主观经验决定子集的构成，对于确保集成预测的性能，具有关键作用。

理论上而言，从 M 个备选模型中筛选出 N（$N \leqslant M$）个单模型以构成最优

子集是一个多项式复杂程序的非确定性问题（non-deterministic polynomial，NP），且随着备选模型数量的增大，计算成本也会呈指数增加（Xiao et al.，2019）。因此，需要设计一种有效的算法，将子集选择问题转化为优化问题，在合理的时间成本内获得可行解。已有学者通过研究证实，最优子集选择的理论依据是最大化子集与决策变量的相关性，同时最小化子集中各模型的冗余度（Peng et al.，2005）。因此，本书将 MRMR 作为最优集成子集构建的决策依据及理论基础。结合邻域互信息在度量变量相关性方面的优势，设计一种基于邻域互信息的最优子集选择算法，缩写为 Subset-NMI，以下将对算法进行详细介绍。

假定 $F=\{F_1,F_2,\cdots,F_n\}$ 为 n 个单项预测模型的预测结果集合，$C=\{C_1,C_2,\cdots,C_q\}$ 为所有 q 个可能的集成子集。任意两个单项预测结果 F_i 和 F_j 之间的邻域互信息可表示为 $\text{NMI}_\delta(F_i,F_j)$；第 i 个单项预测结果与第 p 个集成子集之间的邻域互信息可表示为 $\text{NMI}_\delta(F_i,C_p)$。依据 Xiao 等（2019）的研究，两个单项预测结果之间的相关性可定义为

$$\text{REV}_\delta(F_i,F_j) = \frac{\text{NMI}_\delta(F_i,F_j)}{\text{NH}_\delta(F_i)+\text{NH}_\delta(F_j)} \tag{5.8}$$

进一步，单项预测结果与集成子集之间的相关性可定义为

$$\text{REV}_\delta(F,C) = \frac{n\overline{\text{REV}_\delta(F_j,C)}}{\sqrt{n+n(n-1)\overline{\text{REV}_\delta(F_i,F_j)}}} \tag{5.9}$$

其中，$\overline{\text{REV}_\delta(F_j,C)}$ 为备选模型集 F 中所有单模型与子集的平均相关性；$\overline{\text{REV}_\delta(F_i,F_j)}$ 为单模型之间的平均相关性。鉴于最优子集的筛选原则是最大化单项模型与子集的相关性并最小化所选模型之间冗余度，对于已包含 $p-1$ 个单模型的子集 C_{p-1} 而言，第 p 个单模型的选择将依据以下决策函数得

$$\max_{F_j\in C-C_{p-1}}\left[\text{REV}_\delta(F_j,C)-\frac{1}{\|C_{p-1}\|}\sum_{F_i\in C_{p-1}}\text{NMI}_\delta(F_i,F_j)\right] \tag{5.10}$$

其中，F_j 为待选的单项模型；F_i 为已选入子集的单模型；$\|C_{p-1}\|$ 为集合 C_{p-1} 中的模型个数。结合以上定义，Subset-NMI 的实现步骤如下所示。

（1）令初始的集成子集 C 为空，δ 为邻域控制参数（将在 5.2.3 节介绍），以验证集 Val 中的各单模型的预测结果形成备选模型集 $F=\{F_1,F_2,\cdots,F_m\}$。

（2）在邻域空间 δ 中，分别计算各单模型预测结果与真实值 y 的邻域熵 $\text{NH}_\delta(F_i,y)$，邻域熵的值越大，表明该模型预测结果的不确定性越大，将所有单模型中邻域熵最大者定义为 $\max(\text{NH}_\delta(F_i,y))$，由此得到第一个集成子集 $C_1=\arg\max(\text{NH}_\delta(F,y_i))$。

（3）将第一个入选子集的单模型命名为 F_1，更新相关数据集，有 $C=\{C_1\}$，$F=\{F_2,F_3,\cdots,F_m\}$。

(4) 运用式（5.10），计算 $F_j \in \{F_2, F_3, \cdots, F_m\}$ 中所有单模型的 MRMR 值，即

$$\text{MRMR}(F_j) = \text{REV}_\delta(F_j, C) - \frac{1}{\|C\|} \sum_{F_i \in C} \text{NMI}_\delta(F_i, F_j) \tag{5.11}$$

选择其中的最大值，即 $\arg\max(\text{MRMR}_{F_j})$ 对应的单模型 F_2 进入集成子集。

(5) 更新相关数据集，有 $C = \{C_1, C_2\}$，$F_j \in \{F_3, F_4, \cdots, F_m\}$；重复步骤（3）和（4），直至达到最大迭代次数。

上述（1）~（5）步，为 Subset-NMI 的基础版本。前期实验发现，该算法存在不同迭代次数下所得到的最优子集构成的不同问题。当前研究通常固定若干个迭代次数，如 10、30、50、70 次不等，综合多次实验结果，从中确定最优解。显然，这种做法增加了算法的计算成本，与设计该算法的初衷为了减少子集选择的工作量相违背。

为解决不同迭代次数得到的最优子集不同的问题，本书在原始算法的基础上，增加一个二次筛选的过程。假定第一次筛选得到的子集为 $C_1 = \{F_1, F_2, \cdots, F_p\}$，为减少二次筛选的算法运行时间，对比集合 C_1 与各单模型的预测精度，若存在单模型 F_i 劣于集合 C_1 的预测精度，表明该单模型性能较差，若将其纳入子集，会导致集成效果变差。因此，将 F_i 从原始备选模型集中剔除，以剩余模型为备选模型集，重复（1）~（5）计算步骤，从而获得二次筛选后的子集组合。

在 Xiao 等（2019）的研究中，算法筛选的第一步是选择出不确定性最小的单模型，即选取邻域熵最小的单模型。然而，基于相关文献的研究可知，集成预测中选择的第一个单模型对最终集成效果的影响至关重要，若选取的第一个单模型是所有候选模型中的最差者或较差者，往往不能提升集成的预测精度（Zhang et al.，2020a）。为规避此问题，Subset-NMI 算法以邻域熵最大者作为算法筛选依据，确保选择出的第一个单模型是所有单模型中最优的单模型。此外，Subset-NMI 算法融合了二次筛选策略，减少算法进行多次迭代的运算时间，进而提升算法效率。

为验证本书提出的最优子集筛选算法 Subset-NMI 的有效性，选取时间序列预测领域三条常用的序列为实证对象（国际汇率、加拿大猞猁和航空客运量），进行多步预测建模。从图 5.2~图 5.4 可见，三个研究对象均呈现出季节性、周期性和不规则性等复杂时间序列的波动特征。为验证 Subset-NMI 算法的性能，以全模型 Fullset、Trimming 和 Trimmed mean 等传统集成策略作为对比基准。上述传统集成策略，已被众多研究证实是性能稳健且效果优良的集成方法（Xiao et al.，2016）。其中，Fullset 意味着将所有备选模型的预测结果进行简单平均，从而得到最终预测结果；Trimming 以备选模型在验证集的表现为依据，去除预测精度最优和最劣的模型，对其余模型的预测结果进行简单平均；Trimmed mean 则针对测试集中每一数据点展开分析，去除预测值最大和最小的结果后进行简单平均。

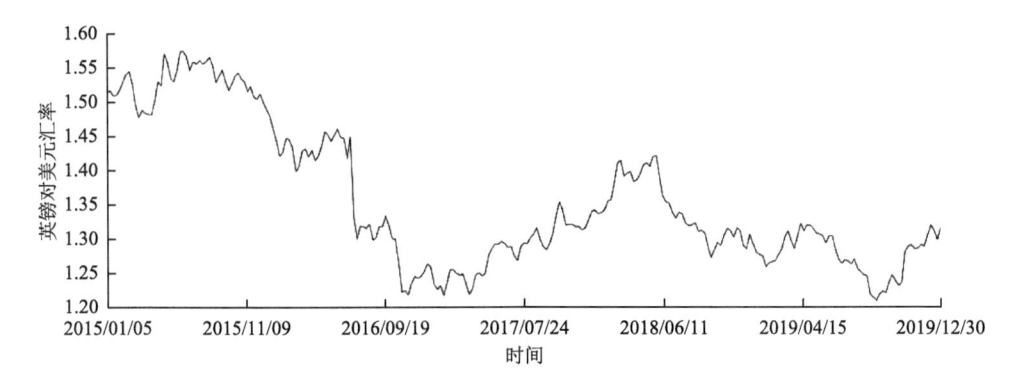

图 5.2　英镑对美元汇率时序数据

资料来源：https://fred.stlouisfed.org/series/DEXUSUK[2020-10-15]

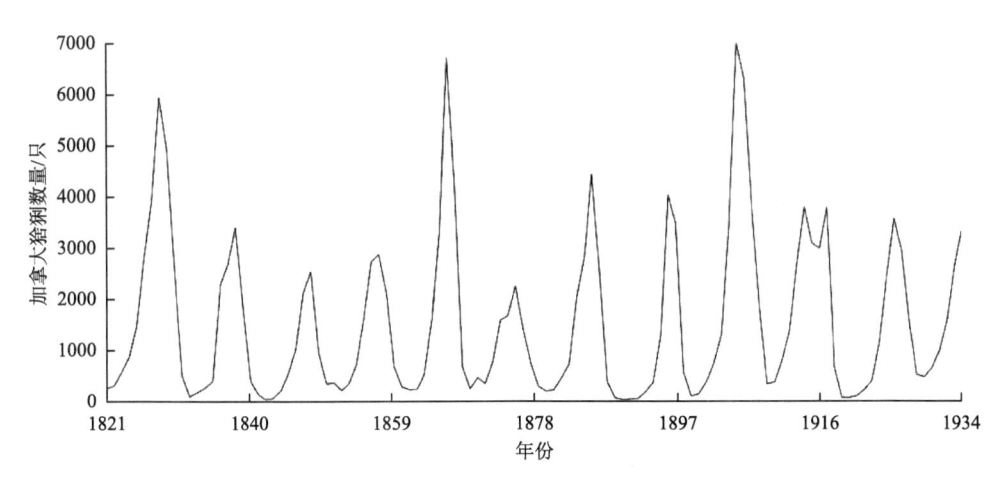

图 5.3　加拿大猞猁数量时序数据

资料来源：R 语言"datasets"包

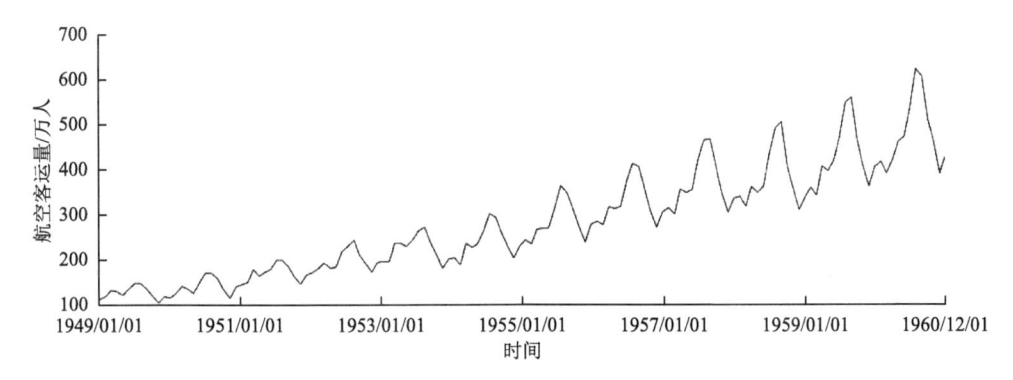

图 5.4　航空客运量时序数据

资料来源：R 语言"datasets"包

以 MAPE 作为预测性能评价指标，表 5.1 展示了不同组合方法在不同研究数据中的预测性能。其中，Subset-NMI 算法迭代 100 次取其平均值作为最终预测结果。可见，绝大多数情况下，Subset-NMI 算法得到的预测结果，均优于三种基准集成策略，且改进效果十分显著。该结论不仅适用于不同研究数据，同样也适用于不同预测步长，由此表明，本书提出的基于邻域互信息的最优子集筛选算法具有较优的性能及普适性。

表 5.1 最优子集筛选算法的预测结果（MAPE）

数据	步长	δ	Subset-NMI/%	Fullset/%	Trimming/%	Trimmed Mean/%
英镑对美元汇率	1	0.9512	40.36	50.14	46.93	46.91
	3	0.9963	63.09	93.21	92.76	90.47
	6	0.3027	211.60	150.50	141.17	137.99
加拿大猞猁数量	1	0.9513	4.80	6.30	6.36	6.20
	3	0.9009	12.04	13.06	12.32	12.97
	6	0.2385	15.06	16.65	15.47	16.55
航空客运量	1	0.8139	3.21	8.26	8.12	7.96
	3	0.7969	4.06	15.45	15.06	14.65
	6	0.3457	5.21	15.02	15.22	14.76

5.2.3 基于布谷鸟搜索的邻域参数优化

在 Subset-NMI 算法的实现过程中，邻域参数 δ 是影响 NMI_δ 计算结果的关键参数。从前期研究的实验结果发现，最优子集的组成与邻域参数的取值关联性极大，参数 δ 取值发生细微波动，都会导致最优子集的构成发生变化。鉴于当前学界对邻域参数的取值并无理论指导或经验参数推荐，为了以更优的时间成本找到最合适的邻域参数，本章实验将采用具有较强全局优化能力的布谷鸟搜索算法对邻域参数进行寻优，以下对布谷鸟搜索算法进行简要介绍。

布谷鸟搜索算法由学者 Yang 和 Deb 于 2009 年提出，是一种较新的群智能算法（Yang and Deb, 2014）。该算法借鉴布谷鸟寄生性的育雏行为和果蝇的莱维飞行模式（Levy flight），模拟布谷鸟通过随机行走方式选择备选鸟巢，并采用贪婪策略更新鸟巢，以寻找最优鸟巢的位置（即求得问题的最优解）。由于使用具有高度随机性的莱维飞行模式来更新可行解，布谷鸟搜索算法因此具有较优的全局搜索能力。寄巢产卵是布谷鸟最为独特的生育特性，布谷鸟通过将自己的卵产在其他寄主鸟的鸟巢中来实现后代繁衍。若寄主鸟发现布谷鸟的行为，有可能将这些外来的蛋扔掉，或直接放弃旧巢，另筑新巢。标准的布谷鸟搜索算法需满足以下三个理想条件。

（1）布谷鸟每次只下一个蛋，且将其随机放在一个鸟巢中。

（2）优质蛋所在的鸟巢（即最优解）将被保存至下一代。

（3）可供选择的寄主鸟巢数量有限，且布谷鸟的蛋会以一定概率 $p_a \in [0,1]$ 被寄主鸟发现。

若布谷鸟需要重新建巢，其将通过莱维飞行随机产生一个新鸟巢的位置。假设 x_i^t 和 x_i^{t+1} 分别表示第 i 只布谷鸟在第 t 代和第 $t+1$ 代的鸟巢位置，两者间的关系表示如下：

$$x_i^{t+1} = x_i^t + a \oplus L(\lambda) \quad (i=1,2,\cdots,n) \tag{5.12}$$

其中，a 为步长控制变量，通常取 1；$\oplus$ 为点对点乘法；n 为可选鸟巢个数（即可行解个数）；$L(\lambda)$ 为遵守莱维分布的随机搜寻路线 $L(\lambda) \sim u^{-\lambda}$（$1 < \lambda \leq 3$），$u$ 为莱维飞行的随机步长，通常取 1.5。由于对莱维分布进行积分运算较为困难，因此使用 Mantegana 算法对式（5.12）进行扩展，可得

$$x_i^{t+1} = x_i^t + a \oplus L(\lambda) \sim 0.01 \frac{u}{|v|^{1/\lambda}}(x_i^t - x_i^{t,*}) \quad (i=1,2,\cdots,n) \tag{5.13}$$

其中，$x_i^{t,*}$ 为第 t 代的最佳鸟巢位置；参数 u 和 v 均服从正态分布，即 $u \sim N(0, \sigma_u^2)$，$v \sim N(0,1)$，$\sigma_u = \left[\dfrac{\Gamma(1+\lambda) \cdot \sin(\pi\lambda/2)}{\Gamma((1+\lambda)/2) \cdot \lambda \cdot 2^{(\lambda-1)/2}}\right]^{1/\lambda}$。使用上述算法将产生一个 $[0,1]$ 之间的随机数 w，若 $w > p_a$，则按式（5.14）更新鸟巢位置。

$$x_i^{t+1} = x_i^t + w(x_j^t - x_k^t) \quad (i=1,2,\cdots,n) \tag{5.14}$$

其中，x_j^t 和 x_k^t 为第 t 代的随机解。若 $w \leq p_a$，则保持鸟巢位置不变，即 $x_i^{t+1} = x_i^t$。鉴于莱维飞行可以扩大可行解的搜索范围，相较于其他群智能算法，布谷鸟搜索算法能更有效地避免陷入局部最优解。

本章实验采用平均相对百分比误差作为算法的适应度函数，按 6:2:2 比例将时间序列划分为训练集、验证集和测试集，在验证集中寻优以确定最佳邻域参数 δ 及其对应的最优子集构成，将最优子集中的单项预测模型作为测试集进行预测结果集成的对象。

5.3 融合网络搜索数据的集成预测策略

近年来，随着互联网及智能移动终端的不断普及，网络搜索逐渐成为人们获取信息、制定决策的重要工具和手段，ISD 也因此成为可以预示某些事件发生的先行指标。将 ISD 应用于预测领域的开创性研究，起源于 2009 年谷歌工程师运

用谷歌搜索引擎的搜索日志，比美国疾病预防控制中心提前 2 周预测美国流感季的到来。由此，学者开始关注并研究 ISD 的预测能力。当前学术界普遍认为，网络搜索行为是用户对事物关注程度的直观体现，ISD 可被用以度量公众关注（public concern）及投资者情绪（investor sentiment）这类难以定量化的情绪指标。这类情绪指标恰好是导致市场变动的重要外部因素，对于市场趋势的变动具有较为敏感的预测能力，因此将 ISD 加入预测模型可提高模型的预测性能（Li et al.，2015）。表 5.2 梳理了使用 ISD 作为预测模型解释变量的相关研究，这些研究均证实，加入 ISD 后的模型预测性能更优。

表 5.2 ISD 在预测建模中的相关研究

文献	研究对象	预测模型	ISD 来源
Tang 等（2020）	原油价格	智能模型	谷歌趋势
Yu 等（2019）	原油消耗量	智能模型	谷歌趋势
张同辉等（2020）	股市波动率	统计模型	百度指数
刘博等（2018）	居民消费价格指数	统计模型	百度指数
Bulut（2015）	欧盟成员国外汇汇率	统计模型	谷歌趋势
Park 等（2017）	入境游客数量	统计模型	谷歌趋势
张茜等（2016）	电视节目收视率	统计模型	百度、新浪指数
Fantazzini 和 Toktamysova（2015）	汽车销量	统计模型	谷歌趋势
Karamé 和 Fondeur（2013）	法国失业率	统计模型	谷歌趋势

如表 5.2 所示，ISD 的预测能力已在金融、能源、经济、社会等多个研究领域得到证实，但就农产品价格波动预测，该策略的应用还相对空缺。相较于其他类型的农产品（如蔬菜、水果和粮食等），畜禽产品更容易受到动物疫病、食品安全事件等外部冲击的影响。因此，本书以我国主要畜禽产品（猪肉、牛肉、鸡肉和鸡蛋）为研究对象，设计一个融合 ISD 的集成预测策略，验证该方法在农产品市场这一特定研究对象中的适用性。

尽管上述研究已证实 ISD 对于预测性能的改进作用，但是，大多数研究直接将 ISD 作为一个外部解释变量直接加入预测模型，未能从理论上证实，为何加入 ISD 可以改进预测性能。为了提高预测结果的可解释性，本书将首先使用格兰杰因果关系检验对所有备选 ISD 的预测性能进行统计检验，筛选出对于农产品价格波动具有可解释性的 ISD 作为预测模型输入。其次，基于分解集成预测方法论，使用多元经验模态分解法（multivariate empirical mode decomposition，MEMD）同步分解价格波动时序与 ISD 时序，将分解后具有尺度一致性的子序列作为 SVR 预测建模的输入。最后，对各子序列得到的预测结果进行线性集成，得到最终预测结果。这样一个融合了 ISD 的分解集成预测建模方法缩写为 MEMD-ISD-SVR，其具体的实验流程如图 5.5 所示。图 5.5 的分解集成预测建模流程包含三个步骤，分别对应格兰杰因果关系检验、MEMD 及 SVR 预测建模。鉴于 SVR 的建模原理已在 4.2.2 节进行了介绍，以下仅阐述格兰杰因果关系检验和 MEMD 的基本原理。

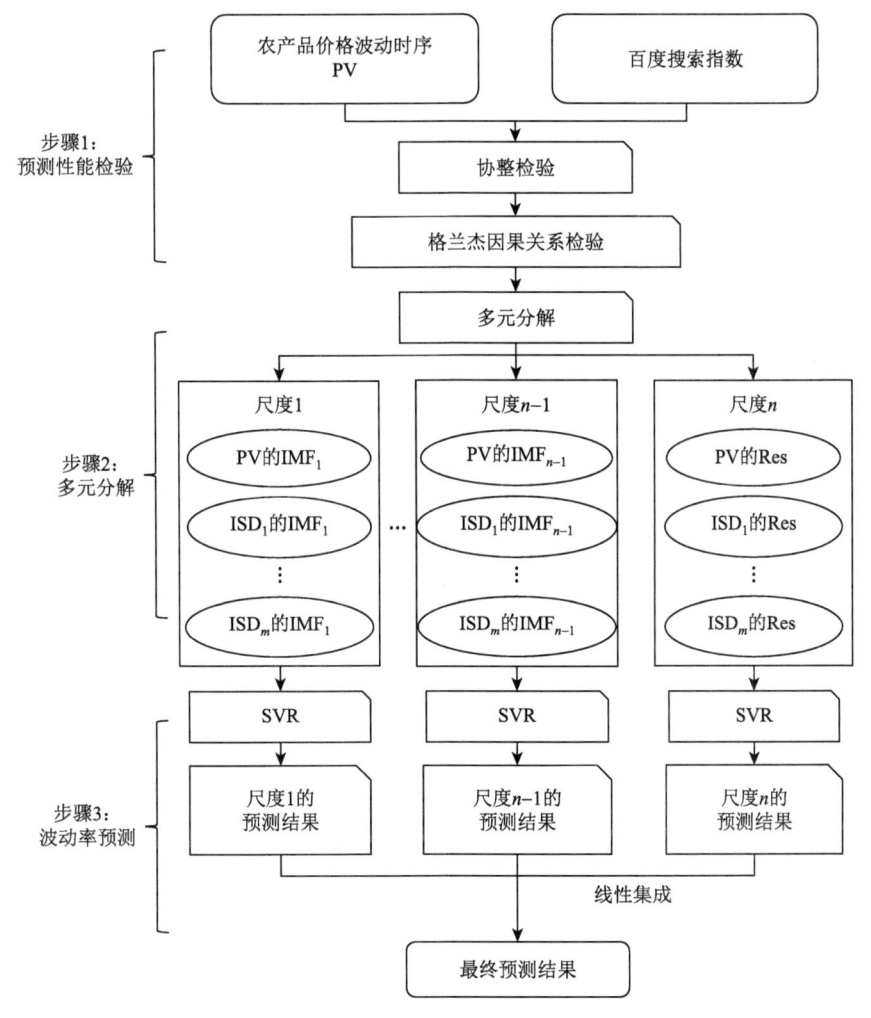

图 5.5 融合网络搜索数据的集成预测建模流程

PV 表示 price wlatility

5.3.1 格兰杰因果关系检验

在现实生活中，许多经济变量之间存在相互影响关系，如居民消费水平与国内生产总值、人口数量与房屋销售面积等。然而，变量之间存在相关关系并不意味着变量之间一定存在因果关系。对于预测建模而言，模型的解释变量与被解释变量之间应该存在因果关系，在此基础上得到的预测结果才具有可解释性。格兰杰因果关系检验基于统计分析，可以判断两个变量之间的因果关系。假设有 X 和 Y 两个变量，若在包含了 X 和 Y 过往信息的条件下，对 Y 的预测效果优于单独由 Y 的过往信息对 Y 进行的预测效果，则可认为 X 的加入有助于解释 Y 的变化，即 X 是引起 Y 变化的格兰杰原因。

格兰杰因果关系检验的前提条件是变量之间满足同阶平稳要求，否则会出现伪回归问题。变量的平稳性通常采用 ADF 检验以判断，对于本章实验涉及的两个变量，价格波动时序 PV_t 和网络搜索指数时序 ISD_t 而言，如果两者之间满足同阶平稳的条件，则两变量之间的关系可以表达为

$$PV_t = \alpha_0 + \alpha_1 ISD_t + \mu_t \qquad (5.15)$$

若序列 μ_t 满足平稳性要求，则表明 PV_t 与 ISD_t 之间存在协整关系。接下来，可通过构建 VAR 模型，分析变量之间的格兰杰因果关系，VAR 模型的形式如下所示：

$$PV_t = \alpha_0 + \sum_{m=1}^{n} \alpha_m PV_{t-m} + \sum_{p=1}^{q} \beta_p ISD_{t-p} + \varepsilon_t \qquad (5.16)$$

其中，m 和 p 分别为对应变量的最大滞后阶数；ε_t 为服从独立同分布的误差项。为了检验 ISD_t 的加入是否有助于促进 PV_t 的预测精度，将对 ISD_t 的回归系数 β_p（$p=1,2,\cdots,q$）进行 F 检验。若 β_p 显著区别于零，则表明 ISD_t 是引起 PV_t 变动的格兰杰原因，可以将其作为预测模型的解释变量。

5.3.2 多元经验模态分解

如前文所述，EMD 是一种最为常用的时域-频域分析工具，针对许多非线性非平稳时间序列分析问题取得良好的实践表现。但是，经典的 EMD 算法只适用于单变量时间序列，如果使用 EMD 算法分解多元时间序列，将会产生模态对齐问题。模态对齐问题具体表现为：第一，不同变量分解后所产生的 IMF 个数不相等；第二，具有相同阶数的 IMF 的频率尺度差异较大，这些问题的出现对多通道信号处理造成一定影响（李凌均等，2018）。为了解决该问题，Rehman 和 Mandic 对经典 EMD 算法进行改进，提出了 MEMD 算法，其最大的优势在于能够同时对 $n \geq 3$ 的信号序列进行分解，并产生数量且频率尺度一致的 IMF（Fleureau et al., 2011）。MEMD 算法可有效提取蕴含在多维数据中的共同成分，并呈现在相同时间尺度的 IMF 中，有助于研究者深入理解多维数据的本质内涵。鉴于本章实验需要同时分解多条 ISD，为确保分解结果具有尺度对齐性，因此采用 MEMD 算法作为分解工具。

经典 EMD 算法的核心在于计算时间序列的局部最大值和最小值，形成上下包络线及对应的均值曲线，通过多次信号筛选过程来提取不同的模态成分。对于多元数据而言，其上下包络线及均值曲线不能够被直接定义。为解决该问题，MEMD 算法首先将多元数据投影至一个 n 维球形空间的多个方向向量，其次在各个方向上分别求出信号的投影包络线，最后得到多元信号的均值。对于 n 维的多元数据 $x(t)$（$t=1,2,\cdots,T$），MEMD 的算法流程表述如下。

（1）在 n 维空间生成 K 个方向向量 v^k（$k=1,2,\cdots,K$）。

（2）将多元输入 $x(t)$ 沿着 v^k 投影至多个方向，并得到对应的映射 $p^k(t)$。

（3）确定所有方向上的映射 $p^k(t)$ 的局部极值点所对应的时刻点 t^k。

（4）对于多元极值点 $[t^k, x(t^k)]$ 使用样条函数进行插值，得到多元包络线 $e^k(t)$。

（5）对于 K 个方向向量，其包络线均值定义为 $m(t)=\dfrac{1}{K}\sum\limits_{k=1}^{K}e^k(t)$。

（6）计算原序列 $x(t)$ 与 $m(t)$ 的差值，$d(t)=x(t)-m(t)$。

（7）若 $d(t)$ 满足多元 IMF 的停止准则，详见 Huang 和 Long（2000），则将其定义为一个 IMF，并进入步骤（8）；否则，将重复步骤（2）～步骤（6）。

（8）计算残差项 $r(t)=x(t)-d(t)$，将 $r(t)$ 作为上述流程中的 $x(t)$ 重复以上步骤，直至所有 IMF 都被提取完全。

5.4 融合多时间尺度的集成预测策略

在通常的预测建模工作中，不同变量的时间尺度是一致的（如使用月度频率数据进行预测建模，进而得到月度频率的预测值）。随着研究的不断深入，有学者提出，不同时间尺度的时序数据蕴含不同的信息量（如日度或周度数据蕴含短期的数据生成机制，月度或季度数据则蕴含长期的数据生成机制），通过集成不同时间尺度的预测结果，不失为另一种增加预测多样性进而提高预测精度的可行途径。基于这一思路，Andrawis 等（2011a）进行了创新性的尝试。首先，通过数据转换过程，将原始月度频率的研究数据转化为年度频率；其次，使用相同的预测模型对上述两种频率的研究数据进行预测建模，得到对应时间尺度的预测值；再次，通过数据插值方法，将年度预测值转化为月度预测值；最后，基于 15 种权重分配策略，集成原始月度数据的预测值和由年度预测值转化得到的月度预测值，得到最终预测结果。

为证实该策略的有效性，作者在 M3 和 NN3 竞赛数据集中进行大样本实验。实证表明，融合不同时间尺度的集成预测策略，可有效提高预测精度；结合特定的权重分配策略（如方差法、均方误差倒数法、排序法、收缩法等），还可获得比最佳单模型更优的预测结果。对此，作者的解释是，通过集成不同时间尺度的预测值,可以增加预测结果蕴含的信息量,从而更全面地捕捉研究对象的真实数据生成过程。由此,集成预测领域出现新的集成方式,在不需要使用多种单项预测模型的情况下,仅通过改变研究对象的时间尺度,就可实现增加预测的多样性,进而提高预测精度的目的。

聚焦于农产品市场研究,Ling 等(2019b)首次将融合不同时间尺度的集成策略应用于畜禽产品价格预测,使用包含线性及非线性策略在内的十种权重设计方案、集成周度及月度价格时序预测结果。研究发现,该策略显著提高了单模型的预测精度,并且这种预测性能提升的效果在鸡蛋和牛肉产品中更为明显;结合方差法、几何平均法等权重设计方案,能获得优性集成预测结果。然而,上述研究仅进行提前 1 步预测,并且只考虑两种时间尺度组合的可能性。延续该思路,本书将继续探讨多时间尺度集成策略在农产品价格预测中的适用性,采用提前多步预测建模策略及三种时间尺度,探讨不同预测步长与不同时间尺度之前的匹配关系。以下将详细介绍实验步骤及集成权重的选择等问题。

5.4.1 实验步骤

本章实验以农产品日度价格为基准,通过数据转换功能将其转变为对应的周度及月度价格数据,使用相同的预测模型对不同时间尺度的价格数据进行预测建模。接下来,通过数据转换功能,将不同时间尺度的预测数据转化为月度预测结果,使用不同的权重设计策略,对转换之后的预测结果与原始日度数据的预测结果进行集成。为探讨预测步长与时间尺度的匹配关系,构建"日度+周度"和"日度+周度+月度"两种集成策略,分析不同集成策略相较于单模型策略的改进优势,确定不同预测步长对应的最佳集成策略。具体的实验步骤如下所示。

步骤 1:将原始日度价格数据 x_t^d 转换为对应的周度及月度价格数据,即 x_t^w 和 x_t^m。下标 t 表示第 t 个时间点,上标 d、w、m 分别为日度、周度及月度价格数据的标识。假设 x_t^w 中包含 p 个 x_t^d,x_t^m 中包含 q 个 x_t^w,转换前后的数据应满足以下约束关系。

$$x_t^w = \frac{1}{p}\sum_{t=1}^{p} x_t^d \quad (t=1,2,\cdots,p) \tag{5.17}$$

$$x_t^m = \frac{1}{q}\sum_{t=1}^{q} x_t^w \quad (t=1,2,\cdots,q) \tag{5.18}$$

步骤 2:使用 SVR 对三种时间尺度的价格数据进行提前多步预测建模,分别得到日度、周度及月度预测值 $\hat{x}_t^d$、$\hat{x}_t^w$ 和 $\hat{x}_t^m$。

步骤 3:基于验证集的预测值,结合 5.4.2 节权重设计方案,计算不同时间尺度预测结果的组合权重,即 ω_d、ω_w 和 ω_m。

步骤 4：运用 EViews 7 的 quadratic-match-average 数据转换功能，将测试集中的周度及月度预测结果 $\hat{x}_t^w$ 和 $\hat{x}_t^m$，转换为对应日期范围内的日度预测结果，即 $\hat{x}_t^{dw}$ 和 $\hat{x}_t^{dm}$。

步骤 5：结合式（5.19）和步骤 3 中得到的组合权重，计算"日度+周度"和"日度+周度+月度"方案下的集成预测结果。

步骤 6：对比单模型预测结果与集成预测结果，分析不同权重设计方法的有效性，探索不同预测步长与不同时间尺度之间的匹配关系。

5.4.2 权重设计方法

本实验设计了"日度+周度"及"日度+周度+月度"两种集成策略，以验证不同策略对不同预测步长的适用性。设 $\hat{x}_t^d$、$\hat{x}_t^w$ 和 $\hat{x}_t^m$ 为日度、周度和月度数据的预测结果，$\hat{x}_t^{dw}$ 和 $\hat{x}_t^{dm}$ 为周度和月度预测结果转换得到的日度预测值，以"日度+周度+月度"为例，日度数据提前 h 步的集成预测结果 $\hat{X}_{t+h}^d$ 可表示为

$$\hat{X}_{t+h}^d = \omega_d \hat{x}_t^d + \omega_w \hat{x}_t^{dw} + \omega_m \hat{x}_t^{dm} \tag{5.19}$$

基于前期研究经验可知，不同的权重设计方法对于最终集成结果的影响很大，好的权重设计方法甚至可以获得比最佳单模型更优的预测结果。以"日度+周度+月度"为例，如式（5.19）所示，需要确定三个时间尺度预测结果的集成权重。结合前期实验结果，本章实验将使用以下六种性能较为稳健的权重设计方法。

1. 简单平均法

简单平均法通过给每个单项预测结果赋予相同的权重来得到最终结果。尽管方法十分简单，但在许多研究中，简单平均法获得了比复杂方法更优的结果。因此，简单平均法被公认为是一种行之有效的集成方法，许多研究将其作为评价其他集成方法优劣的基准方法（Claeskens et al., 2016），计算公式如下所示：

$$\omega_d = \omega_w = \omega_m = 1/3 \tag{5.20}$$

2. 均方误差倒数法

INV 法通过计算每个单项预测结果的预测误差，给每个预测结果赋予与其预测误差成反比的组合权重，即误差越小（预测精度越高），权重越大。本章实验以 MSE 作为误差的度量指标，计算公式如下所示：

$$\omega_d = \frac{(\text{MSE}_w + \text{MSE}_m)/2}{\text{MSE}_d + \text{MSE}_w + \text{MSE}_m} \tag{5.21}$$

$$\omega_w = \frac{(\text{MSE}_d + \text{MSE}_m)/2}{\text{MSE}_d + \text{MSE}_w + \text{MSE}_m} \tag{5.22}$$

$$\omega_m = 1 - \omega_d - \omega_w \tag{5.23}$$

3. 最小二乘法

最小二乘法（least square，LS）通过线性回归的方式确定各单模型的组合权重。如式（5.24）所示，提前 h 步的预测值可表示为不同时间尺度预测值的线性集成。在[0, 1]区间内，以最小化预测值与真实值的 MSE 为决策目标[式（5.25）～式（5.26）]，得到各单项预测结果的集成权重。其中，n 代表验证集内的数据个数。

$$\hat{x}_{t+h} = \omega_d \hat{x}_t^d + \omega_w \hat{x}_t^{dw} + \omega_m \hat{x}_t^{dm} + \varepsilon_{t+h} \tag{5.24}$$

$$\min \frac{1}{n} \sum_{t=1}^{n} (x_{t+h} - \hat{x}_{t+h}) \tag{5.25}$$

$$\text{s.t. } \omega_d + \omega_w + \omega_m = 1$$
$$\omega_d, \omega_w, \omega_m \in [0,1] \tag{5.26}$$

4. 加权几何平均法

算数平均是计算集成权重的常用方法，除此之外，其他形式的平均数也可作为集成的方法。几何平均、调和平均是数学领域常用的非线性集成形式，尽管在预测领域的应用并不多，但应用效果较为理想。考虑到农产品价格波动具有非线性的数据特征，本书以几何平均、调和平均作为非线性集成方法，结合式（5.25）～式（5.26）确定权重，从而得到最终集成结果，加权几何平均法（weighted geometric mean，WGM）计算公式如下所示：

$$\hat{x}_{t+h} = (\hat{x}_{t+h}^d)^{\omega_d} (\hat{x}_{t+h}^{dw})^{\omega_w} (\hat{x}_{t+h}^{dm})^{\omega_m} \tag{5.27}$$

5. 加权调和平均法

加权调和平均（weighted harmonic mean，WHM）法与 WGM 法的计算思路类似，公式如下所示：

$$\hat{x}_{t+h} = \frac{\hat{x}_{t+h}^d \hat{x}_{t+h}^{dw} \hat{x}_{t+h}^{dm}}{\omega_d \hat{x}_{t+h}^d + \omega_w \hat{x}_{t+h}^{dw} + \omega_m \hat{x}_{t+h}^{dm}} \tag{5.28}$$

6. 收缩法

SHK 是将其他方法得到的组合权重，朝着相等权重的方向进行线性收缩，以得到新权重的一种方法（Stock and Watson，2004）。本章实验将 INV 法得到的权重作为初始值，运用式（5.29）计算更新后的权重：

$$\omega_i = \varphi \omega_i^* + (1 - \varphi) / N \tag{5.29}$$

$$\varphi = \max\left(0, 1 - \frac{\alpha N}{T - h - N - 1}\right) \tag{5.30}$$

其中，ω_i^* 为使用 INV 得到的权重；ω_i 为更新后的权重；φ 为调节系数；α 为收缩强度，本章实验取 0.5；N 为待集成的单项预测结果的数量（如"日度＋周度＋月度"集成方案中，N 取 3）；T 为时间序列的长度；h 为预测的步长。

通过上述对研究数据进行不同时间尺度的转换，并结合多种权重设计方法，可实现基于单一预测模型的集成预测。相较于当前较为常用的基于不同预测模型的集成预测策略，是一种研究思路上的创新。不同时间尺度的数据，蕴含着研究对象在不同时间尺度下（如短期、中期和长期）的数据生成过程，对此进行集成，可全面捕捉研究对象真实的数据生成过程，进而提高预测精度。6.5 节将使用该策略进行实证研究，不仅实证该策略的有效性，还将进一步探讨不同预测步长与不同时间尺度之间的匹配关系。

5.5　本章小结

本章构建了一个基于邻域互信息的集成子集筛选方案 Subset-NMI，以各单项预测结果蕴含的信息量为依据，以 MRMR 为决策准则，自适应地确定最优集成子集的构成，减少人为选取集成子集的主观性，完善最优子集筛选的理论依据。针对邻域互信息计算中的邻域控制参数设定问题，设计基于布谷鸟搜索的参数优化方案，并在筛选算法中加入二次筛选策略，提高算法的时间效率。以时间序列预测领域常用的数据集为评估对象，以三种传统集成方法为基准，证实了 Subset-NMI 算法的普遍有效性。

进一步，本章从集成预测的多样性视角出发，探讨了提高集成预测多样性的新思路。第一，考虑到 ISD 蕴含着公众对市场价格变动的关注信息，且公众关注程度是引起价格波动的重要因素之一，构建一个融合 ISD 和多元分解技术的农产品价格波动分解集成预测框架，即 MEMD-ISD-SVR。该框架通过格兰杰因果关系检验，筛选出对于农产品价格波动具有解释能力的变量作为模型输入，提高了预测结果的可解释性。第二，考虑到不同时间尺度的价格时序蕴含着不同的信息量，设计了一个融合多时间尺度的农产品价格波动集成预测策略。该策略首先将研究对象转化为不同时间尺度的数据形态，以全面反映研究对象不同视角下的数据波动规律；其次，集成来自不同时间尺度数据的预测结果，以更有效地拟合研究对象的数据生成过程；最后，结合不同集成方案下的多步预测建模结果，分析不同预测步长与不同时间尺度的匹配关系。6.4～6.6 节将对本章提出的新方法进行实证研究。

第6章　农产品价格波动预测实证研究

近年来，我国农产品市场接连出现异常波动，某些农产品价格在较短时期内连番上涨，为农业生产经营增添了新的不确定性，也给广大居民，尤其是低收入群体的日常生活带来负面影响。"糖高宗""豆你玩""猪你涨""蒜你狠"等网络热词正是这一社会现象的生动体现。新一轮农产品的价格波动总体表现为供求关系结构性失衡，卖难与买贵困境共存的新特点，为学界提出了新的研究课题。农产品价格的异常波动给我国社会经济正常运行造成了多方面影响。对于农业经营者而言，市场价格是其选择种植或养殖品种的关键风向标，价格的暴涨暴跌增加了农户生产经营的不确定性与收益的风险性。对于消费者而言，产销价格相差动辄几倍甚至数十倍，飞涨的供应链终端价格加重了消费者的日常生活成本，导致社会不安定因素增加。有学者认为，价格风险与自然风险已成为我国第一产业从业者面临的主要风险（张伟等，2014）。为此，中央一号文件和政府工作报告连续多年关注农产品价格的调控与管理机制，避免农产品市场价格大起大落，维护广大农业生产者、经营者和消费者的切身利益。

目前，我国已针对重要农产品（如粮食、生猪、棉花等）出台了价格调控方案，总体而言，分为数量型调控和价格型调控两类。数量型调控方案通过生产性补贴、国家储备和生产配额等措施来调控农产品供给总量；价格型调控方案通过发布最低收购价、临时限价等措施直接干预市场价格，确保市场平稳运行（涂圣伟等，2015）。对农产品价格波动的趋势与幅度进行精准预测，不仅能指导农业生产者和经营者进行合理的生产规划，还能为政府相关部门制定科学的价格调控政策提供决策参考，切实保障我国农产品市场及社会经济健康平稳发展，具有深刻的现实意义。

结合上述章节提出的数据驱动的时间序列分解集成预测方法，本章选择我国农产品市场中的代表性产品（猪肉、鸡蛋、西红柿、黄瓜）作为研究对象（具体的数据描述请见2.2.1节），实证研究数据驱动构建的分解集成预测方法在农产品价格预测中的有效性及适用性。6.1节介绍数据驱动的时序分解结果，对比直接建模与分解建模策略的预测精度，验证改进后的经验模态类分解算法的性能；6.2节介绍数据驱动的预测模型选择结果，基于分类器的水平精度和方向精度两类评价指标，验证基于时序统计特征的预测模型选择分类器的性能；6.3节介绍数据驱动的集成预测结果，以传统集成策略为评价基准，验证基于邻域互信息的集成子集筛选算法的有效性；6.4 节介绍融合 ISD 的集成预测结果，验证 ISD 及多元分解技术对提升农产品价格预测精度的有效性；6.5 节介绍融合多时间尺度的集成预测结果，基于日度、周度、月度三种时间尺度数据及六种权重设计方法，探讨预测步长与时间尺度之间的匹配关系，验证多时间尺度数据对提升集成预测性能的有效性。

6.1 数据驱动的时序分解结果

本书第 2 章针对经验模态类分解算法中经常出现的端点效应和模态混淆问题提出了改进方案，使用组合延拓的方法实现依据研究对象的数据波动形态自适应地延拓原序列，从而解决端点效应问题。此外，以排序熵作为子序列复杂度的测度指标，依据子序列复杂度的高低实现对子序列的自适应分解，有效提取混淆在子序列中的多尺度信号，以解决模态混淆问题。第 2 章已通过仿真信号实验证实所提出改进算法的优势，以下将以农产品价格时序为实证对象，探讨改进的分解算法在农产品市场研究中的适用性。

本章实验使用的分解算法共有六种，其中三种是原始未经改进的瞬频分解方法，即 EMD、EEMD 和 CEEMD；另外三种是针对端点效应和模态混淆问题的改进分解算法，分别表示为 IEMD、IEEMD 和 ICEEMD。为了与后续实验设计保持一致，此处采用六个单模型进行预测建模，分别为 ARIMA、ETS、RW、BPNN、SVR 和 ELM，以充分验证算法对于不同类型预测模型（统计模型及人工智能模型）的适用性。对于人工智能模型而言，需要确定模型的嵌入维度（即时间序列的滞后期）。本章实验采用时间序列的平均波动周期作为其嵌入维度，计算公式见式（3.8）。不同产品的平均波动周期如表 6.1 所示，由此确定各产品的嵌入维度为 7。对于提前 1 步预测，意味着用前 7 期的价格数据，预测第 8 期的价格；对于提前 3 步预测，则用前 7 期的价格数据，预测第 10 期的价格，以此类推。

表 6.1 不同产品的平均波动周期

猪肉	鸡蛋	西红柿	黄瓜
7.0750	7.1538	7.1323	7.0725

6.1.1 直接建模策略

分解集成策略的优势在于通过信号分解技术，将原本复杂的时间序列转化为多个相对简单且物理含义明确的子序列，从而降低预测难度并提高预测精度。本章实验将分解后的预测建模精度与未经分解的直接建模预测精度进行对比，以证实分解策略在农产品价格时序中的有效性。以 MAPE 为误差指标，表 6.2～表 6.5 展示了使用六个备选模型对四种农产品进行直接建模所取得的预测精度，最后一列的平均误差为提前 1、3、6 步预测误差的平均值，以反映单项预测模型的总体预测性能。

表 6.2　猪肉价格直接建模的 MAPE（单位：%）

预测模型	预测步长 提前 1 步	预测步长 提前 3 步	预测步长 提前 6 步	平均误差
BPNN	1.1322	2.671	4.6587	2.8206
SVR	2.0251	5.8281	7.4216	5.0916
ELM	1.4960	2.6021	4.1348	**2.7443**
ARIMA	1.1063	2.6336	5.0014	2.9138
ETS	1.0834	2.7436	4.8550	2.8940
RW	1.1995	2.9006	5.2835	3.1279

注：加粗者表示六个备选模型中平均误差最小者

表 6.3　鸡蛋价格直接建模的 MAPE（单位：%）

预测模型	预测步长 提前 1 步	预测步长 提前 3 步	预测步长 提前 6 步	平均误差
BPNN	1.9679	5.1337	7.6667	4.9228
SVR	1.9683	5.7927	9.8484	5.8698
ELM	2.1268	5.5416	7.7073	5.1252
ARIMA	1.8380	4.6268	7.1849	**4.5499**
ETS	1.9375	6.0169	10.5757	6.1767
RW	2.3475	5.4832	8.8830	5.5712

注：加粗者表示六个备选模型中平均误差最小者

表 6.4　西红柿价格直接建模的 MAPE（单位：%）

预测模型	预测步长 提前 1 步	预测步长 提前 3 步	预测步长 提前 6 步	平均误差
BPNN	9.6837	14.4918	14.3970	**12.8575**
SVR	11.1264	16.2271	16.6289	14.6608
ELM	10.2223	19.0673	15.1404	14.8100
ARIMA	11.1236	18.4765	22.3684	17.3228
ETS	11.1784	20.9978	26.3896	19.5219
RW	10.9732	20.1950	24.4734	18.5472

注：加粗者表示六个备选模型中平均误差最小者

表 6.5　黄瓜价格直接建模的 MAPE（单位：%）

预测模型	提前 1 步	提前 3 步	提前 6 步	平均误差
BPNN	12.9300	17.0846	15.1428	**15.0525**
SVR	17.0615	25.3192	17.7481	20.0429
ELM	12.1076	22.4171	17.9050	17.4765
ARIMA	12.9335	25.2469	26.4278	21.5361
ETS	15.6508	32.6813	44.9389	31.0903
RW	15.2496	31.9893	40.2250	29.1546

注：加粗者表示六个备选模型中平均误差最小者

表 6.2～表 6.5 中以粗体显示的数值为六个备选模型中的最优者，即平均预测误差最小者。其中，猪肉、鸡蛋、西红柿和黄瓜的最佳预测模分别为 ELM、ARIMA、BPNN 及 BPNN，可见，不同农产品的最佳预测模型不尽相同。该结果说明，并不存在适合于所有对象的万能预测模型，随着预测对象的不同，模型的预测性能也会随之发生改变。因此，如何依据不同研究对象的本质特性确定最适合的预测模型，成为亟待解决的科学问题。

本书 2.2.3 节介绍不同预测误差评价指标时曾提到，不同的评价指标可从不同的视角对模型预测性能进行度量，单一的评价指标不足以验证模型的总体预测性能。为了全面展现模型在不同评价指标下的表现，图 6.1～图 6.4 展示了四种农产品在 RMSE、MAE 和 MAPE 指标下的平均预测误差，从中可见，同一个模型在不同评价指标下的评价结果基本一致。每个单模型在不同步长下具体的 RMSE 和 MAE 预测误差，请见附录 A。鉴于 MAPE 指标具有与数据尺度无关的特性，以下将用其来衡量不同研究对象之间的预测性能。

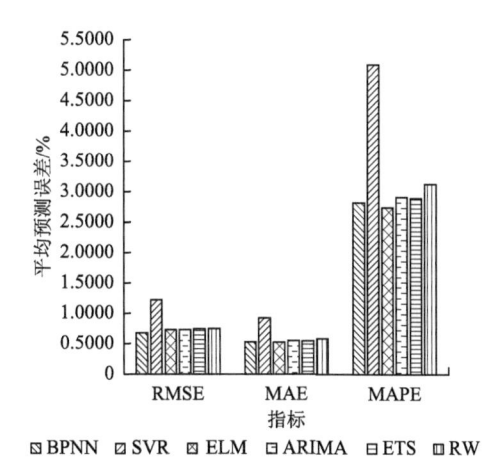

图 6.1　猪肉价格平均预测误差

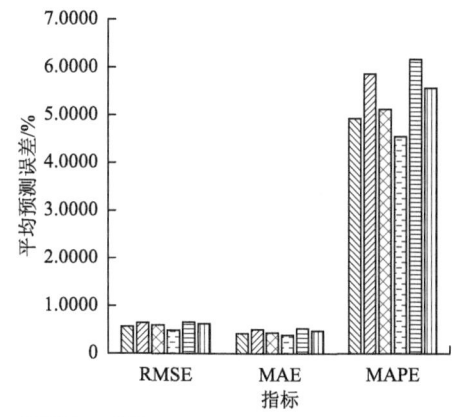

图 6.2　鸡蛋价格平均预测误差

图 6.3　西红柿价格平均预测误差

图 6.4　黄瓜价格平均预测误差

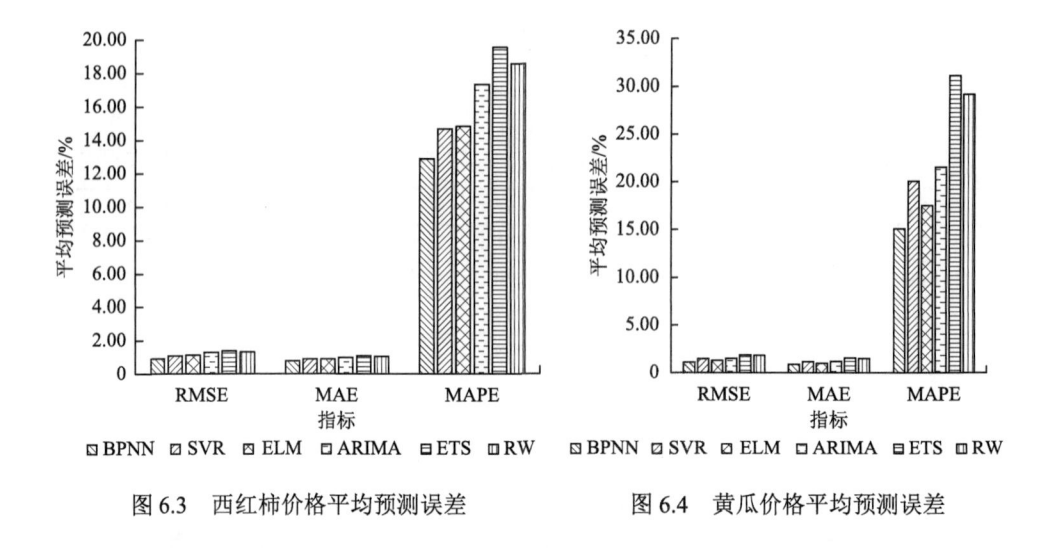

对比图 6.1~图 6.4 的 MAPE 值可见，西红柿与黄瓜的 MAPE 明显高于猪肉与鸡蛋。以 BPNN 模型为例，猪肉和鸡蛋价格的平均预测误差分别为 2.8206%和 4.9228%，而西红柿和黄瓜价格的平均预测误差分别为 12.8575%和 15.0525%。由此可见，相较于猪肉和鸡蛋，西红柿与黄瓜的预测效果较差。其可能的原因是，西红柿与黄瓜作为蔬菜类产品，其价格波动呈现出明显的季节特征，与猪肉和鸡蛋价格时序相比，波动更为复杂，因此对预测建模提出了更高的要求（图 2.1~图 2.4）。

RMSE、MAE 及 MAPE 均为水平精度指标，以下将基于方向精度指标 D_{stat} 视角，评价各模型的预测效果。由图 6.5 可见，猪肉、鸡蛋、西红柿和黄瓜对应的最佳方向精度预测模型分别为 BPNN、SVR、ELM 和 ELM。值得注意的是，这个结果与每个产品对应的最佳水平精度预测模型的结果完全不同（ELM、ARIMA、BPNN 和 BPNN）。由此说明，水平精度与方向精度是两个较难统一的评价指标。一个单模型在取得最优水平预测精度的同时，往往不能兼顾方向精度。因此，选择哪个预测模型，不仅需要考虑研究数据是否满足预测建模的前提条件，同时还要结合预测建模的目的。进一步，对比不同类型模型的预测性能发现，三个人工智能模型的方向预测精度普遍高于三个统计模型，且这一现象在西红柿和黄瓜这两个波动尤为频繁的产品中更为明显。可能的原因是，得益于人工智能技术强大的自我学习能力，人工智能预测模型在方向预测精度上具有更高的优势，相较于统计模型，可以更为有效地捕捉时间序列的转折点。

6.1.2　分解建模策略

本节将对比直接建模策略与分解建模策略的预测性能。本章实验使用了六种

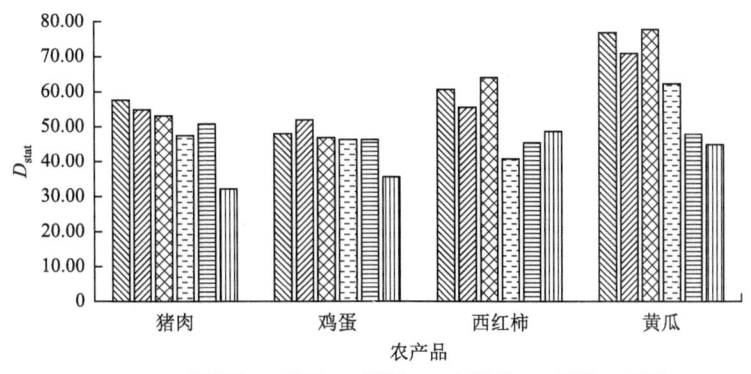

第 6 章　农产品价格波动预测实证研究

图 6.5　各模型的方向预测精度

分解算法，包括三种原始的瞬频分解算法（EMD、EEMD 和 CEEMD）和三种改进后的瞬频分解算法（IEMD、IEEMD 和 ICEEMD）。采用六个单项模型对分解后的子序列进行预测建模，将每条序列的预测值相加，从而得到六个单项模型对应的最终预测结果。

此处同样进行了提前 1、3、6 步预测，为了节省空间，表 6.6～表 6.9 展示了四种农产品在多步预测建模策略下的 MAPE，带下划线的数值表示改进后的分解算法优于原算法的实验结果，加粗的数值则表示所有分解方法中的最优者。

表 6.6　猪肉价格多步预测的平均预测误差（MAPE）

预测模型	直接建模	EMD	IEMD	EEMD	IEEMD	CEEMD	ICEEMD
BPNN	2.8206	1.5449	1.5078	1.2348	1.2554	1.0536	**1.0437**
SVR	5.0916	1.6080	1.6145	2.8524	2.8390	2.0316	1.9848
ELM	2.7443	2.6783	2.7028	2.3003	2.1338	1.3720	1.5661
ARIMA	2.9138	3.8063	3.7922	2.1820	2.1664	4.6151	4.6224
ETS	2.8940	3.0086	2.8026	2.6341	2.6597	2.5092	2.5011
RW	3.1279	3.1277	3.1277	3.1395	3.1395	3.1277	3.1277

表 6.7　鸡蛋价格多步预测的平均预测误差（MAPE）

预测模型	直接建模	EMD	IEMD	EEMD	IEEMD	CEEMD	ICEEMD
BPNN	4.9228	3.2696	3.1949	1.7094	1.6816	1.6421	**1.6206**
SVR	5.8698	3.6344	3.6046	1.9953	1.9799	1.8308	1.8090
ELM	5.1252	4.5184	4.4986	3.1404	2.7088	2.4512	2.4587
ARIMA	4.5499	5.7159	5.7395	7.0232	7.0757	7.1596	7.1762
ETS	6.1767	5.8754	5.8741	5.0786	5.0230	5.0134	5.1000
RW	5.5712	5.5683	5.5683	5.5189	5.5189	5.5683	5.5683

表 6.8 西红柿价格多步预测的平均预测误差（MAPE）

预测模型	直接建模	EMD	IEMD	EEMD	IEEMD	CEEMD	ICEEMD
BPNN	12.8575	11.3714	<u>11.3575</u>	7.6502	<u>7.4211</u>	7.8048	<u>7.5135</u>
SVR	14.6608	13.9227	<u>13.4759</u>	10.7055	<u>9.9914</u>	11.8350	<u>11.5177</u>
ELM	14.8100	35.8313	<u>31.4984</u>	26.7015	31.4487	19.8588	30.0247
ARIMA	17.3228	10.6013	<u>10.0941</u>	7.6011	9.1440	**7.3895**	9.2231
ETS	19.5219	20.4954	21.2369	18.3981	<u>17.3617</u>	18.7619	19.1324
RW	18.5472	18.5472	18.5472	18.5740	18.5740	18.5472	18.5472

表 6.9 黄瓜价格多步预测的平均预测误差（MAPE）

预测模型	直接建模	EMD	IEMD	EEMD	IEEMD	CEEMD	ICEEMD
BPNN	15.0525	12.2182	<u>11.9514</u>	10.0962	**10.0128**	11.0872	<u>10.9090</u>
SVR	20.0429	14.1035	<u>13.6033</u>	11.4318	<u>11.1235</u>	10.5019	<u>10.4602</u>
ELM	17.4765	40.0496	<u>31.0527</u>	42.7260	<u>38.9144</u>	34.7256	35.9209
ARIMA	21.5361	11.6575	<u>11.5965</u>	13.6323	16.5877	14.1143	18.7248
ETS	31.0903	30.2872	<u>29.9381</u>	29.3908	29.7544	32.0548	32.3499
RW	29.1546	29.1546	29.1546	29.0979	29.0979	29.1546	29.1546

基于表 6.6～表 6.9 呈现的预测误差数据，可以得到以下几个结论。

（1）分解建模策略在绝大多数情况下优于直接建模策略。

从四种农产品的预测结果可见，相较于直接建模策略，几乎所有的分解策略（改进前和改进后）都能取得更小的预测误差，说明时序分解是一种有效的复杂时间序列预测建模的前处理技术。通过分解过程，可把原本较为复杂的时间序列，变换为多条相对简单且规律明确的子序列，从而达到化繁为简的目的，由此降低预测建模难度，并提高预测精度。值得注意的是，对于西红柿和黄瓜而言，使用 ELM 对分解后的子序列进行预测建模，其结果甚至比未分解的直接建模策略还差。这一特殊情况，可能与西红柿和黄瓜时序中的高度季节性有关。

（2）改进后的分解算法具有一定普适性。

本章实验使用的改进算法针对经验模态类分解算法中的端点效应和模态混淆问题进行了改进和优化。表 6.6～表 6.9 中以下划线表示的数值，意味着改进分解算法能取得比原算法更小的预测误差。值得注意的是，对于同一种分解方法而言，RW 方法在改进前后得到的预测误差相同。导致该结果的原因在于 RW 独特的预测机制，仅以上一期的真实值作为下一期的预测值，因此，其误差大小取决于前后两个真实值之差。改进后的算法仅实现对原有子序列的进一步分解，尽管增加了子序列的个数，但并未改变原序列之和，因此 RW 模型在改进前后的预测误差相等。鉴于此，此处排除 RW 模型，仅针对剩余五个单模型在三种不同改进算法中的表现进行分析，由此共形成 15 次检验机会。表 6.10 展示了改进算法在四种农产品中相较于原始算法的有效性。以猪肉为例，9/15 说明在 15 次检验机会中，改进算法有九次优于原始分解算法。表 6.10 的数据表明，本书所提出的改进分解算法，对于不同种类的农产品及不同类型的预测模型而言，均具有较好的改进效果，证实了该算法的普适性。

表 6.10　改进分解算法的有效性

项目	猪肉	鸡蛋	西红柿	黄瓜
有效性	9/15	11/15	9/15	10/15

（3）不同农产品的最佳分解预测建模方案不同。

表 6.6～表 6.9 以加粗字体显示的数据，表示每种农产品对应的最优分解预测建模方案。其中，猪肉和鸡蛋的最佳方案是 ICEEMD-BPNN，即先使用改进后的 CEEMD 算法分解原时序，然后采用 BPNN 对所有子序列进行预测建模，最后将各子序列预测值相加得到最终结果。类似地，西红柿的最佳方案是 CEEMD-ARIMA，黄瓜的最佳方案为 IEEMD-BPNN。可见，对于不同的农产品，不仅最佳预测模型不同，最合适的分解方法也存在差异。该结果充分说明了并不存在万能的预测模型和分解方法，因此，按照一定的规则建立模型及方法选择框架，是确保模型预测性能的重要途径。

以上分析均基于水平预测精度视角，以下将从方向精度视角，对比直接建模策略与分解建模策略的优劣。考虑到本实验使用了多种分解算法，此处以每种农产品对应的最优分解方法为代表，与直接建模策略进行对比。

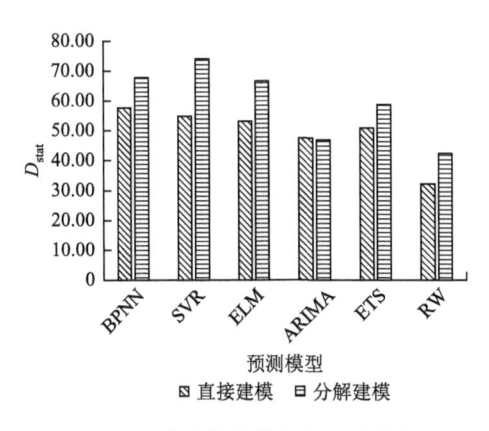

图 6.6　猪肉价格的方向预测精度

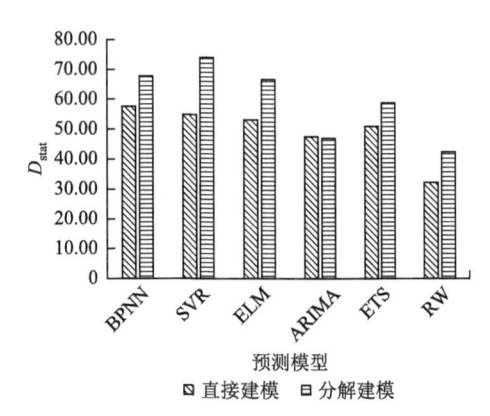

图 6.7　鸡蛋价格的方向预测精度

图 6.8　西红柿价格的方向预测精度　　图 6.9　黄瓜价格的方向预测精度

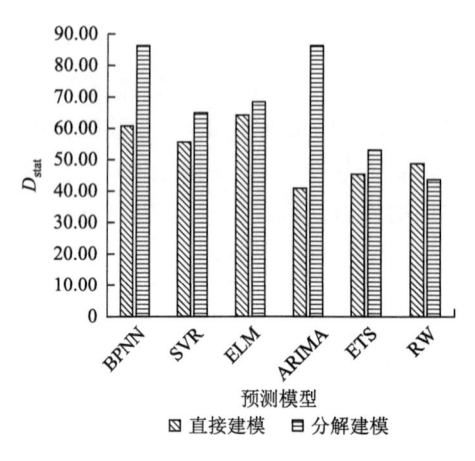

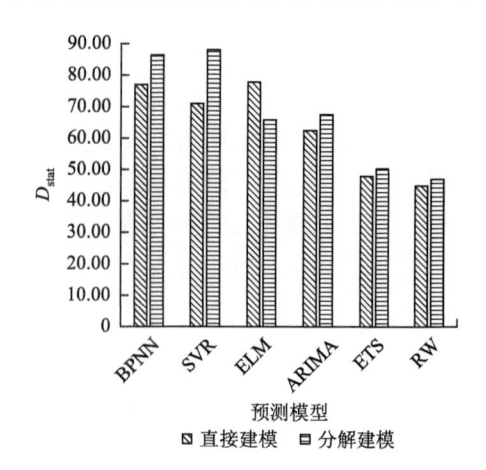

与水平精度指标不同，方向精度指标是越大越好。图 6.6～图 6.9 显示，在绝大多数情况下，采用分解建模策略的方向预测精度优于直接建模策略，并且，这一结论不仅适用于不同农产品，同时也适用于不同类型的预测模型，从而证实了分解建模策略在方向精度上的普遍优势。值得注意的是，分解策略在方向精度上的优势高于其在水平精度上的优势。也就是说，对于分解后的子序列进行预测建模，能够更加精准地捕捉时序的变动趋势。究其原因，时序分解技术能使各子序列的波动规律呈现得更为清晰，各种拐点也更为凸显，为预测模型准确捕捉时间序列的变动规律提供有利条件。

6.1.3　小结

本节通过构建多组对比实验，验证了本书提出的改进经验模态类分解算法的优势。改进后的分解算法不仅能有效提高水平预测精度，还能显著改善方向预测精度。此外，改进算法适用于不同农产品及不同类型的预测方法，具有一定的普适性。

6.2　数据驱动的预测模型选择结果

第 4 章提出了一个基于时序特征的预测模型自适应选择框架，以时序统计特征表征原始时间序列，借助机器学习算法强大的自我学习功能，建立时序统计特征与最佳预测模型之间的映射关系，从而实现预测模型的自适应选择。

在实验中，以 BPNN、SVR、ELM、ARIMA、ETS 及 RW 作为备选预测模型，18 个时序统计特征作为输入，每条时序对应的最佳预测模型标签为输出，运用

RF 构建原始分类器，记为 MS。为进一步提高分类器的可解释性，以预测精度为被解释变量，各时序统计特征为解释变量建立多元回归模型，以各解释变量回归系数是否显著作为判断标准，筛选出对于模型预测精度具有解释性的九个特征并作为输入，得到改进后的分类器，记为 ICFMS。基于 M3 数据集的实验表明，分类器能大幅提高时间序列的平均预测精度，有效规避未知情境下的模型选择风险。此外，相较于原始分类器 MS，无论是从分类准确率还是平均预测精度视角，改进后的分类器 ICFMS 均具有一定优势。

尽管 M3 数据集中的时间序列种类及来源较多，但并未涵盖农业领域。为验证本书构建的分类器对于农产品价格时序的适用性，以下同样以猪肉、鸡蛋、西红柿和黄瓜为研究对象，展开预测模型选择的实证研究。实现过程如下：首先，提取分解后各 IMF 的九个时序特征，将其输入前文所构建的分类器 ICFMS；其次，由训练好的分类器自动匹配出各 IMF 的最佳预测模型；最后，使用分类器匹配的预测模型对各 IMF 进行预测建模，将各 IMF 的预测值相加，得到最终预测结果。预测模型选择分类器的目标是提高未知情境下的平均预测精度、规避模型选择风险，鉴于简单平均法是一种公认的规避模型选择风险的方法（Claeskens et al., 2016；Wang et al., 2019a），本章实验以六个备选模型的简单平均预测结果作为评价基准，将分类器得到的最终预测结果与简单平均法的预测结果进行对比，验证分类器性能，实验流程如图 6.10 所示。

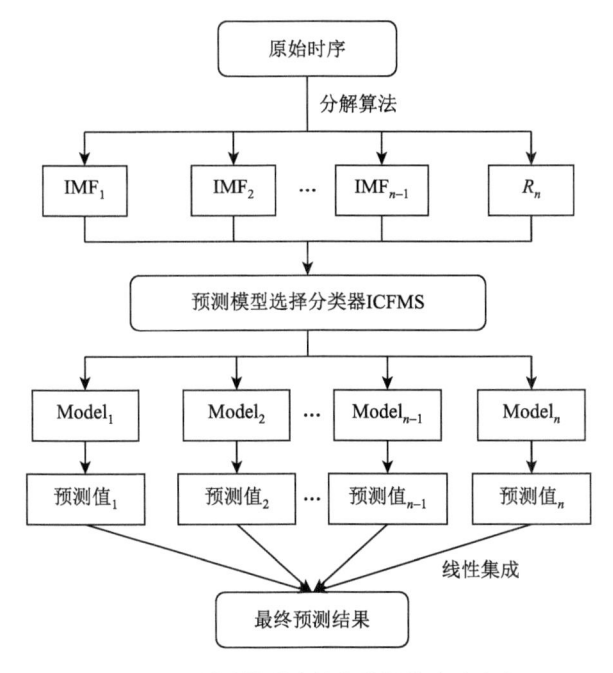

图 6.10 预测模型选择分类器的实验流程

假设分解后得到 N 条 IMF 子序列，按照图 6.10 的实验流程，使用由分类器匹配的最佳预测模型得到的预测结果，记为 ICFMS，六个备选模型进行简单平均得到的预测结果记为 SA。两种预测结果的计算公式如式（6.1）和式（6.2）所示。其中，$\hat{y}_{\text{IMF}_i}$ 表示分解后得到的第 i 条 IMF 子序列，使用 ICFMS 分类器自动匹配的预测模型所得到的预测结果。

$$\text{ICFMS} = \sum_{i=1}^{N}(\hat{y}_{\text{IMF}_i})\ (i=1,2,\cdots,N) \tag{6.1}$$

$$\text{SA} = \frac{1}{6}\sum_{i=1}^{6}(\hat{y}_i)\ (i=\text{BPNN,SVR,ELM,ARIMA,ETS,RW}) \tag{6.2}$$

6.2.1 分类器的模型选择结果

第 4 章基于 M3 数据集的实验结果已证实，无论是从分类正确率还是平均预测精度，ICFMS 的性能均优于 MS，因此，选择 ICFMS 作为实证环节使用的分类器，验证该分类器对于提高农产品价格波动预测性能的有效性。使用预测模型选择分类器进行农产品价格预测的具体步骤如下。

首先，使用不同算法分解猪肉、鸡蛋、西红柿和黄瓜价格时序。由 6.1.2 节的实验结果可知，猪肉和鸡蛋的最佳分解预测建模方案是 ICEEMD-BPNN，西红柿的最佳方案是 CEEMD-ARIMA，黄瓜的最佳方案为 IEEMD-BPNN。因此，对于猪肉和鸡蛋，采用 ICEEMD 作为分解方法，西红柿采用 CEEMD 作为分解方法，黄瓜则选用 IEEMD，每种农产品使用最佳分解方法得到的分量图见附录 B。

其次，提取各条 IMF 的九个时序统计特征作为分类器 ICFMS 的输入，ICFMS 根据训练阶段获取的时序统计特征与最佳预测模型之间映射关系，自动匹配出适合于各条 IMF 的预测模型。

最后，使用 ICFMS 匹配的最佳预测模型，对各 IMF 子序列进行预测建模，将各子序列的预测值相加，得到最终预测结果。

依据基本的预测理论可知，对同一条序列进行提前多步预测建模，不同步长对应的最佳预测模型有可能存在差异。为了使预测模型选择分类器具有不同步长的适应性，分不同的预测步长来训练 ICFMS。结合提前 1 步、3 步及 6 步的建模要求，各农产品分解后 IMF 分量的模型选择结果如表 6.11～表 6.14 所示。从中可见，不同分量的模型的选择结果差异较大。以鸡蛋价格提前 1 步预测为例，分解后共生成九条 IMF 和一条残差序列，十条形态各异的分量分别选择了 ELM、ETS、SVR 和 ARIMA 作为最佳预测模型。可见，基于"分而治之"的思想，可以有效提取混合在原始时序中的不同模态函数，为精准拟合原始时序的多维数据生成过程提供有利条件。此外，即使对于同一条分量，不同预测步长下匹配的最佳预测模型也不尽相同。以猪肉价格的 IMF_2 分量为例，其在提前 1 步、3 步、6 步的预测步长下，分别选择了 BPNN、ARIMA 和 ETS 作为最佳预测模型。由此说明，最佳预测模型选择是一项极为精细的工作，最佳预测模型的确定，不仅取决于研究对象的不同的数据形态，还取决于不同的预测步长要求。传统凭借主观经验的模型选择方法，无法全面有效地识别不同研究数据的细微差别，极易导致模型选择风险。因此，借助机器学习算法强大的特征提取及自我学习功能，深度挖掘并精准识别不同类型研究数据与对应最佳预测模型之间的映射关系，无疑将成为规避模型选择风险的有效途径。此外，该结果也进一步印证，按照不同预测步长训练预测模型选择分类器的必要性。

表 6.11　猪肉价格子序列的模型选择结果

步长	IMF_1	IMF_2	IMF_3	IMF_4	IMF_5	IMF_6	IMF_7	IMF_8	R_n
$h=1$	ELM	BPNN	ELM	BPNN	ARIMA	ELM	ELM	ARIMA	ARIMA
$h=3$	ELM	ARIMA	ELM	BPNN	ARIMA	ELM	ELM	ARIMA	ARIMA
$h=6$	ELM	ETS	ELM	BPNN	BPNN	ELM	ARIMA	ARIMA	ARIMA

表 6.12　鸡蛋价格子序列的模型选择结果

步长	IMF_1	IMF_2	IMF_3	IMF_4	IMF_5	IMF_6	IMF_7	IMF_8	IMF_9	R_n
$h=1$	ELM	ETS	ELM	SVR	ARIMA	ELM	ELM	ARIMA	ARIMA	ARIMA
$h=3$	ELM	ETS	ELM	BPNN	ARIMA	ELM	ELM	ARIMA	ARIMA	ARIMA
$h=6$	ELM	ETS	ELM	BPNN	BPNN	ELM	ELM	ARIMA	ARIMA	ARIMA

表 6.13　西红柿价格子序列的模型选择结果

步长	IMF_1	IMF_2	IMF_3	IMF_4	IMF_5	IMF_6	R_n
$h=1$	ARIMA	ARIMA	ELM	ELM	ARIMA	ARIMA	ARIMA
$h=3$	ARIMA	BPNN	ELM	ELM	ARIMA	ARIMA	ARIMA
$h=6$	ARIMA	BPNN	ELM	ARIMA	ARIMA	ARIMA	ARIMA

表 6.14　黄瓜价格子序列的模型选择结果

步长	IMF_1	IMF_2	IMF_3	IMF_4	IMF_5	IMF_6	IMF_7	R_n
$h=1$	ELM	BPNN	ELM	SVR	ELM	ELM	ARIMA	ARIMA
$h=3$	ELM	BPNN	ELM	BPNN	ELM	ELM	ARIMA	ARIMA
$h=6$	RW	BPNN	ELM	BPNN	BPNN	BPNN	ARIMA	ARIMA

分类器的选择结果具有一定的"黑匣子"特性，即人们无法知道分类器是基于何种规则为某条分量匹配了对应的最佳预测模型。本书通过分析各分量不同的波动形态与其对应的最佳预测模型，从中总结出一些显性的规律。观察附录 B 中四种农产品使用最佳分解方法得到的各分量序列，不同产品对应的子序列数量在 7~10 条，从 IMF_1 到残差序列 Rn，呈现出从高频波动到低频波动的变化趋势。总体而言，IMF_1 到 IMF_3 的波动较为频繁，IMF_4 和 IMF_5 的波动相对平缓，IMF_6 及之后的分量则呈现出较为明显长期趋势、数据的线性特征也日渐显著。对比表 6.11~表 6.14 的模型选择结果，ELM 在低阶 IMF 分量（通常为前三个）中被选中的比例较大，而 ARIMA 则在高阶 IMF 分量及残差序列 Rn 中被频繁选中。通过这一现象，可得到以下推论，即 ELM 通常适合于高频波动序列，而 ARIMA 则更适合于平稳序列。

6.2.2 分类器的水平预测精度

如前文所述，构建预测模型选择分类器的主要目标有两个，一是要减少未知情境下的模型选择风险，二是要提高模型的预测精度。在具体的预测实践中，为了规避不同模型预测性能不稳定的风险，学者通常使用基于简单平均的集成预测策略来得到相对稳健的预测结果（Makridakis et al., 2020）。因此，为了检验本书设计的分类器是否能实现目标一，以六个备选模型预测值的简单平均值为基准（记为 SA），对比分类器 ICFMS 的预测误差是否小于 SA 的预测误差。以 MAPE 为例，四种农产品在三个预测步长下的预测误差见表 6.15~表 6.18。为直观评价分类器相较于简单平均策略的优势，设计了改进率评价指标，平均误差为提前 1、3、6 步预测误差的平均值。

表 6.15 猪肉价格的预测误差（MAPE）

分类器	提前 1 步	提前 3 步	提前 6 步	平均误差	改进率/%
SA	0.7778	1.4554	2.4121	1.5484	—
ICFMS	0.6530	1.0938	1.5103	1.0857	29.88

注：改进率 =（SA 的平均误差−ICFMS 的平均误差）/SA 的平均误差

表 6.16 鸡蛋价格的预测误差（MAPE）

分类器	提前 1 步	提前 3 步	提前 6 步	平均误差	改进率/%
SA	1.3969	2.4170	3.7313	2.5151	—
ICFMS	0.7671	1.5340	2.8976	1.7329	31.10

注：改进率 =（SA 的平均误差−ICFMS 的平均误差）/SA 的平均误差

第6章 农产品价格波动预测实证研究

表 6.17 西红柿价格的预测误差（MAPE）

分类器	提前1步	提前3步	提前6步	平均误差	改进率/%
SA	6.7697	10.2031	12.5962	9.8563	—
ICFMS	4.5989	7.6040	8.2914	6.8314	30.69

注：改进率=（SA的平均误差–ICFMS的平均误差）/SA的平均误差

表 6.18 黄瓜价格的预测误差（MAPE）

分类器	提前1步	提前3步	提前6步	平均误差	改进率/%
SA	10.6584	16.0430	21.0357	15.9124	—
ICFMS	12.0750	18.3602	14.7370	15.0574	5.37

注：改进率=（SA的平均误差–ICFMS的平均误差）/SA的平均误差

从表6.15～表6.18的对比数据可见，对于四种实证对象及三个预测步长而言，ICFMS在绝大多数情况下的预测误差均小于SA；就平均预测误差而言，ICFMS则全部优于SA。表格最右侧的一列"改进率"，度量了分类器ICFMS相较于简单平均策略SA的预测精度提升比例，四种农产品的平均预测精度提升比例在5.37%～31.10%，效果相当明显。此外，预测模型选择分类器相较于简单平均策略的预测精度改进作用，有随着预测步长增大而增大的趋势。通过上述分析，可得到以下结论，基于时序统计特征的预测模型选择分类器，可以有效减少未知情境下的模型选择风险，提高平均预测精度，由此实现预测模型选择分类器构建的目标一。

以上分析仅基于MAPE指标，为了更全面地展示分类器相对于简单平均策略的优势，图6.11～图6.14展示了四种农产品在三种水平精度指标下的平均预测误差，其中的实验结果同样支持了ICFMS优于SA的结论。

为验证预测模型选择分类器的第二个目标，即分类器是否能在规避模型选择风险的基础上，通过有针对性地匹配最佳预测模型，从而实现预测精度的提升，

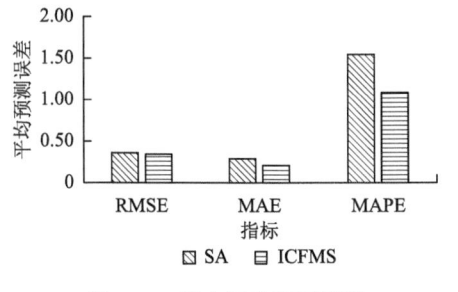

图 6.11 猪肉平均预测误差

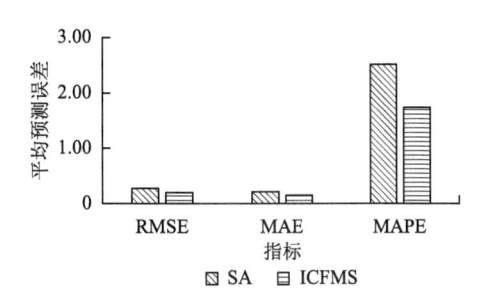

图 6.12 鸡蛋平均预测误差

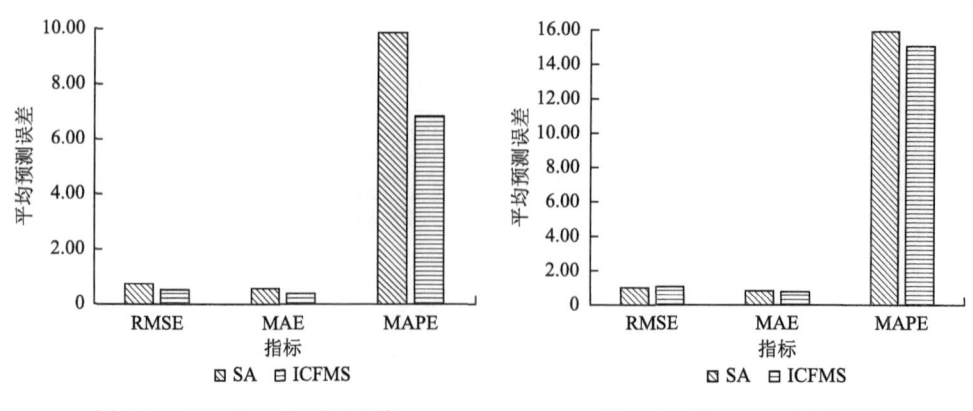

图 6.13 西红柿平均预测误差　　　　图 6.14 黄瓜平均预测误差

本章实验将进一步对比分类器得到的预测结果与六个备选模型各自的预测结果。鉴于 RMSE、MAE 及 MAPE 三个指标存在一致性的结论，此处仅展示以 MAPE 为例的对比结果。表 6.19 中的每一行，分别展示了使用某个特定的备选预测模型，对分解后的所有子序列进行统一预测建模得到的预测误差（三个步长的平均预测误差）；ICFMS 表示使用分类器为分解后每条子序列匹配的最佳预测模型建模而得到的预测误差。

表 6.19　不同模型的平均预测误差（MAPE）

预测模型	猪肉	鸡蛋	西红柿	黄瓜
BPNN	1.0437	1.6202	7.8048	10.0128
SVR	1.9848	1.8090	11.8350	11.1235
ELM	1.5661	2.4587	19.8588	38.9144
ARIMA	4.6224	7.1762	7.3895	16.5877
ETS	2.5011	5.1000	18.7619	29.7544
RW	3.1277	5.5683	18.5472	29.0979
ICFMS	1.0857	1.7329	6.8314	15.0574

从表 6.19 可见，ICFMS 在猪肉、鸡蛋、西红柿及黄瓜四种产品中的预测性能排序（数值从小到大）分别为第二、第二、第一和第三。该排序结果充分说明，相较于使用同一种模型对所有形态各异的子序列进行预测建模的策略，使用分类器对分解后的子序列匹配最佳预测模型所得到的预测性能具有较为显著的预测性能提升优势，甚至在个别情况下，能取得优于最佳单项预测模型的精度（以西红柿为例）。由此证明，依据研究对象不同的波动形态（时序统计特征）匹配最佳预测模型，是提高时间序列预测性能的有效途径，即实现预测模型选择分类器构建的第二个目标。

6.2.3 分类器的方向预测精度

6.2.2 节通过系列对比实验，论证了基于时序特征的预测模型选择分类器不仅能合理规避未知情境下的模型选择风险，并且还能在一定程度上提高平均预测精度。上述分析均基于水平预测精度视角，本节将基于方向预测精度指标 D_{stat}，全面评价分类器的性能。与 6.2.2 节的分析框架类似，本节首先以简单平均策略作为基准，分析分类器相较于基准策略的方向预测精度优势；其次，再以单项模型为对象，分析分类器的方向预测精度在六个备选模型中的排序情况。为节省版面，以下分析仅针对提前 1、3、6 步的平均预测结果展开。

图 6.15 展示了分类器与简单平均策略的平均方向精度对比结果。对于四种农产品而言，ICFMS 在三个预测步长中的平均方向预测精度均高于 SA，ICFMS 相较于 SA 的方向预测精度提升水平在 10%~15%，再次印证了分类器具有规避模型选择风险和提高模型预测精度的性能。进一步，对比分类器的平均方向预测精度在六个备选模型中的排序（表 6.20），ICFMS 的平均方向预测精度在猪肉、鸡蛋、西红柿和黄瓜中的排序（数值由大到小）分别为第二、第一、第一和第三，该结果充分说明了 ICFMS 在方向预测精度上的有效性。其可能的原因是，ICFMS 的训练机制是通过学习时间序列的统计特征从而匹配最佳预测模型，最佳预测模型能够更好地拟合研究对象的波动形态，从而对时序的拐点具有更强的捕捉能力。

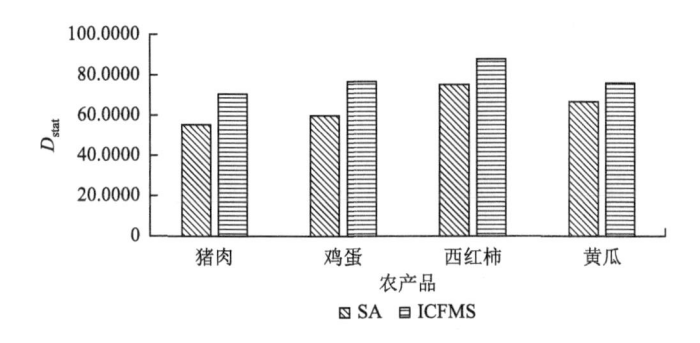

图 6.15 各农产品的平均方向精度

表 6.20 不同模型的平均方向预测精度

预测模型	猪肉	鸡蛋	西红柿	黄瓜
BPNN	67.7966	71.1864	86.3248	90.5983
SVR	74.0113	75.1412	64.9573	84.6154
ELM	66.6667	63.8418	68.3761	62.3932

续表

预测模型	猪肉	鸡蛋	西红柿	黄瓜
ARIMA	46.8927	58.1921	86.3248	67.5214
ETS	58.7571	46.3277	52.9915	52.1368
RW	42.3729	41.8079	43.5897	47.0085
ICFMS	70.6215	76.8362	88.0342	76.0684

本书 6.1.1 节曾经分析了不同单模型的水平预测精度和方向预测精度，发现这两个指标往往难以同时兼顾，相同研究对象的最佳水平精度预测模型与最佳方向精度预测模型并不统一。基于本节的实验结果可见，使用预测模型选择分类器可在一定程度上解决上述问题。对于猪肉、鸡蛋、西红柿和黄瓜四种农产品，ICFMS 在水平预测精度和方向预测精度中的排序分别为：第二、第二、第一、第三和第二、第一、第一和第三，重合度较高。由此表明，使用分类器得到的预测结果可以较好地兼顾水平预测精度与方向预测精度。

6.2.4 小结

本节通过构建系列对比实验，验证了具有可解释性的预测模型自适应选择分类器 ICFMS，不仅能够有效规避未知情境下的模型选择风险，还能在一定程度上提高模型的平均预测精度。ICFMS 的优势不仅体现在对水平预测精度的提高，同时还能显著地改进方向预测精度。因此，本书设计的基于时序特征的预测模型选择分类器，是能够提高时间序列预测性能的有效工具。

6.3 数据驱动的集成预测结果

6.3.1 基于互信息的最优集成子集选择策略

第 5 章提出了一个 Subset-NMI 算法，该算法使用互信息作为各单项预测结果相关性的度量指标，以最大化候选模型与已选集合的相关性且最小化已选模型之间冗余度为优化目标，采用智能优化算法以确定最优子集构成。为验证该算法对于农产品价格时序的适用性，此处沿用猪肉、鸡蛋、西红柿和黄瓜作为样本，展开实证研究。为证实最优集成子集选择算法的有效性，使用两种常用的集成策略作为对比基准，分别包括简单平均 SA 和模型裁剪 TRIM 策略。使用 Subset-NMI、SA 和 TRIM 集成策略的预测结果如式（6.3）～式（6.5）所示，其中 SA 是对所有六个备选模型的预测结果进行 SA 的预测结果；TRIM 是以验证集的预测误差为依据，剔除最优及最差备选模型后进行 SA 的预测结果；Subset-NMI 则先使用最优子集筛选算法确定子模型，再对选中的子模型的预测结果进行 SA。

$$\text{Subset-NMI} = \text{Average} \sum (\hat{y}_i) \ (i \in \text{BPNN,SVR,ELM,ARIMA,ETS,RW}) \quad (6.3)$$

$$\text{SA} = \frac{1}{6}\sum_{i=1}^{6}(\hat{y}_i) \ (i = \text{BPNN,SVR,ELM,ARIMA,ETS,RW}) \quad (6.4)$$

$$\text{TRIM} = \frac{1}{4}\sum_{i=1}^{4}(\hat{y}_i) \ (i \in \text{BPNN,SVR,ELM,ARIMA,ETS,RW}) \quad (6.5)$$

四种农产品在三个预测步长所对应的最优集成子集如表 6.21 所示（TRIM 集成策略下的集成子集请见附录 C）。从中可见，BPNN 几乎存在于每个子集中，鉴于 BPNN 是六个备选模型中的平均预测精度最优者，说明子集筛选算法能够成功挑选出最优单项预测结果，以确保集成预测的精度。从子集包含的单模型的个数来看，绝大多数子集仅包含二个单模型，也就是说，子集筛选算法倾向于选择较少的单模型以达到最优的集成效果。此外，不同产品在不同步长中的最优子集构成不尽相同，再次说明子集选择是一项非常精细的工作，任何外部条件的改变都会导致选择结果的变动。

表 6.21 不同农产品的最优集成子集

步长	猪肉	鸡蛋	西红柿	黄瓜
提前 1 步	（BPNN，ETS）	（BPNN，SVR）	（ETS，ARIMA）	（BPNN，SVR，ELM，ARIMA，ETS）
提前 3 步	（BPNN，ETS）	（BPNN，SVR）	（BPNN，SVR）	（BPNN，SVR）
提前 6 步	（BPNN，ETS）	（BPNN，SVR）	（BPNN，SVR）	（BPNN，SVR）

为进一步度量各备选模型的性能优劣，以表 6.19 的数据为依据，计算六个备选模型在验证集中的性能优劣排序，预测误差最小者记为 1，最大者记为 6，结果如表 6.22 所示。表 6.22 最右侧一列的"合计"，表示同一个预测模型在所有农产品中的综合得分的排序结果。可见，对于这四种农产品而言，BPNN 和 SVR 是较优的两个单模型，其次是 ARIMA 和 ELM，ETS 和 RW 并列最后。该结果与图 4.3 呈现的备选模型在 M3 测试集的平均预测误差一致，均证实了 BPNN 和 SVR 预测性能的优越性和稳健性。结合上述分析和表 6.21 的结果可知，Subset-NMI 算法能有效挑选出备选模型池中性能较优的单模型，并且规避性能较差的单模型，由此确保了子集的预测性能。

表 6.22 备选模型的预测性能排序

预测模型	猪肉	鸡蛋	西红柿	黄瓜	合计
BPNN	1	1	2	1	1
SVR	3	2	3	2	2
ELM	2	3	6	6	4
ARIMA	6	6	1	3	3
ETS	4	4	5	5	5
RW	5	5	4	4	5

表 6.23～表 6.26 展示了四种农产品在不同集成策略下的多步预测误差（MAPE），每列中以粗体显示的数值表示该步长中预测误差最小者。不难发现，相较于 SA 和 TRIM 等常用的集成策略，基于互信息的最优子集筛选策略优势明显。对四种农产品而言，Subset-NMI 的平均预测误差均小于 SA 及 TRIM 策略；分别以 SA 及 TRIM 为基准模型，Subset-NMI 的预测误差改进比例在 4.47%～32.97%，证实了基于邻域互信息的最优子集筛选策略的普遍有效性。对于两种基准集成策略而言，简单平均总体优于模型裁剪策略，再一次证实了简单平均策略的有效性及稳健性。

表 6.23 不同集成策略下的猪肉价格平均预测误差（MAPE）

集成策略	提前 1 步	提前 3 步	提前 6 步	平均误差
Subset-NMI	**0.5560**	**1.2372**	2.6445	**1.4792**
SA	0.7778	1.4554	2.4121	1.5484
TRIM	1.2869	2.0267	**2.1776**	1.8304

表 6.24 不同集成策略下的鸡蛋价格平均预测误差（MAPE）

集成策略	提前 1 步	提前 3 步	提前 6 步	平均误差
Subset-NMI	**0.5968**	**1.4660**	**2.9947**	**1.6858**
SA	1.3969	2.4170	3.7313	2.5151
TRIM	1.1259	3.0307	3.2672	2.4746

表 6.25 不同集成策略下的西红柿价格平均预测误差（MAPE）

集成策略	提前 1 步	提前 3 步	提前 6 步	平均误差
Subset-NMI	**6.2386**	**9.8132**	**10.2735**	**8.7751**
SA	6.7697	10.2031	12.5962	9.8563
TRIM	8.5061	11.9294	14.2337	11.5564

表 6.26　不同集成策略下的黄瓜价格平均预测误差（MAPE）

集成策略	提前 1 步	提前 3 步	提前 6 步	平均误差
Subset-NMI	**10.3115**	**9.7571**	**14.0441**	**11.3709**
SA	10.6584	16.0430	21.0357	15.9124
TRIM	11.5010	16.5192	22.5662	16.8621

类似地，图 6.16 展示了三种不同的集成策略在四种农产品中的平均方向预测精度。与水平精度的实验结果类似，基于邻域互信息的最优集成子集筛选策略 Subset-NMI 具有比基准策略 SA 及 TRIM 更高的方向精度。

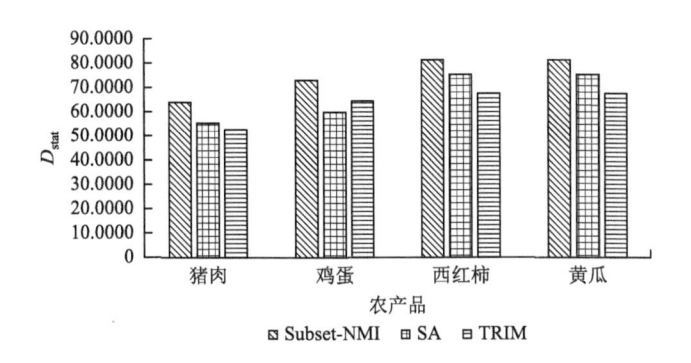

图 6.16　不同集成策略的平均方向预测精度

6.3.2　考虑不同权重的集成策略

6.3.1 节已证实，基于邻域互信息的集成子集筛选策略 Subset-NMI 在水平预测精度及方向预测精度上均优于 SA、TRIM 等基准策略，表明其在子集选择上的有效性，由此解决集成预测的第一个问题，即选择哪些基模型进行集成。本节将进一步解决集成预测的第二个问题，使用何种权重集成不同基模型的预测结果。Subset-NMI 使用的是简单平均集成策略（对所选基模型的预测结果进行简单平均得到最终预测结果），该策略简单便于操作，并被证实在样本外预测中具有较好的稳健性，因此通常作为检验集成策略有效性的基准策略（Claeskens et al., 2016）。除此之外，许多基于统计指标的集成策略也在实际应用中具有良好表现，如中位数平均法、预测 INV、预测结果排序法等（Ling et al., 2019b）。总体来说，单一的权重设计方法并不存在绝对的优势，针对不同研究对象的最优权重设计方案不尽相同，所谓的最优权重，具有极高的对象依赖性。基于笔者前期针对农产品价格预测取得的实验结果，此处选择均方误差倒数法和预测结果方差倒数法作为权重设计方案，分别缩写为 Subset-NMI-MSE 和 Subset-NMI-VAR，具体介绍如下。

Subset-NMI-MSE 以基模型在验证集中的 MSE 的倒数作为基模型的集成权重，误差越大，所赋予的权重越小。假设有基模型 1 和基模型 2，其对应的集成权重 ω_1 和 ω_2 的计算公式如下所示：

$$\omega_1 = \frac{\mathrm{MSE}_2}{\mathrm{MSE}_1 + \mathrm{MSE}_2} \quad (6.6)$$

$$\omega_2 = \frac{\mathrm{MSE}_1}{\mathrm{MSE}_1 + \mathrm{MSE}_2} \quad (6.7)$$

Subset-NMI-VAR 则以基模型在测试集中的预测结果的方差（variance）的倒数作为基模型的集成权重。相较于 Subset-NMI-MSE 策略，Subset-NMI-VAR 的权重计算只依赖于预测结果本身，不需要参考真实值，在实际操作中更为简便。同样以基模型 1 和基模型 2 为例，其对应的集成权重 ω_1 和 ω_2 的计算公式如下所示：

$$\omega_1 = \frac{\mathrm{VAR}_2}{\mathrm{VAR}_1 + \mathrm{VAR}_2} \quad (6.8)$$

$$\omega_2 = \frac{\mathrm{VAR}_1}{\mathrm{VAR}_1 + \mathrm{VAR}_2} \quad (6.9)$$

上述两种权重计算方法，在笔者前期开展的农产品价格集成预测中取得了较为理想的效果。除了基于统计指标的集成权重计算策略外，近来还有不少研究开始尝试使用智能算法以确定基模型的集成权重（Wang et al.，2019a）。借鉴该思路，本书使用遗传算法对基模型的集成权重进行智能寻优，采用验证集内的均方误差作为适应度函数，两点交叉轮盘赌选择作为差异选择算子，算法迭代 1000 次，该策略缩写为 Subset-NMI-GA。

表 6.27～表 6.30 列出了四种集成权重设计策略（Subset-NMI-SA 为等权重策略）应用于四种农产品多步预测实验的结果。表格中加粗的数值表示四种权重设计策略中平均误差最小者。通过分析相关实验结果，可得到以下三个结论。

表 6.27　不同集成权重设计策略下的猪肉价格预测误差（MAPE）

集成策略	提前1步	提前3步	提前6步	平均误差
Subset-NMI-SA	0.5560	1.2372	2.6445	1.4792
Subset-NMI-GA	0.4962	0.8471	2.010	1.1177
Subset-NMI-MSE	0.5495	0.8705	1.8486	**1.0895**
Subset-NMI-VAR	0.5539	1.1299	2.1222	1.2687

第6章 农产品价格波动预测实证研究

表 6.28　不同集成权重设计策略下的鸡蛋价格预测误差（MAPE）

集成策略	提前1步	提前3步	提前6步	平均误差
Subset-NMI-SA	0.5968	1.4660	2.9947	1.6858
Subset-NMI-GA	0.5428	1.4962	3.0150	1.6846
Subset-NMI-MSE	0.5478	1.4769	1.4915	**1.1721**
Subset-NMI-VAR	0.5974	1.4660	2.9777	1.6804

表 6.29　不同集成权重设计策略下的西红柿价格预测误差（MAPE）

集成策略	提前1步	提前3步	提前6步	平均误差
Subset-NMI-SA	6.2386	9.8132	10.2735	8.7751
Subset-NMI-GA	5.3978	9.4720	10.0575	8.3091
Subset-NMI-MSE	4.7742	8.4792	10.1612	**7.8049**
Subset-NMI-VAR	6.2798	9.6407	10.2040	8.7082

表 6.30　不同集成权重设计策略下的黄瓜价格预测误差（MAPE）

集成策略	提前1步	提前3步	提前6步	平均误差
Subset-NMI-SA	10.3115	9.7571	14.0441	11.3709
Subset-NMI-GA	8.8162	9.7479	13.9741	10.8461
Subset-NMI-MSE	8.3125	9.7450	14.0177	**10.6917**
Subset-NMI-VAR	11.2536	9.7742	14.0603	11.6960

（1）权重设计方案优于等权重方案。

Subset-NMI-SA 是等权重策略，给每个基模型的预测结果赋予相等的权重以得到最终结果。在具体实践中，等权重策略具有较稳健性能，因此将其作为对比的基准策略。从表 6.27~表 6.30 的实验数据可见，几乎所有权重设计方案（Subset-NMI-GA、Subset-NMI-MSE、Subset-NMI-VAR）的平均误差均小于 Subset-NMI-SA 方案，表明基于单模型预测性能的权重设置方案，可有效提高简单平均集成策略的预测性能。

（2）基于 MSE 倒数的权重设计方案性能最优。

进一步对比三种集成权重计算策略可见，Subset-NMI-MSE 的总体性能最优，说明依据模型在验证集中的 MSE 设计基模型的集成权重，是适合于农产品价格预测的集成权重设计方案。

（3）基于智能算法的权重设计方案可能导致过拟合。

Subset-NMI-GA 策略以验证集内的误差最小为优化目标，运用智能算法确定最优权重。然而，从实际效果看，其效果一般，在三种对比策略中排第二。本书认为，导致该现象可能的原因是，尽管智能算法具有较强的寻优能力，但也可能产生过拟合问题，以至于其在验证集中的预测性能劣于传统统计方法。

6.3.3 小结

本节验证了基于邻域互信息的最优集成子集筛选策略 Subset-NMI 的有效性，相较于简单平均和模型裁剪策略，Subset-NMI 在水平精度及方向精度上均优于上述两种基准策略，由此解决了集成预测的子集选择问题。进一步，以基模型在验证集中的预测精度为权重计算依据，设计不同的集成方案。实证表明，这些集成方案均优于等权集成策略 Subset-NMI，并以 Subset-NMI-MSE 策略的精度为最优。

6.4 融合网络搜索数据的集成预测结果

传统的时间序列预测建模，基于观测对象的历史数据建立数理模型，对模型进行趋势外推以获得观测对象未来的预测值。然而，在各类"黑天鹅""灰犀牛"等外部突发事件频发的大背景下，传统时间序列预测方法由于不能及时、有效地捕捉各类突发事件对预测对象的影响，预测效果不尽如人意。本书 5.3 节设计了一个融合 ISD 的农产品价格波动集成预测方案，立足于信息来源多样化的视角，运用 ISD，将外部突发事件的影响融入时间序列预测建模，弥补传统时间序列预测建模信息来源单一的缺点，以下将对该策略进行实证研究。

6.4.1 数据说明

相较于蔬菜类和水果类农产品，畜禽类产品的价格更容易受外部冲击因素（动物疫病、食品安全事件等）的影响从而出现异常波动。因此，本书实验选择在我国居民日常生活消费中占主要地位的四种畜禽产品（猪肉、牛肉、鸡肉和鸡蛋）为实证对象，验证 ISD 能否提高农产品价格波动的预测精度。农产品价格原始数据 p_t 来源于 http://www.wind.com.cn，为周度数据，从 2013 年 11 月 25 日至 2019 年 6 月 3 日共 289 个，价格波动率定义为 $\ln(p_t / p_{t-1}) \times 100\%$。

对于 ISD，如何确定其对应的搜索关键词至关重要。目前主要有两类关键词的确定方法，一类是直接法，即研究对象本身即为搜索关键词；另一类是技术法，首先将研究对象作为关键词输入搜索引擎得到一次搜索的结果，然后基于搜索引擎提供的相关关键词，进行二次搜索，不断重复该过程，直至无新增关键词（Bangwayo-Skeete and Skeete，2015；Tang et al.，2020）。考虑到技术法得到的关键词数量众多，各关键词之间存在较多的信息冗余，可能为后续预测建模带来不

第6章 农产品价格波动预测实证研究

必要的噪声干扰，因此，本书采用直接法确定搜索关键词。对于猪肉、牛肉、鸡肉和鸡蛋四个研究对象，分别以"猪肉价格""牛肉价格""鸡肉价格""鸡蛋价格"作为对应的搜索关键词，对应的缩写表示为 ISD_p、ISD_b、ISD_c 和 ISD_e。图 6.17～图 6.20 展示了标准化之后的价格波动序列与其对应的 ISD。从中可见，每种农产品的 PV 序列和 ISD 序列的波动形态较为相近，且在序列尖峰处存在一定的对应关系，意味着 ISD 中可能蕴含着有助于提高价格预测精度的有用信息。

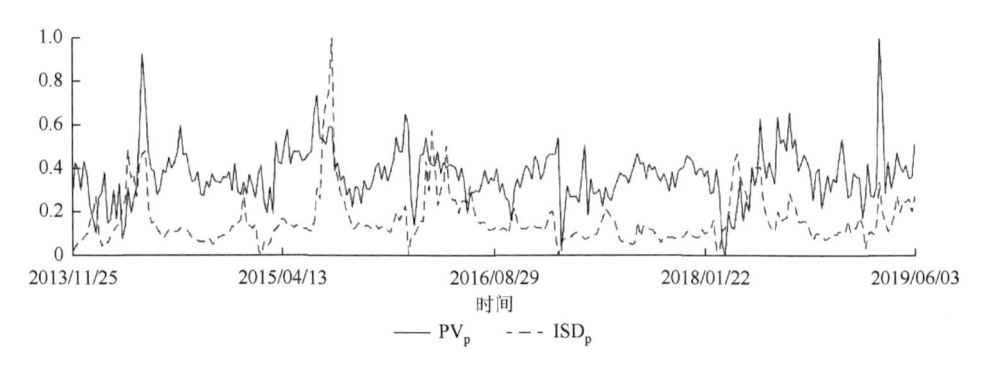

图 6.17 PV_p 和 ISD_p

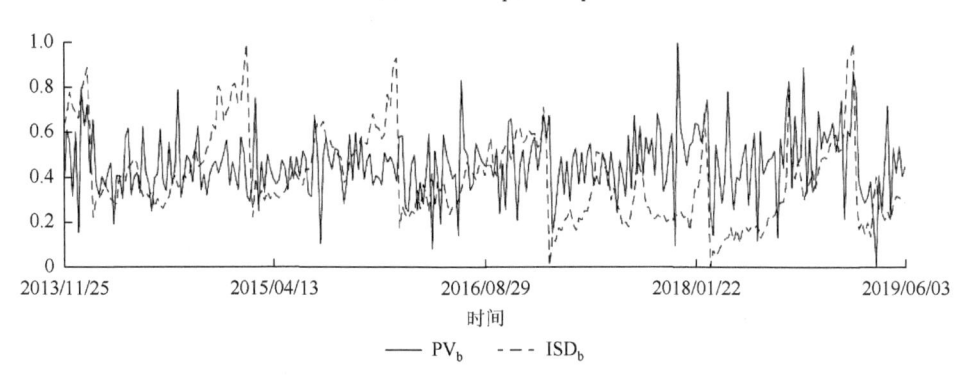

图 6.18 PV_b 和 ISD_b

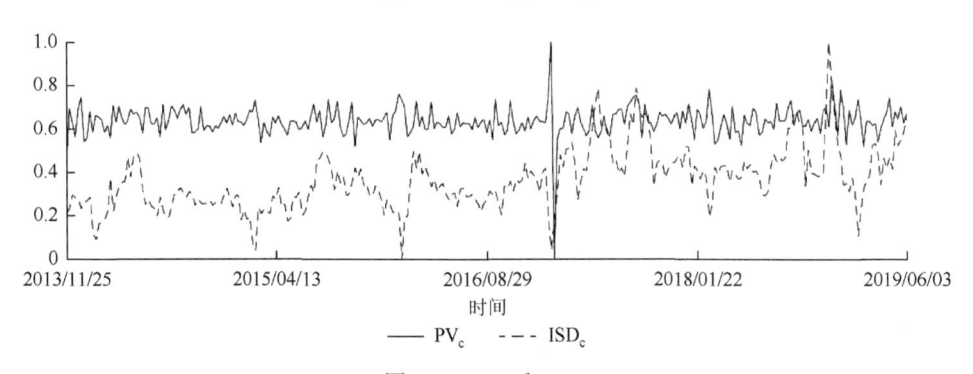

图 6.19 PV_c 和 ISD_c

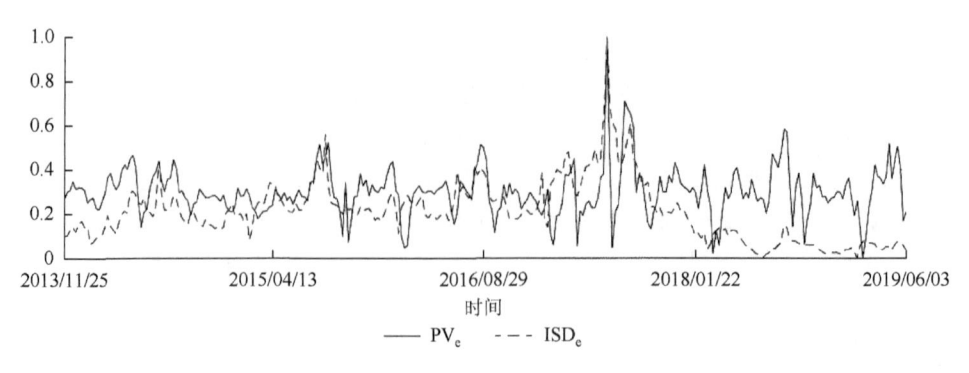

图 6.20 PV$_e$ 和 ISD$_e$

6.4.2 预测性能检验结果

为进一步检验 ISD 是否具有预测农产品价格波动的能力，本节将对 ISD 和农产品价格波动序列进行统计检验。依据图 5.5 的建模流程，第一步是预测性能检验，从统计检验的角度判断 ISD 是否能提高 PV 的预测精度。平稳性是格兰杰因果关系检验的前提条件，因此首先运用 ADF 检验对 PV 和 ISD 序列进行平稳性检验，结果如表 6.31 所示。在 1% 的显著性水平下，各 PV 和 ISD 序列均为同阶平稳，满足格兰杰因果关系检验的前提条件。

表 6.31 ADF 检验的 t 统计量

变量	原序列	变量	原序列
PV$_p$	−8.9412（0.0000）	ISD$_p$	−5.6193（0.0000）
PV$_b$	−17.8288（0.0000）	ISD$_b$	−5.2331（0.0000）
PV$_c$	−18.7734（0.0000）	ISD$_c$	−4.930 25（0.0000）
PV$_e$	−8.669 26（0.0000）	ISD$_e$	−3.572 52（0.0069）

注：ADF 检验的原假设为序列中存在一个单位根，即为非平稳序列；t 统计量后括号中的数值为其对应的 p 值

接下来，通过格兰杰因果关系检验判断 ISD 是否是引起 PV 变动的格兰杰原因。本章实验选择 1~6 期的滞后阶数，以全面了解在不同的时期 ISD 对 PV 的影响作用。考虑到猪肉、牛肉、鸡肉和鸡蛋是我国居民日常饮食结构中的主要畜禽产品，相互之间存在一定的消费替代关系，因此将所有四个搜索关键词作为统计检验的备选变量。在本章实验中，格兰杰因果关系检验的原假设是，ISD 不是引起 PV 变动的格兰杰原因，即 ISD 不具有预测农产品价格波动的能力，各组农产品价格波动序列与 ISD 的统计检验结果见表 6.32。

第6章 农产品价格波动预测实证研究

表 6.32　ISD 与农产品价格波动的格兰杰因果关系检验结果

检验	假设	F统计量 滞后1期	滞后2期	滞后3期	滞后4期	滞后5期	滞后6期
检验一　猪肉价格波动 PV_p 与网络搜索数据 ISD	H_0：ISD_p 不是引起猪肉价格波动的格兰杰原因	2.5819	1.3998	1.8684	1.4189	1.1524	1.0715
	H_0：ISD_b 不是引起猪肉价格波动的格兰杰原因	0.7928	2.2518	5.4833***	4.3106***	3.5730***	3.3826***
	H_0：ISD_c 不是引起猪肉价格波动的格兰杰原因	3.4184*	2.0569	2.8449**	2.9767**	2.5248**	2.2297**
	H_0：ISD_e 不是引起猪肉价格波动的格兰杰原因	0.5095	0.3967	1.0055	1.0102	0.9595	0.8377
检验二　牛肉价格波动 PV_b 与网络搜索数据 ISD	H_0：ISD_p 不是引起牛肉价格波动的格兰杰原因	0.4289	0.2694	0.3395	0.6024	0.6440	0.6845
	H_0：ISD_b 不是引起牛肉价格波动的格兰杰原因	11.9400***	5.8013***	5.1849***	4.9008***	4.9522***	5.0645***
	H_0：ISD_c 不是引起牛肉价格波动的格兰杰原因	6.9827***	3.8509**	2.7819**	2.2929*	1.9524*	1.7283
	H_0：ISD_e 不是引起牛肉价格波动的格兰杰原因	0.7237	0.7237	0.3783	0.4011	0.2700	0.2707
检验三　鸡肉价格波动 PV_c 与网络搜索数据 ISD	H_0：ISD_p 不是引起鸡肉价格波动的格兰杰原因	0.9056	0.6166	0.4879	0.5558	0.7454	0.7465
	H_0：ISD_b 不是引起鸡肉价格波动的格兰杰原因	9.6542***	4.7368***	6.5808***	5.7431***	4.8463***	4.0295***
	H_0：ISD_c 不是引起鸡肉价格波动的格兰杰原因	8.8333***	6.6334***	5.3444***	4.0342***	3.1869***	2.6658**
	H_0：ISD_e 不是引起鸡肉价格波动的格兰杰原因	0.0847	5.4355***	5.2989***	3.9207***	3.5944***	3.1753***
检验四　鸡蛋价格波动 PV_e 与网络搜索数据 ISD	H_0：ISD_p 不是引起鸡蛋价格波动的格兰杰原因	7.3755***	4.6433**	4.7247**	3.2755**	2.7350**	2.3649**
	H_0：ISD_b 不是引起鸡蛋价格波动的格兰杰原因	0.0304	4.2878**	6.9788***	5.7689***	5.2479***	4.5181***
	H_0：ISD_c 不是引起鸡蛋价格波动的格兰杰原因	6.7179**	4.2927**	4.4164**	3.9419**	3.3339**	2.8084**
	H_0：ISD_e 不是引起鸡蛋价格波动的格兰杰原因	2.2083	3.5504**	3.2249**	2.5328**	2.0091*	1.7277

注：加下划线表示通过统计检验的数据

***表示在1%的显著性水平下通过统计检验，**表示在5%的显著性水平下通过统计检验，*表示在10%的显著性水平下通过统计检验

从表 6.32 统计检验结果可见，四个备选 ISD 与不同农产品价格波动之间的因

果关系存在差异。例如，牛肉价格和鸡肉价格是引起猪肉和牛肉价格变动的格兰杰原因；"牛肉价格"、"鸡肉价格"和"鸡蛋价格"是引鸡肉价格变动的格兰杰原因；而鸡蛋价格波动，则受所有搜索关键词的影响。

进一步分析不同滞后期数下的统计检验结果发现，对于所有具备格兰杰因果效应的 ISD 变量而言，其对于 PV 序列的因果关系在滞后 3 期均能通过统计检验。也就是说，滞后 3 期的 ISD 变量具有预测 PV 序列波动的能力。因此，以滞后 3 期的 ISD 变量作为预测模型的输入。对于价格波动序列 PV，依据式（4.8）计算其平均波动周期，由此得到每种农产品价格波动序列的嵌入维度为 3，即用过去 3 期的历史数据，预测下一期数据。以提前一步预测为例，四种农产品价格波动预测模型的输入变量如表 6.33 所示。

表 6.33 不同农产品价格波动预测模型的输入变量

预测变量	输入变量
$PV_p(t+1)$	$PV_p(t)$、$PV_p(t-1)$、$PV_p(t-2)$、$ISD_b(t-2)$、$ISD_c(t-2)$
$PV_b(t+1)$	$PV_b(t)$、$PV_b(t-1)$、$PV_b(t-2)$、$ISD_b(t-2)$、$ISD_c(t-2)$
$PV_c(t+1)$	$PV_c(t)$、$PV_c(t-1)$、$PV_c(t-2)$、$ISD_b(t-2)$、$ISD_c(t-2)$、$ISD_e(t-2)$
$PV_e(t+1)$	$PV_e(t)$、$PV_e(t-1)$、$PV_e(t-2)$、$ISD_b(t-2)$、$ISD_c(t-2)$、$ISD_e(t-2)$、$ISD_p(t-2)$

6.4.3 多元分解结果

图 5.5 实验流程中的第二步是多元分解，目的是将多个输入序列同步分解为多个具有尺度一致性的子序列，降低预测建模难度并提高预测精度。鉴于本章实验所构建的预测模型包含多个输入变量（表 6.33），若采用传统的单变量分解算法对各输入变量进行逐一分解，会产生数量和尺度不一致的 IMF 分量，为后续预测建模带来难度。为此，本节使用多元经验模态分解算法处理多输入变量，以解决多维输入变量分解后的模式校准问题（颜云华等，2016）。以鸡肉价格为例，图 6.21 展示了多元分解的结果，其余三个农产品的多元分解结果见附录 D。由表 6.33 可知，鸡肉价格波动预测的输入包括 PV_c、ISD_b、ISD_c 和 ISD_e，使用多元经验模态分解后，对应得到四组分量。从图 6.21 可见，同组 IMF 之间的数据形态较为相似，而组间 IMF 的形态差异较大，由此证明 MEMD 算法确实可以有效提取出不同数据中的相同模态。

第 6 章　农产品价格波动预测实证研究

(a) ISD_b

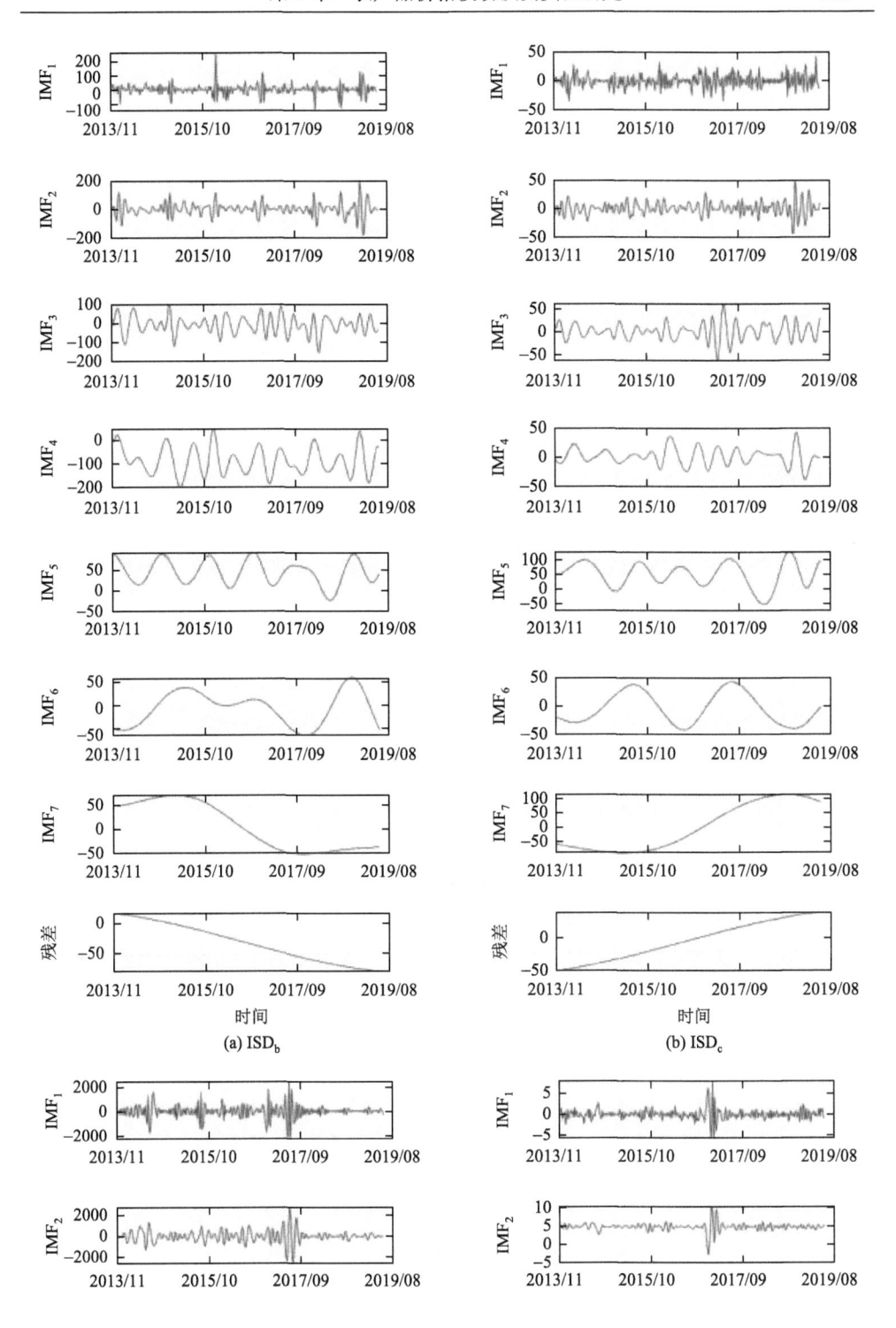

(b) ISD_c

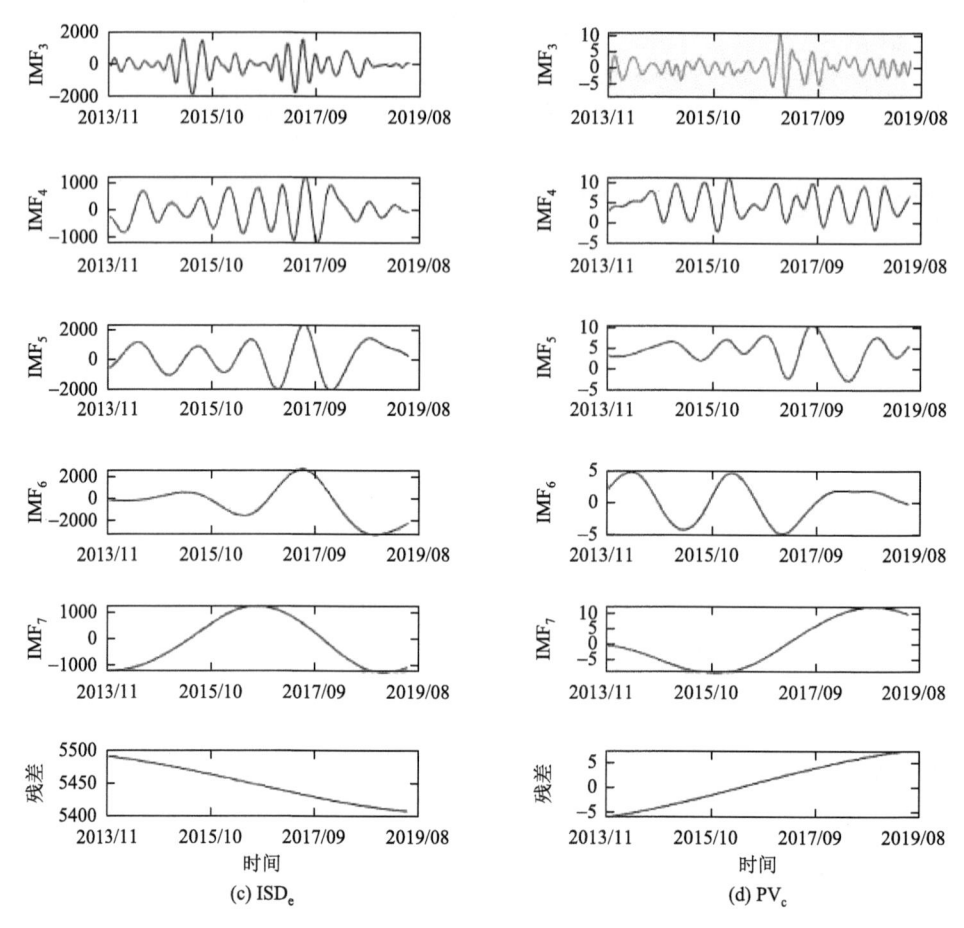

图 6.21　MEMD 分解结果

为了更直观地展示 MEMD 算法的有效性，以平均波动周期为时间尺度度量准则，度量不同 IMF 组别之间的差异性。值得注意的是，平均波动周期的计算要求是时间序列中至少需存在 2 个极大值点，由于 IMF$_7$ 和残余项不满足此条件，因此只计算 IMF$_1$～IMF$_6$ 的平均波动周期，结果如表 6.34 所示。以 IMF$_1$ 为例，ISD$_b$、ISD$_c$、ISD$_e$ 和 PV$_c$ 的平均波动周期在 2～3 周，而 IMF$_2$～IMF$_6$ 的平均波动周期分别为 5～7 周、12～15 周、21～27 周、49～56 周和 75～111 周，再次证明了多元经验模态分解后的分量，具有较明显的组间相似性和组外差异性。

表 6.34　各 IMF 的平均波动周期

分量	ISD$_b$	ISD$_c$	ISD$_e$	PV$_c$
IMF$_1$	2.8200	2.8485	3.0989	2.8788
IMF$_2$	6.1522	5.9149	6.4545	5.3846

续表

分量	ISD$_b$	ISD$_c$	ISD$_e$	PV$_c$
IMF$_3$	13.0000	14.3158	14.0500	12.5455
IMF$_4$	23.5000	23.7273	26.8889	21.3333
IMF$_5$	52.0000	55.7500	55.5000	49.2500
IMF$_6$	90.5000	106.0000	111.0000	75.0000

6.4.4 预测结果

本书所提出融合 ISD 及多元分解算法的农产品价格预测模型的缩写为 MEMD-ISD-SVR。为验证该建模策略的有效性，设计多个对比模型，包括统计模型和智能模型，单变量模型和多变量模型。其中，统计模型选择 ARIMA 和 ETS，智能模型选择 SVR，多变量模型为 ISD-SVR，各模型的具体含义及建模方法见表 6.35。

表 6.35 不同模型的建模方案

建模方案	模型缩写	建模方法
单变量预测建模	ARIMA、ETS、SVR	历史价格数据作为模型输入
多变量预测建模	ISD-SVR	历史价格数据及 ISD 作为模型输入
多变量+分解预测建模	MEMD-ISD-SVR	分解后的历史价格数据及 ISD 作为模型输入

使用上述五个模型对四种农产品进行提前 1、3、6 步预测，从水平精度和方向精度两个维度对模型性能进行综合评价。鉴于篇幅限制，提前 1、3、6 步的具体预测结果请见附录 E～附录 F，正文部分仅展示以所有步长的平均预测精度所表示的预测性能。由于农产品价格波动序列 PV 包含数值为零的情况，不能使用 MAPE 作为误差指标，因此仅以 RMSE、MAE 和 D_{stat} 为评价指标，预测结果如图 6.22～图 6.24 所示。

对比图 6.22～图 6.24 呈现的各模型的预测性能，总体而言，就 RMSE 和 MAE 指标而言，MEME-ISD-SVR 在四种农产品中的平均预测精度均为最小；就 D_{stat} 指标，MEME-ISD-SVR 在绝大多数情况（牛肉、鸡肉和鸡蛋）的方向预测精度为最优。由此说明，本书所提出的融合 ISD 的多元分解集成预测模型在水平及方向预测精度上的性能较优，适用于畜禽类农产品的价格波动预测。

就多变量预测模型（MEME-ISD-SVR 和 ISD-SVR）而言，其差别在于是否包含对预测对象的数据预处理过程，即多元分解。从实验结果看，MEMDE-ISD-SVR

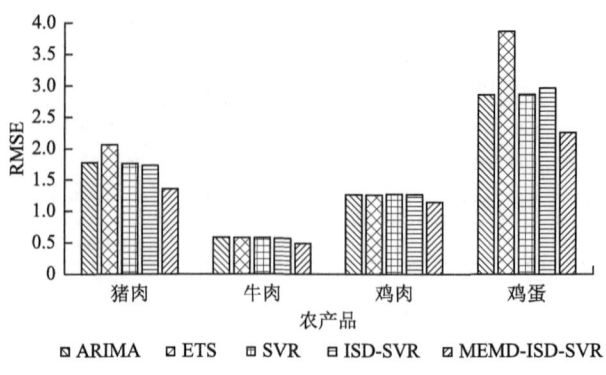

图 6.22　不同模型的平均预测精度（RMSE）

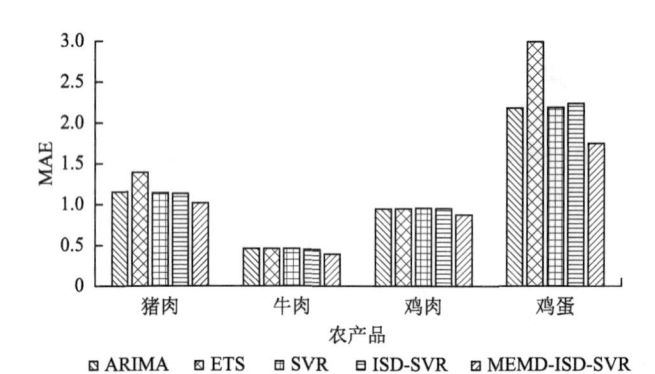

图 6.23　不同模型的平均预测误差（MAE）

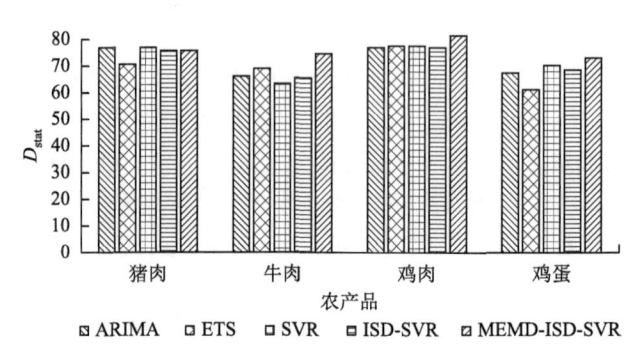

图 6.24　不同模型的平均预测误差（D_{stat}）

的水平预测误差均小于 ISD-SVR，且方向预测精度均高于 ISD-SVR。该结果再次证明，分解集成策略是有效应对复杂时间序列预测建模数据前处理的工具，能够通过降低时序的复杂性提高预测精度。

进一步分析三个单模型（即 ARIMA、ETS 和 SVR）与包含 ISD 的两个多变量模型（即 ISD-SVR 和 MEME-ISD-SVR），将三个单模型归为 NO-ISD 组别，两个多元模型归为 WITH-ISD 组别，计算不同组别的平均预测精度，结果如表 6.36 所示。可见，对四种畜禽类农产品而言，在绝大多数情况下，考虑 ISD 的 WITH-ISD 组别，在水平及方向精度指标上，均优于不包含 ISD 的组别 NO-ISD，该结果证实了网络搜索数据对于提高畜禽类农产品价格波动预测精度的有效性及适用性。

表 6.36 不同组别的平均预测性能

评价指标		猪肉	牛肉	鸡肉	鸡蛋
RMSE	NO-ISD	1.8638	0.5829	1.2617	3.1942
	WITH-ISD	1.5396	0.5273	1.2032	2.6080
MAE	NO-ISD	1.2276	0.4602	0.9484	2.4507
	WITH-ISD	1.0741	0.4200	0.9112	1.9905
D_{stat}	NO-ISD	76.7646	66.1017	77.2128	66.1017
	WITH-ISD	75.7062	70.0565	79.0961	70.6215

6.4.5 小结

本节以畜禽产品为研究对象，提出一种融合 ISD 的农产品价格波动分解集成预测方法，即 MEMD-ISD-SVR。实证表明，ISD 能有效反映公众对于预测对象的关注程度，加入 ISD 能提高模型的预测性能。此外，MEMD 算法能有效分解多元输入数据，加入分解策略后，模型预测性能得以进一步提高。

6.5 融合多时间尺度数据的集成预测策略

除了将 ISD 作为集成预测多样性的来源之一，本书 5.4 节还设计了一种融合多时间尺度的集成预测策略，通过将原始时间序列数据进行不同时间尺度的转换，预测模型得以捕捉不同时间尺度下的数据生成机制，从而更为全面地拟合真实数据生成过程。本节将以猪肉价格作为研究对象，以日度价格为基准，通过数据转换功能生成周度及月度的价格序列，针对提前多步预测需求，构建"日度+周度"和"日度+周度+月度"的集成策略，验证多时间尺度集成策略对提高预测精度的有效性，并且探讨预测步长与时间尺度的匹配关系。

6.5.1 数据说明

本节实验选择中国集贸市场的平均猪肉批发价格作为研究对象，样本范围从

2013 年 11 月 18 日至 2019 年 6 月 7 日，共 1450 个日度数据，如图 6.25 所示。运用 5.4.1 节介绍的数据频率转化方法，得到对应时间范围内的周度数据 290 个，月度数据 68 个。

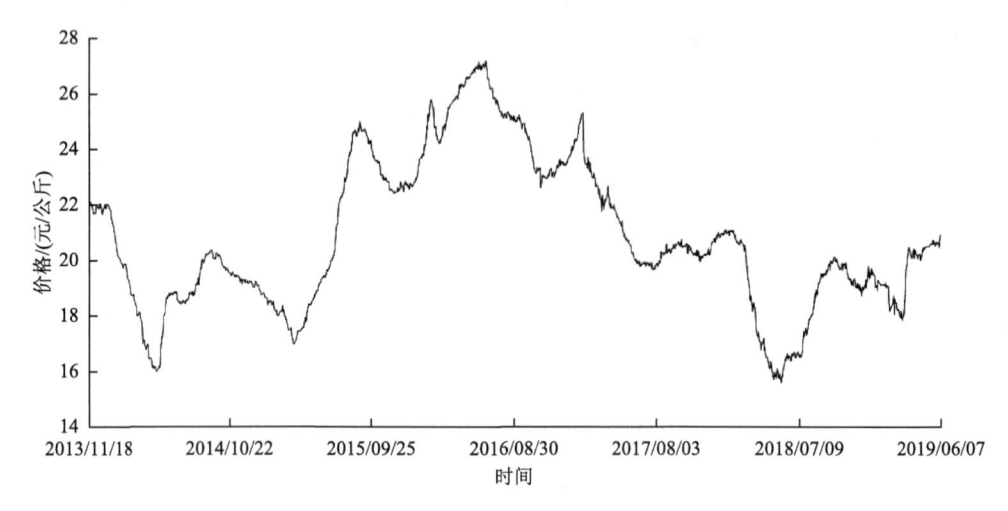

图 6.25　全国集贸市场猪肉平均批发价格

表 6.37 展示了不同时间尺度猪肉价格时序的描述性统计检验结果，从均值和标准差可见，研究期限内猪肉价格呈现出较高的波动性。此外，从偏度和峰度指标来看，该序列不符合正态分布，呈现出不规律的波动形态。

表 6.37　不同时间尺度的猪肉价格时序的描述性统计

不同时间尺度序列	最小值	最大值	均值	标准差	偏度	峰度
日度时序	15.62	27.17	20.84	2.70	0.41	−0.61
周度时序	15.85	27.00	20.84	2.70	0.41	−0.61
月度时序	15.97	26.83	20.84	2.67	0.43	−0.57

为满足短期（日度）、中期（周度）、长期（月度）等不同预测周期的要求，分别设置提前 1 步、5 步及 20 步的预测步长。需要注意的是，猪肉日度价格数据在预处理过程中去除了周末数据，只保留了工作日，即周一到周五的价格数据。因此，周度数据的提前 1 步预测相当于日度数据的提前 5 步预测；周度的提前 2 步预测相当于日度数据的提前 10 步预测；周度的提前 4 步预测相当于日度数据的提前 20 步预测。同理，月度的提前 1 步预测相当于日度数据的提前 20 步预测，也相当于周度数据的提前 4 步预测。采用 70∶15∶15 的方式，将整体时间序列划

分为训练集、验证集和测试集，训练集用以拟合预测模型，验证集用以计算组合权重，测试集用以评价组合效果。以日度价格数据为例，不同预测步长对应的数据划分结果如表 6.38 所示。

表 6.38　不同步长的数据集划分

步长	训练集	验证集	测试集
1	2013/11/18～2017/10/09	2017/10/10～2018/08/08	2018/08/09～2019/06/07
5	2013/11/18～2017/10/11	2017/10/12～2018/08/09	2018/08/10～2019/06/07
20	2013/11/18～2017/10/17	2017/10/18～2018/08/13	2018/08/14～2019/06/07

为了验证不同时间尺度与不同预测步长之间的匹配关系，按照预测步长所涵盖的时间尺度为依据，设计集成方案。就提前 5 步预测而言，涵盖了日度及周度价格波动信息，因此设计"日度+周度"集成方案；就提前 20 步预测而言，包含了日度、周度及月度价格波动信息，因此设计"日度+周度+月度"集成方案。进一步，以"日度+周度+月度"集成方案为例，结合式（5.19），介绍不同步长下参与预测建模的各类数据，如表 6.39 所示。"日度+周度"方案与此类似，区别在于不需要加入由月度预测值转换得到的日度预测结果。

表 6.39　"日度+周度+月度"集成预测方案

步长	$\hat{x}_t^{d}$	$\hat{x}_t^{dw}$	$\hat{x}_t^{dm}$
提前 1 步	提前 1 步的日度预测值	提前 1 步周度预测值转化的日度预测结果	提前 1 步月度预测值转化的日度预测结果
提前 5 步	提前 5 步的日度预测值	提前 1 步周度预测值转化的日度预测结果	提前 1 步月度预测值转化的日度预测结果
提前 20 步	提前 20 步的日度预测值	提前 4 步周度预测值转化的日度预测结果	提前 1 步月度预测值转化的日度预测结果

从表 6.39 可见，日度频率数据不同步长的集成预测结果不仅包含了原始日度频率的预测值，还包含从周度及月度预测值转化得到的预测结果，有效涵盖了不同时间尺度的价格波动信息，实现了预测信息来源的多样化。

6.5.2　预测结果

按照 5.4.1 节的实验思路，首先对不同时间尺度的猪肉价格时序进行预测建模，然后将不同时间尺度的预测结果转化为日度频率数据，使用六种权重设计方法，得到不同集成方案下的最终预测结果。表 6.40～表 6.42 展示了提前 1、5、20 步的单模型预测结果和两种集成方案下的预测结果（以 RMSE 和 MAPE 为例），表格中的数据按预测误差升序排列，RMSE/MAPE 小于或等于对应的单模型的预测误差的预测结果以加粗字体显示。

表 6.40　猪肉价格提前 1 步预测结果

预测模型	权重方案	RMSE	MAPE	预测模型	组合权重	RMSE	MAPE
单模型	—	0.1806	0.6680	单模型	—	0.1806	0.6680
日度＋周度	WGM	**0.1806**	**0.6680**	日度＋周度＋月度	WGM	**0.1806**	**0.6680**
	WHM	**0.1806**	**0.6680**		WHM	**0.1806**	**0.6680**
	LS	**0.1806**	**0.6680**		LS	**0.1806**	**0.6680**
	INV	0.1933	0.6976		INV	0.2513	0.8625
	SHK	0.1935	0.6981		SHK	0.2516	0.8637
	SA	0.2323	0.8130		SA	0.3023	1.0679

注：加粗字体表示 RMSE/MAPE 小于或等于对应单模型的预测误差的预测结果

表 6.41　猪肉价格提前 5 步预测结果

预测模型	权重方案	RMSE	MAPE	预测模型	组合权重	RMSE	MAPE
单模型	—	0.4460	1.5593	单模型	—	0.4460	1.5593
日度＋周度	LS	**0.3638**	**1.1994**	日度＋周度＋月度	WGM	**0.3514**	**1.1376**
	WGM	**0.3641**	**1.2002**		LS	**0.3517**	**1.1392**
	WHM	**0.3645**	**1.2011**		INV	**0.3804**	**1.2566**
	INV	**0.3764**	**1.2592**		SHK	**0.3804**	**1.2569**
	SHK	**0.3764**	**1.2593**		SA	**0.3922**	**1.3102**
	SA	**0.3814**	**1.2819**		WHM	0.4985	1.7868

注：加粗字体表示 RMSE/MAPE 小于或等于对应单模型的预测误差的预测结果

表 6.42　猪肉价格提前 20 步预测精度对比

预测模型	权重方案	RMSE	MAPE	预测模型	组合权重	RMSE	MAPE
单模型	—	1.0511	3.9978	单模型	—	1.0511	3.9978
日度＋周度	WHM	**1.0247**	**3.8856**	日度＋周度＋月度	WHM	**0.6476**	**2.4748**
	WGM	**1.0254**	**3.8902**		LS	**0.6653**	**2.5069**
	LS	**1.0264**	**3.8959**		WGM	**0.6684**	**2.5136**
	INV	1.0734	4.1017		INV	**0.8665**	**3.2479**
	SHK	1.0735	4.1021		SHK	**0.8668**	**3.2491**
	SA	1.0921	4.1893		SA	**0.9045**	**3.4119**

注：加粗字体表示 RMSE/MAPE 小于或等于对应单模型的预测误差的预测结果

（1）单模型与集成模型预测精度对比。

在表 6.40~表 6.42 中加粗显示的是集成预测优于单模型预测的实验结果。对比 3 个表格的实验结果发现，就提前 5 步和 20 步预测步长而言，集成模型在绝大多数情况下，具有比单模型更优的预测精度。由此证实了多时间尺度的集成预测策略，对于中、长期猪肉价格预测具有适用性。表 6.43 展示了最优集成模型与单模型预测误差的统计检验结果，在 95% 的置信区间下，提前 5 步的"日度 + 周度""日度 + 周度 + 月度"及提前 20 步的"日度 + 周度 + 月度"最佳集成模型，具有比其对应模型更优的预测性能。

表 6.43 最优集成模型与单模型预测性能对比分析（MAPE）

预测步长	日度 + 周度	日度 + 周度 + 月度
5	集成方法：LS 预测精度改进率：23.08% 统计检验：DM = −2.7043, p = 0.0074	集成方法：WGM 预测精度改进率：27.04% 统计检验：DM = −3.2004, p = 0.0016
20	集成方法：WHM 预测精度改进率：2.81% 统计检验：DM = −1.1292, p = 0.2601	集成方法：WHM 预测精度改进率：38.10% 统计检验：DM = −2.0457, p = 0.0420

注：预测精度改进率 =（单模型预测精度−集成预测精度）/单模型预测精度

对于提前 1 步预测而言，单模型的 RMSE 值为 0.1806，MAPE 值为 0.6680。在"日度 + 周度"和"日度 + 周度 + 月度"集成方案中，各有三种组合方法（WGM、WHM、LS）达到与单模型相同的预测精度，其他集成策略得到的结果均劣于单模型预测精度。WGM、WHM 和 LS 采用基于 LS 的权重计算方法，由实验结果可见，其所确定的最优组合权重均将日度价格预测值的权重设为 1（即 ω_d 为 1），其余（即 ω_w 和 ω_m）为 0。由此说明，对于日度价格提前 1 步的预测任务而言，短期的价格波动信息足以满足预测建模的要求，中、长期价格信息的参与并不能提高预测性能，反而产生负向作用。

（2）不同集成权重设计方法对比。

对比表 6.40~表 6.42 中六种集成权重设计方法的结果可见，各种权重设计方法在不同预测步长及不同集成方案中表现不一。若将预测精度优于单模型精度的权重设计方法定义为优性方法，则 WGM、WHM 和 LS 方法的表现较为稳健，在三个预测步长及两个集成方案中，均取得优于单模型的集成效果。就 WGM、WHM 和 LS 方法的原理而言，WGM 和 WHM 属于非线性集成策略，LS 为线性集成策略，三者均以验证集内预测误差最小为优化目标，计算各单模型的集成权重。由此可见，线性与非线性策略并不是影响集成效果的主要因素，如何计算单模型的集成权重才是决定集成效果的关键。本节实验结果证实，基于 LS 的权重优化方法是猪肉价格集成预测的优性权重设计方法。图 6.26 和图 6.27 展示了在提前 5 步和 20 步预测中,三种优性集成方法(WGM、WHM、LS)在两种集成方案中的预测表现。其中,LS2 表示 LS 在"日度+周度"方案的预测结果,LS3 表示该方法在"日度+周度+月度"方案的预测结果。

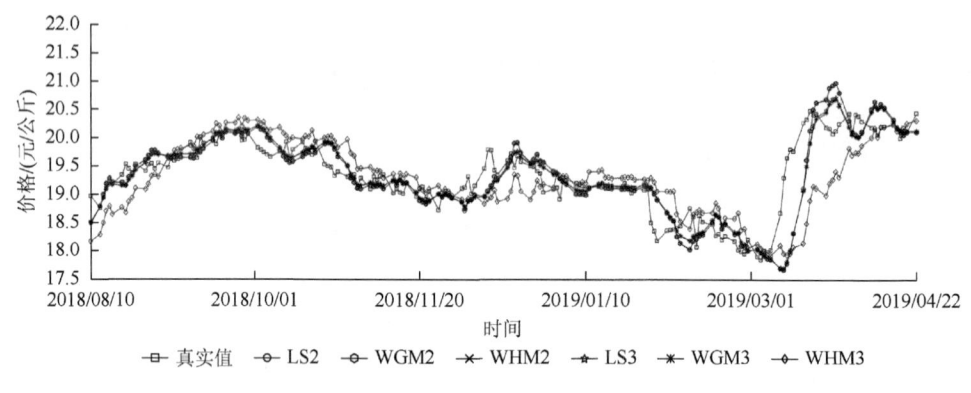

图 6.26 提前 5 步的集成预测结果

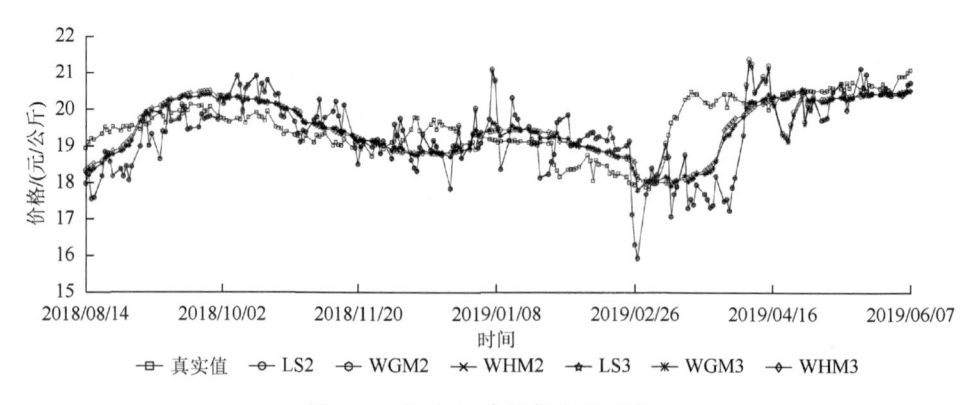

图 6.27 提前 20 步的集成预测结果

(3)不同集成方案对比。

进一步分析"日度+周度"与"日度+周度+月度"集成方案对不同预测步长的适用性。由表 6.40 可见,对于提前 1 步的日度预测任务,加入周度、月度等中长期价格信息并不能提高单模型的预测性能,甚至在个别权重设计方案下,集成预测的结果还会劣于单模型。可能的原因是,就日度价格的短期预测任务而言,只需要捕捉价格时序的短期变动规律即可,周度、月度等中长期价格变动信息的加入无益于短期预测精度的提高,甚至可能加入噪声。因此,基于不同时间尺度的集成方案对于短期预测任务并无优势。

对于提前 5 步的日度预测任务,表 6.41 的结果显示,"日度+周度"方案中的六种集成方法均能有效提高单模型预测精度，而"日度+周度+月度"方案中则有五种集成方法优于单模型。进一步从表 6.43 可知，两种集成方案中的最佳集成方法的预测精度改进率基本相当（23.08%和 27.04%），说明这两种集成方案对于中期预测任务具有较好的适用性，两者的集成效果并无显著差异。提前 5 步的日度价格预测相当于提前 1 周的预测任务，在日度价格预测结果的基础上，加入能反映中期价格变动趋势的周度预测数据，能有效提高中期价格预测精度。

观察表 6.42 的数据可见，对于提前 20 步的日度预测任务，"日度+周度+月度"方案中的所有集成方法均能显著提高单模型预测精度，但"日度+周度"方案中仅有三种集成方法取得优于单模型的预测结果。对比同一种集成方法在不同集成方案中的效果发现，同一种方法在"日度+周度+月度"方案中的预测精度，显著优于其在"日度+周度"方案中的预测表现，如图 6.27 所示。以"日度+周度"和"日度+周度+月度"方案中的最优集成方法 WHM 为例，其在前一种方案中取得的预测精度改进率仅为 2.81%，而在后一种方案中的改进率高达 38.10%（表 6.43），充分说明"日度+周度+月度"集成方案在长期预测任务中的优势。

取得该结果的原因是十分直观的：提前 20 步的日度价格预测相当于提前 1 个月的预测任务，既包含短期的日度价格波动，也包含周度和月度的中长期价格变动趋势，因此，涵盖三个时间尺度的"日度+周度+月度"集成方案显著优于只涵盖二个时间尺度的"日度+周度"集成方案。综上所述，不同时间尺度的集成预测策略与不同预测步长之间的匹配关系如表 6.44 所示。

表 6.44　多时间尺度的集成预测策略

预测周期	日度数据	周度数据	月度数据
短期预测（日预测）	√	×	×
中期预测（周预测）	√	√	√/×
长期预测（月预测）	√	√	√

注：√表示该数据被选中使用；×表示该数据不需要使用；√/×表示该数据选用与否均可

6.5.3　小结

本节针对我国猪肉价格预测问题，设计了一种基于多时间尺度的集成预测策略，丰富了猪肉价格集成预测信息来源的多样性，为提高猪肉价格预测精度提供了新的研究思路。实证结果表明，不同时间尺度集成方案的选择应与预测步长相匹配。对于短期预测，使用日度价格数据即可；中期预测任务，在日度价格数据的基础上，还需加入周度数据，以捕捉时序的中期变动趋势；就长期预测而言，则需包含日度、周度及月度三种时间尺度，以充分涵盖预测期限内的价格波动信息。此外，就不同权重设计方法而言，基于 LS 的权重优化方法具有最佳性能。

6.6　本 章 小 结

本章通过多组对比实验，实证检验了本书第 3 章至第 5 章所提出的数据驱动的分解集成预测方法在农产品价格预测中的有效性及适用性。按照分解集成预测方法论包含的时序分解、单项预测和集成预测三个步骤，分别验证了改进后的时序分解算法、单项预测模型自适应选择分类器、最优集成子集筛选算法、融合 ISD 的集成策略及融合多时间尺度的集成策略对于提高农产品水平及方向预测精度的有效性。由此说明，基于数据驱动的研究思想对分解集成预测建模流程的改进是可行的，综合运用机器学习和智能优化算法，把分解集成预测建模中的相关难题转化为分类及优化问题，实现了与研究对象数据形态（特征）相匹配的预测建模流程，确保方法（模型）与研究对象的匹配性，为提高预测精度奠定坚实的理论基础。

第 7 章　总结与展望

本章将对本书的研究工作进行梳理与总结，在此基础上，结合相关领域最新的研究进展，对相关研究问题未来的研究方向进行展望。7.1 节将梳理本书具体的研究工作；7.2 节将总结研究工作所取得的成果；7.3 节将展望未来的研究方向。

7.1　本书的研究工作

本书立足于我国农产品价格波动日益剧烈的客观事实，结合农产品价格波动趋势与幅度精准预测的现实需求，以数据驱动思想为指导，对分解集成预测方法论的三个关键步骤（即时序分解、单项预测及集成预测）进行改进和优化，实现与研究对象数据形态相匹配的预测建模过程，提高分解集成预测方法对不同类型农产品的适用性。数据驱动的分解集成预测建模，意味着在分解集成的预测建模流程中，依据研究对象本质的数据形态（特征），有针对性地确定所选择的方法（模型），确保方法（模型）与研究对象的匹配性，减少建模过程中人为主观因素的干扰，为提高预测精度奠定更为科学的基础。围绕上述研究思路，本书具体开展了以下五方面的研究工作。

（1）梳理相关领域的研究现状，明确本书研究框架。

分解集成方法论和数据驱动建模思想是本书研究工作的两个重要理论基础，农产品价格波动预测是本书研究工作的主要应用场景。为了使读者对相关领域的研究工作有更为全面的理解，本书首先介绍了农产品的价格波动特征、影响因素及农产品价格波动预测建模的常用方法；其次，围绕分解集成方法论，介绍了时序分解、单项预测、集成预测三个研究步骤，指出了其中有待改进的研究问题；最后，介绍了数据驱动思想的核心内涵与相关应用，结合分解集成方法论不同阶段的具体任务，明确了数据驱动思想在分解集成预测建模中的具体含义。在此基础上，构建本书的整体研究框架：第一，在数据驱动思想的指导下，针对分解集成方法论的三个研究步骤进行改进与优化；第二，使用仿真实验或公开数据集，对改进后的方法进行有效性检验；第三，以我国农产品市场中的代表性产品（猪肉、鸡蛋、西红柿、黄瓜）为研究对象，实证数据驱动的分解集成预测建模方法在农产品对象中的适用性及有效性。

（2）设计数据驱动的时序分解方法改进方案。

通过时序分解过程，可将原始波动复杂的时间序列分解为多个相对简单且规律清晰的子序列，为后续预测建模提供有效输入。常用的分解方法包括时域、时频和瞬频分解方法。瞬频分解方法具有自适应的分解性能，摆脱了对固有先验函数的依赖，适合于复杂时间序列的分解任务。本书以瞬频分解方法中的经典代表——经验模态类分解算法为研究对象，针对制约其分解效果的端点效应及模态混淆问题展开研究。

针对端点效应问题，设计了一种兼具镜像对称和波形匹配的组合延拓方法，确保延拓波段能够较好地保留原序列的数据波动形态，有效避免算法筛选过程中产生的数据污染。针对模态混淆问题，设计了一种具有数据自适应性的模态混淆抑制方法，以排序熵作为子序列复杂度的度量指标，对于超过设定阈值（复杂度较高）的子序列，运用快速傅里叶变换技术提取可能混合于其中的噪声信号，从而获得物理含义更为清晰的子序列。基于仿真信号实验，证实了改进后的经验模态类分解算法相较于原始算法，具有更稳定的分解性能，且能有效地提取出混合在原始时序中的不同模态分量。

（3）构建数据驱动的预测模型自适应选择框架。

分解集成的第二步是对分解后的各子序列进行预测建模，如何为形态各异的子序列选择最为恰当的预测模型，对应于预测模型选择问题。现有研究通常依据研究者的主观经验确定预测模型，容易导致模型选择风险的产生。为了规避模型选择的风险并进一步提高模型预测精度，本书借鉴元学习的思想，将预测模型选择问题转化为分类问题，以时间序列的统计特征表征原始时序，构建一个基于时序统计特征的预测模型自适应选择框架。

具体地，以 18 个时序统计特征为输入，6 个备选模型为输出，采用 RF 作为预测模型选择的分类器。进一步，为提高分类器的可解释性，运用多元回归模型，分析各时序统计特征与模型预测精度的相关性，筛选出具有预测可解释性的时序统计特征，以实现对原始特征集的精简（筛选后的特征为九个）。基于 M3 数据集的仿真实验表明，相较于单项预测模型，分类器可大幅度提高平均预测精度。原始分类器的分类正确率为 82.52%，MAPE 为 81.41%；改进后的分类器分类正确率为 83.39%，MAPE 为 79.15%。可见，改进后的分类器不仅训练时间更短，且性能更优。

（4）设计基于邻域互信息的集成子集筛选算法。

集成预测环节有较多亟待解决的问题，其中一个是如何从数量众多的单项预测模型中，筛选合适的单模型以形成集成子集。为了高效快速地从备选模型中挑选出最优的集成子集，减少算法时间成本并提高筛选准确度，本书将子集选择问题转化为优化问题，以邻域互信息作为各单项预测结果相关性的度量指标，以最

第 7 章　总结与展望

大化备选模型与子集的相关性且最小化子集中模型的冗余度为决策目标,设计最优子集筛选方案。使用布谷鸟搜索算法优化邻域控制参数,结合二次筛选策略,确保算法的稳健性。以时间序列分析领域若干条常用的时序数据为验证对象,以三种常用的集成策略为基准,证实了基于邻域互信息的集成子集筛选算法的有效性。该算法能够实现依据单模型蕴含的信息量,自适应确定最佳集成子集,完善了最优子集筛选的理论基础。

(5) 探讨提高集成预测多样性的策略。

集成预测是公认的能够提高未知情境下预测结果稳健性及有效性的策略。集成预测的优势来源于预测结果的多样性,这种多样性,除了来自不同的单项预测模型外,还可来自不同的数据获取渠道和不同的数据预处理方式。为进一步丰富集成预测的多样性,本书探讨了融合不同数据来源及融合不同数据预处理方法的集成预测策略。

具体而言,以 ISD 反映公众对于农产品价格波动的关注程度,构建融合 ISD 的集成预测策略。为增加预测结果的可解释性,使用格兰杰因果关系检验,筛选出对农产品价格波动具有可解释性的 ISD 作为预测模型的输入变量。结合多元分解技术,将较为复杂的原始价格时序和 ISD 分解为多个具有尺度对齐特性的子序列,作为预测模型的输入。此外,通过将原始时间序列转变为多个具有不同时间尺度的时序数据,增加研究对象的信息量,结合多种权重设计方法,设计融合多时间尺度数据的集成预测策略。

7.2　本书的研究成果

为验证数据驱动的分解集成预测方法对于农产品价格波动预测的有效性及适用性,本书以猪肉、鸡蛋、西红柿和黄瓜的全国平均价格作为实证对象,设计系列对比实验,取得了以下研究成果。

(1) 数据驱动的时序分解方法。

数据驱动的时序分解方法包含了组合延拓及基于子序列复杂度的信号提取方法,有效解决了影响经验模态类分解算法性能的端点效应和模态混淆问题。以上述四种农产品为实证对象,对比改进前后时序分解算法的性能发现,改进后的分解算法具有较好的普适性,对于不同类型的农产品及不同种类的单项预测模型具有一定程度的改进效果。改进算法不仅能有效提高模型的水平预测精度,还能提高其方向预测精度。此外,不同农产品对应的最佳分解预测方案不尽相同,进一步说明了依据研究对象的数据形态(特征),确定最佳方法(模型)的必要性。

(2) 数据驱动的预测模型自适应选择框架。

数据驱动的预测模型自适应选择框架,以时序特征为模型选择的依据,利用机器学习算法强大的自我学习能力,建立时序统计特征与最佳预测模型之间的映射关系,从而实现数据驱动的预测模型自适应选择,减少人为因素可能产生的模型选择风险。以改进后的分类器,即具有可解释性的预测模型选择分类器 ICFMS 作为实证研究的工具。研究发现,相同农产品不同子序列的模型选择结果差异较大,即使对于同一条子序列,不同预测步长对应的最佳预测模型也不相同,再次印证了使用分类器进行最优预测模型选择的必要性。对猪肉、鸡蛋、西红柿和黄瓜的实验结果表明,以简单平均策略作为对比基准,分类器的平均水平预测误差分别提升了 29.88%、31.10%、30.69%和 5.37%;平均方向预测误差分别提升了 27.55%、28.30%、17.05%和 14.10%,证实了分类器对于提高农产品价格预测误差的有效性。

(3) 数据驱动的集成子集筛选算法。

针对集成子集选择难题,本书设计了基于邻域互信息的最优集成子集筛选算法。以邻域互信息作为各单项预测结果相关性的度量指标,以最大化备选模型与子集的相关性且最小化子集中模型的冗余度为决策目标,运用布谷鸟搜索算法优化邻域参数,实现以各单项预测结果蕴含的信息量为依据,确定最优集成子集的子集筛选过程。以猪肉、鸡蛋、西红柿和黄瓜为实证对象,以六个单项预测模型作为备选模型池,研究发现,最优集成子集包含的模型个数通常为二个,说明最优子集筛选算法倾向于选择较少的模型以达到最优集成效果。以六个单项预测模型的简单平均结果为对比基准,最优子集筛选策略的平均水平预测误差分别提升了 4.47%、32.97%、10.97%和 28.54%;平均方向预测误差分别提升了 15.31%、21.70%、7.95%和 21.79%。进一步,以基模型在验证集中的 MSE 为依据设计集成权重,得到的集成效果优于等权重集成策略。

(4) 融合 ISD 的集成预测策略。

农产品(尤其是畜禽产品)容易受到外部冲击因素的影响而导致价格异常波动。考虑到 ISD 能反映公众对于某一事物的关注程度,相较于历史价格数据是一个非常好的数据来源补充,因此,本书设计了一个融合 ISD 的农产品价格波动分解集成预测策略,针对畜禽类产品(猪肉、牛肉、鸡肉和鸡蛋)进行实证研究。首先,通过格兰杰因果关系检验,筛选出对于农产品价格波动具有预测性能的网络搜索指标;其次,运用多元经验模态分解法,将 ISD 与价格波动数据进行同步分解,以得到具有尺度对齐特性的分量;最后,以分解后的各分量作为支持向量回归机的预测建模输入,得到最终的集成预测结果。实证表明,加入 ISD 后,四种农产品的水平预测误差分别提高 17.39%、9.54%、4.64%和 18.35%;方向预测误差除猪肉外,分别提高 5.98%、2.44%和 6.84%。由此说明,增加预测数据来源的多样性,是一种提高农产品价格集成预测性能的有效途径。

（5）融合多时间尺度数据的集成预测策略。

除了预测数据来源的多样性，本书还从数据处理方法多样性的视角探讨提高集成预测性能的途径。考虑到不同时间尺度的研究数据蕴含研究对象不同时期的数据生成机制，本书设计了一个融合多时间尺度数据的集成预测策略。以日度农产品价格为基准，通过数据转换过程，生成对应的周度及月度价格时序，以全面反映研究对象的短期、中期及长期数据变动趋势。进一步，将不同时间尺度数据的预测结果统一转化为原始日度频率，结合多种权重计算方法，针对不同预测步长的需求设计不同的集成方案。研究结果表明，不同时间尺度集成方案的选择应与预测步长相匹配。对于短期预测，使用日度价格数据即可；对于中期预测任务，在日度价格数据的基础上，还需加入周度数据，以捕捉时序的中期变动趋势；就长期预测而言，则需包含日度、周度及月度三种时间尺度，以充分涵盖预测期限内的价格波动信息。

7.3 未来研究展望

本书在数据驱动思想的指导下，对分解集成预测建模流程进行改进与优化，综合运用机器学习及智能优化方法，实现依据研究对象的数据形态（特征），自适应确定所用的方法（模型）的预测建模过程。以我国农产品市场的主要农产品为实证对象，证实了数据驱动的分解集成预测建模方法对于提高水平预测精度和方向预测精度的有效性。该研究方法目前正处于初步形成阶段，作者对于相关问题思考与探索的深度和广度十分有限，尽管在小范围内取得了一定的研究成果，仍存在许多需要不断修改、完善与拓展的地方。以下将总结本书工作存在的局限性，进一步结合相关领域的最新研究进展，提出未来的研究展望。

7.3.1 研究的局限性

本书以数据驱动思想为指导，对分解集成预测方法论进行改进与优化，以我国农产品市场的典型产品为研究对象，实证改进后的分解集成预测建模方法对于提高水平及方向预测精度的有效性及适用性，在一个特定的研究范围证实了该方法的可行性。然而，研究过程中也发现一些有待改进的问题，现讨论如下。

（1）就时序分解方法而言，本书的研究结果已证实分解策略相较于直接建模策略的普遍优势，以及改进后经验模态类分解方法相较于原始算法的普遍有效性。然而，从实验结果可见，不同农产品对应的最佳分解算法并不相同，如何依据研究对象的数据形态自适应匹配最佳的分解算法，有待进一步研究。

（2）就预测模型选择分类器而言，本书的研究结果已证实基于时序统计特征的预测模型选择分类器能有效规避模型选择风险，提高平均预测精度。就分类正确率而言，尽管采用特征筛选策略后的分类正确率相比原始分类器略有提高，但仍有进一步提升的空间。本书实验采用基于集成学习策略的 RF 构建分类器，若采用性能更优的深度学习算法，有望进一步提高分类器性能。

（3）就集成预测策略而言，本书设计的基于邻域互信息的最优集成子集筛选策略相较于基准集成策略具有明显的改进性能。目前，该策略采用的是固定权重法，不能反映不同预测模型在不同时点预测性能的差异。此外，就融合不同数据来源的集成策略而言，本实验仅使用百度搜索指数作为数据来源，尚未涉及社交媒体、网络论坛、新闻评论等信息来源。

7.3.2 研究展望

基于上述对本书研究工作局限性的分析，以下结合相关领域的最新研究进展，对未来的研究工作进行展望，以期进一步完善农产品价格波动预测的理论基础，提高模型预测精度，为农户生产、企业经营及政府调控提供更为科学的决策依据。

（1）农产品价格波动特征类型划分。

农产品这一概念包含众多不同类型的具体产品，既有期货产品也有现货产品，既有大宗产品也有小宗产品。不同类型农产品的价格波动特征差异较大，有的具有明显的趋势性、有的具有明显的季节性、有的则具有明显的不规则性。由于时间与精力有限，本书仅选择猪肉、鸡蛋、西红柿和黄瓜作为研究对象。今后，可广泛收集各类农产品的价格波动数据，结合时序统计特征提取以及聚类方法，划分出不同波动类型的子集。以子集的数据波动形态（特征）为依据，构建数据驱动的分解集成预测建模方法，提高分解集成方法论对于不同类型农产品的适用性。

（2）时序分解方法的自适应选择。

近年来，各类具有较高自适应性的时序分解方法不断涌现，如 SSA、VMD、稀疏表示分解等，对经验模态类分解方法形成有益补充。结合前期实验结果可知，不同分解方法对不同研究对象的有效性不同，因此，可借鉴元学习思想，构建时序分解方法的自适应选择分类器，提高分解方法选择的准确性。

（3）基于深度学习算法的预测模型自适应选择。

本书将预测模型选择难题转化为分类问题，借助于机器学习算法强大的学习能力，自动获取时序统计特征与最佳预测模型之间的映射关系，从而实现预测模型的自适应选择。得益于深度学习算法的快速发展及广泛应用，可尝试将一维时间序列转化为二维图像，借助于深度神经网络在图像分类领域的优异表现，将时间序列分类问题转化为图像分类问题，实现更为精准的预测模型自适应分类。

（4）融合非结构化数据的集成预测策略。

本书设计了融合 ISD 的集成预测策略，实证表明 ISD 蕴含着能够有效提高农产品价格预测精度的信息量，通过集成不同的数据来源，实现预测性能的提升。ISD 是一种结构化数据，除此之外，社交媒体、网络论坛、行业网站也蕴含着大量丰富的非结构化数据。因此，可采用文本分析技术，从更广泛的信息来源爬取与农产品价格波动相关的消息，结合语义分析方法，构建农产品价格市场情绪指数，进一步丰富农产品价格波动预测的信息来源。

参 考 文 献

蔡超敏，凌立文，牛超，等. 2006. 国内猪肉市场价格的 EMD-SVM 集成预测模型[J]. 中国管理科学，24（S1）：845-851.

曹霜，何玉成. 2015. 基于小波分解的 SVM-ARIMA 农产品价格预测模型[J]. 统计与决策，(13)：92-95.

陈华友，盛昭瀚，刘春林. 2004. 调和平均的组合预测方法之性质研究[J]. 系统工程学报，19（6）：620-624.

陈彦斌，唐诗磊，李杜. 2009. 货币供应量能预测中国通货膨胀吗？[J]. 经济理论与经济管理，(2)：22-28.

陈兆荣，雷勋平，王亮，等. 2013. 基于 ARIMA-SVM 组合模型的我国农产品价格预测研究[J]. 财经理论研究，(2)：103-107.

程可胜. 2009. 随机游走与期货市场有效性检验——以郑州棉花期货为例[J]. 华东经济管理，23（1）：73-77.

崔焕影，窦祥胜. 2018. 基于 EMD-GA-BP 与 EMD-PSO-LSSVM 的中国碳市场价格预测[J]. 运筹与管理，27（7）：133-143.

范建平，赵苗，吴美琴. 2019. 基于邻域互信息的区间 DEA 交叉效率评价方法[J]. 统计与决策，35（3）：77-81.

范青青，袁艳红. 2018. 基于 X12-ARIMA 模型的猪肉价格波动规律研究[J]. 中国畜牧杂志，54（6）：138-142.

付莲莲，伍健. 2020. 基于梯度提升回归模型的生猪价格预测[J]. 计算机仿真，37（1）：347-350.

高群，宋长鸣. 2016. 美国粮食价格突变及其对国内农业安全的启示[J]. 华南农业大学学报（社会科学版），15（4）：87-97.

高思凡. 2021. 基于时变权重的区间时间序列组合预测模型构造[J]. 重庆工商大学学报（自然科学版），38（2）：40-47.

高杨，李健. 2014. 基于 EMD-PSO-SVM 误差校正模型的国际碳金融市场价格预测[J]. 中国人口·资源与环境，24（6）：163-170.

郜传厚，渐令，陈积明，等. 2009. 复杂高炉炼铁过程的数据驱动建模及预测算法[J]. 自动化学报，35（6）：725-730.

顾国达，方晨靓. 2012. 国际农产品价格波动成因研究述评[J]. 华中农业大学学报（社会科学版），(2)：11-17.

郭华玲，郑宾，刘艳莉，等. 2019. 基于 EEMD 能量熵的激光超声微缺陷信号特征提取[J]. 测试技术学报，(5)：393-397，405.

韩喜艳，高志峰，刘伟. 2019. 全产业链模式促进农产品流通的作用机理：理论模型与案例实证[J]. 农业技术经济，(4)：55-70.

参考文献

韩延杰. 2012. 一种基于模糊信息粒化和 GA-SVM 的农产品价格预测方法[J]. 农业网络信息, (11): 16-20.

贺艳辉. 2009. 基于 BP 人工神经网络水产品价格预测的研究[D]. 南京: 南京农业大学.

贺毅岳, 高妮, 王峰虎, 等. 2019. EMD 分解下基于 SVR 的股票价格集成预测[J]. 西北大学学报（自然科学版）, 49 (3): 329-336.

胡云峰, 丁一桐, 赵志欣, 等. 2021. 柴油发动机燃烧过程数据驱动建模与滚动优化控制[J]. 吉林大学学报（工学版）, 51 (1): 49-62.

黄季焜, 杨军, 仇焕广, 等. 2009. 本轮粮食价格的大起大落: 主要原因及未来走势[J]. 管理世界, (1): 72-78.

蒋传进. 2015. 组合预测中组合方法的遴选原理[J]. 统计与决策, (17): 83-85.

李爱忠, 任若恩, 董纪昌. 2013. 基于集成预测的均值-方差-熵的模糊投资组合选择[J]. 系统工程理论与实践, 33 (5): 1116-1125.

李博文, 邵书慧. 2018. 不同政策环境下农产品价格波动特征分析——以棉花和大豆为例[J]. 世界农业, (11): 100-107.

李干琼, 许世卫, 李哲敏, 等. 2010. 农产品市场价格超短期预测研究——基于西红柿日批发价格的现代时间序列法建模[J]. 华中农业大学学报（社会科学版）, (6): 40-45.

李国, 江晓东. 2018. 基于提升回归树与随机森林的风电功率集成预测方法[J]. 电力系统及其自动化学报, 30 (11): 70-74.

李国祥. 2011. 2011 年中国农业经济形势分析及其预测[J]. 农业展望, 7 (5): 31-34, 38.

李建政, 李干琼, 周涵. 2020. 农产品市场异常波动预测预警综述[J]. 农业展望, 16 (3): 98-103, 111.

李金林, 金钰琦. 2002. 中国股票 A 股市场随机游走模型的检验[J]. 北京工商大学学报（自然科学版）, 20 (4): 49-52.

李凌均, 金兵, 马艳丽, 等. 2018. 基于 MEMD 与 MMSE 的滚动轴承退化特征提取方法[J]. 郑州大学学报（工学版）, 39 (4): 86-91.

李哲敏, 许世卫, 崔利国, 等. 2015. 基于动态混沌神经网络的预测研究——以马铃薯时间序列价格为例[J]. 系统工程理论与实践, 35 (8): 2083-2091.

梁小珍, 乔晗, 汪寿阳, 等. 2017. 基于奇异谱分析的我国航空客运量集成预测模型[J]. 系统工程理论与实践, 37 (6): 1479-1488.

凌立文, 张大斌. 2019. 组合预测模型构建方法及其应用研究综述[J]. 统计与决策, 35 (1): 18-23.

刘博, 彭凯越, 唐晓彬. 2018. 基于互联网大数据背景下的 CPI 预测研究[J]. 经济统计学（季刊）, (1): 104-117.

刘峰, 王儒敬, 李传席. 2009. ARIMA 模型在农产品价格预测中的应用[J]. 计算机工程与应用, 45 (25): 238-239, 248.

刘慧, 李宁辉. 2012. 我国小宗农产品价格波动趋势及其预测——以绿豆为例的分析[J]. 价格理论与实践, (6): 57-58.

刘金培, 林盛, 郭涛, 等. 2011. 一种非线性时间序列预测模型及对原油价格的预测[J]. 管理科学, 24 (6): 104-112.

刘训翰, 张利庠, 杨海霞. 2015. 中国畜产品价格的实证分析——基于季节调整模型与两阶段协方差方法[J]. 经济与管理研究, 36 (4): 39-44.

马彪, 李丹. 2018. 生猪价格指数保险中的系统性风险问题研究[J]. 农业技术经济, (8): 112-123.

马雄威, 朱再清. 2008. 灰色神经网络模型在猪肉价格预测中的应用[J]. 内蒙古农业大学学报（社会科学版）, (4): 91-93.

毛学峰, 杜锐, 王济民. 2018. 中国四大肉类产品之间是否存在价格联系[J]. 农业技术经济, (10): 97-108.

孟令国, 李超令, 胡广. 2014. 基于 PDE 模型的中国人口结构预测研究[J]. 中国人口·资源与环境, 24（2）: 132-141.

苗珊珊. 2018. 突发事件信息冲击对猪肉价格波动的影响[J]. 管理评论, 30（9）: 246-255.

欧阳红兵, 黄亢, 闫洪举. 2020. 基于 LSTM 神经网络的金融时间序列预测[J]. 中国管理科学, 28（4）: 27-35.

彭乃驰, 党婷. 2018. 基于小波分析的 BP-SARIMA 模型的 CPI 预测[J]. 统计与决策, 34（16）: 22-25.

乔浪, 郭新宇, 彭程. 2019. 基于多维关联规则的猪肉价格波动原因分析[J]. 江苏农业科学, 47（11）: 332-335.

荣钦彪. 2018. 改进端点效应和抑制模态混叠的 EMD 方法研究[D]. 天津: 天津大学.

沈兆轩, 袁三男. 2020. 利用卷积神经网络支持向量回归机的地区负荷聚类集成预测[J]. 电网技术, 44（6）: 2237-2244.

石自忠, 王明利, 胡向东. 2016. 经济政策不确定性与中国畜产品价格波动[J]. 中国农村经济, (8): 42-55.

邰晓红, 刘义. 2019. 基于 EEMD-PSO-SVM 的月度 CPI 预测研究[J]. 统计与决策, 35（3）: 30-33.

汤铃, 余乐安, 李建平, 等. 2016. 复杂时间序列预测技术研究: 数据特征驱动分解集成方法论[M]. 北京: 科学出版社.

汤路昀, 祁春节. 2017. 对不同属性农产品价格非对称性研究——农业供给侧改革背景下农产品价格波动特征分析[J]. 价格理论与实践, (8): 20-23.

陶志富, 葛璐璐, 陈华友. 2020. 基于滑动窗口的一类非负可变权组合预测方法[J]. 控制与决策, 35（6）: 1446-1452.

田露, 王军, 张越杰. 2012. 中国牛肉市场价格动态变化及其关联效应分析[J]. 农业经济问题, 33（12）: 79-83.

涂圣伟, 蓝海涛, 等. 2015. 中国重要农产品价格波动与调控新机制[M]. 北京: 中国计划出版社.

王保义, 赵硕, 张少敏. 2014. 基于云计算和极限学习机的分布式电力负荷预测算法[J]. 电网技术, 38（2）: 526-531.

王川, 赵俊晔, 赵友森. 2013. 组合预测模型在农产品价格短期预测中的应用——以苹果为例的实证分析[J]. 系统科学与数学, 33（1）: 89-96.

王德青, 王斐斐, 朱万闯. 2014. 基于 EMD 技术的非平稳非线性时间序列预测[J]. 系统工程, 32（5）: 138-143.

王东风, 王富强, 牛成林. 2014. 小波分解层数及其组合分量对短期风速多步预测的影响分析[J]. 电力系统保护与控制, 42（8）: 82-89.

王海明, 刘永强, 廖英英, 等. 2019. 基于 EEMD 和改进 OMP 算法的滚动轴承故障诊断[J]. 煤矿机械, 40（8）: 169-172.

王静, 李维德. 2018. 基于CEEMD和GWO的超短期风速预测[J]. 电力系统保护与控制, 46 (9): 69-74.

王书平, 朱艳云. 2016. 基于多尺度分析的小麦价格预测研究[J]. 中国管理科学, 24 (5): 85-91.

王奕森, 夏树涛. 2018. 集成学习之随机森林算法综述[J]. 信息通信技术, (1): 49-55.

吴登生, 李建平, 汤铃, 等. 2011. 生猪价格波动特征及影响事件的混合分析模型与实证[J]. 系统工程理论与实践, 31 (11): 2033-2042.

吴曼曼, 徐建新. 2019. 基于EMD改进的Elman神经网络对股票的短期预测模型[J]. 计算机工程与科学, 41 (6): 1119-1127.

夏冰. 2015. 农产品价格波动聚集特征验证及趋势预测[J]. 统计与决策, (20): 145-148.

肖大海, 谢全敏, 杨文东. 2017. 基于多变量的集成预测模型在隧道拱顶沉降变形预测中的应用[J]. 公路交通科技, 34 (12): 90-96.

谢平, 江国乾, 李兴林, 等. 2013. 本征时间尺度排序熵及其在滚动轴承故障诊断中的应用[J]. 燕山大学学报, (2): 179-184.

谢小可. 2010. 抑制EMD端点效应方法的研究[D]. 昆明: 昆明理工大学.

熊富强, 桂卫华, 阳春华. 2012. 针铁矿法沉铁过程铁离子浓度集成预测模型[J]. 控制与决策, 27 (3): 329-334, 342.

熊涛. 2021. 我国猪肉价格的影响因素是时变的吗?——基于动态模型平均的分析与预测[J]. 华中农业大学学报 (社会科学版), (3): 63-73, 186.

熊巍, 祁春节, 高瑜, 等. 2015. 基于组合模型的农产品市场价格短期预测研究——以红富士苹果、香蕉、橙为例[J]. 农业技术经济, (6): 57-65.

熊巍, 祁春节. 2016. 果蔬农产品市场价格风险预警研究[J]. 价格理论与实践, (12): 41-44.

熊志斌. 2011. ARIMA融合神经网络的人民币汇率预测模型研究[J]. 数量经济技术经济研究, 28 (6): 64-76.

徐雪高. 2008. 新一轮农产品价格波动周期: 特征、机理及影响[J]. 财经研究, 34 (8): 110-119.

颜云华, 吴志丹. 2016. 基于MEMD的高速列车转向架故障的排列熵特征分析[J]. 电子技术应用, 42 (5): 124-127.

杨光华, 邹敏. 2014. 湘江长沙港吞吐量集成预测与分析[J]. 物流工程与管理, (3): 110-113.

杨光艺. 2019. 贝叶斯模型平均下的时变系数预测回归模型[J]. 统计与决策, (19): 20-24.

杨云飞, 鲍玉昆, 胡忠义, 等. 2010. 基于EMD和SVMs的原油价格预测方法[J]. 管理学报, 7 (12): 1884-1889.

于晓虹, 楼文高. 2016. 基于随机森林的P2P网贷信用风险评价、预警与实证研究[J]. 金融理论与实践, (2): 53-58.

张健, 孙玉莹, 张新雨, 等. 2020. 基于时变模型平均方法的我国航空客运量预测[J]. 系统工程理论与实践, 40 (6): 1509-1519.

张亢, 程军圣, 杨宇. 2010. 基于自适应波形匹配延拓的局部均值分解端点效应处理方法[J]. 中国机械工程, 21 (4): 457-462.

张磊, 黄传辉, 朱恩旭, 等. 2019. 基于数据驱动建模的钣金装配过程误差分析[J]. 机械工程学报, 55 (10): 34-41.

张茜, 吴超, 乔晗, 等. 2016. 基于TEI@I方法论的中国季播电视综艺节目收视率预测[J]. 系统工程理论与实践, 36 (11): 2905-2914.

张同辉, 苑莹, 曾文. 2020. 投资者关注能提高市场波动率预测精度吗？——基于中国股票市场高频数据的实证研究[J]. 中国管理科学, 28（11）: 192-205.

张郁山, 梁建文, 胡聿贤. 2003. 应用自回归模型处理 EMD 方法中的边界问题[J]. 自然科学进展,（10）: 1054-1059.

郑莉, 段冬梅, 陆凤彬, 等. 2013. 我国猪肉消费需求量集成预测——基于 ARIMA、VAR 和 VEC 模型的实证[J]. 系统工程理论与实践, 33（4）: 918-925.

周爱珠, 张喜才, 张利庠. 2017. 新闻消息对农产品价格波动的影响研究[J]. 重庆三峡学院学报, 33（3）: 34-42.

周程, 施文, 马士华. 2018. 基于改进 PSO-BP 非线性补偿的货运量"分解-集成"预测[J]. 统计与决策, 34（9）: 81-85.

周晶, 丁士军, 阮冬燕. 2014. 中国生猪生产波动影响因素分析——基于 2000-2012 年省级面板数据的实证研究[J]. 农业现代化研究, 35（6）: 750-756.

周羿含. 2018. EU ETS 与国内碳交易价格波动特征研究——基于 EEMD 和 CWT 分析框架[D]. 广州：暨南大学.

朱艳云. 2016. 基于多尺度分析的粮食价格预测方法及应用研究[D]. 北京：北方工业大学.

Adya M, Collopy F, Armstrong J S, et al. 2001. Automatic identification of time series features for rule-based forecasting[J]. International Journal of Forecasting, 17（2）: 143-157.

Aiolfi M, Timmermann A. 2006. Persistence in forecasting performance and conditional combination strategies[J]. Journal of Econometrics, 135（1/2）: 31-53.

Alexakis C, Bagnarosa G, Dowling M. 2017. Do cointegrated commodities bubble together？ The case of hog, corn, and soybean[J]. Finance Research Letters, 23: 96-102.

Andrawis R R, Atiya A F, El-Shishiny H. 2011a. Combination of long term and short term forecasts, with application to tourism demand forecasting[J]. International Journal of Forecasting, 27（3）: 870-886.

Andrawis R R, Atiya A F, El-Shishiny H. 2011b. Forecast combinations of computational intelligence and linear models for the NN5 time series forecasting competition[J]. International Journal of Forecasting, 27（3）: 672-688.

Athanasopoulos G, Ahmed R A, Hyndman R J. 2009. Hierarchical forecasts for Australian domestic tourism[J]. International Journal of Forecasting, 25（1）: 146-166.

Atiya A F. 2020. Why does forecast combination work so well？[J]. International Journal of Forecasting, 36（1）: 197-200.

Ayankoya K, Calitz A P, Greyling J H. 2016. Real-time grain commodities price predictions in South Africa: a big data and neural networks approach[J]. Agrekon, 55（4）: 483-508.

Bai L L, Han Z N, Li Y F, et al. 2018. A hybrid de-noising algorithm for the gear transmission system based on CEEMDAN-PE-TFPF[J]. Entropy, 20（5）: 361.

Bandt C, Pompe B. 2002. Permutation entropy: a natural complexity measure for time series[J]. Physical Review Letters, 88（17）: 174102.

Bangwayo-Skeete P F, Skeete R W. 2015. Can Google data improve the forecasting performance of tourist arrivals? Mixed-data sampling approach[J]. Tourism Management, 46: 454-464.

Bates J M, Granger C W J. 1969. The combination of forecasts[J]. Operational Research Society,

20 (4): 451-468.

Battiti R. 1994. Using mutual information for selecting features in supervised neural net learning[J]. IEEE Transactions on Neural Networks, 5: 537-550.

Bessler D A, Brandt J A. 1981. Forecasting livestock prices with individual and composite methods[J]. Applied Economics, 13: 513-522.

Brandt J A, Bessler D A. 1984. Forecasting with vector autoregressions versus a univariate ARIMA process: an empirical example with U.S. hog prices[J]. North Central Journal of Agricultural Economics, 6 (2): 29-36.

Bulut L. 2015. Google Trends and the forecasting performance of exchange rate models[J]. Journal of Forecasting, 37 (3): 303-315.

Cao J, Li Z, Li J. 2019. Financial time series forecasting model based on CEEMDAN and LSTM[J]. Physica A: Statistical Mechanics and its Applications, 519: 127-139.

Chai J, Lu Q Y, Wang S Y, et al. 2016. Analysis of road transportation energy consumption demand in China[J]. Transportation Research Part D: Transport and Environment, 48: 112-124.

Chan F, Pauwels L L. 2018. Some theoretical results on forecast combinations[J]. International Journal of Forecasting, 34 (1): 64-74.

Chen K Y. 2011. Combining linear and nonlinear model in forecasting tourism demand[J]. Expert Systems with Applications, 38 (8): 10368-10376.

Chen L M, Li Z H. 2019. Research on the price analysis and prediction method of agricultural products based on logistics information[J]. Cluster Computing, 22: 14951-14957.

Chen S, Chen X, Xu J. 2016. Impacts of climate change on agriculture: evidence from China[J]. Journal of Environmental Economics and Management, 76: 105-124.

Claeskens G, Magnus J R, Vasnev A L, et al. 2016. The forecast combination puzzle: a simple theoretical explanation[J]. International Journal of Forecasting, 32 (3): 754-762.

Colino E V, Irwin S H, Garcia P. 2011. Improving the accuracy of outlook price forecasts[J]. Agricultural Economics, 42 (3): 357-371.

Collopy F, Armstrong J S. 1992. Rule-based forecasting: development and validation of an expert systems approach to combining time series extrapolations[J]. Management Science, 38 (10): 1394-1414.

Cox C B, Luby P J. 1956. Predicting hog prices[J]. Journal of Farm Economics, 38 (4): 931-939.

Dai Y, He J, Wu Y, et al. 2019. Generalized entropy plane based on permutation entropy and distribution entropy analysis for complex time series[J]. Physica A: Statistical Mechanics and its Applications, 520: 217-231.

de Menezes L M, Bunn D W, Taylor J W. 2000. Review of guidelines for the use of combined forecasts[J]. European Journal of Operational Research, 120 (1): 190-204.

Deering R, Kaiser J F. 2005. The use of a masking signal to improve empirical mode decomposition[R]. New York: IEEE.

Dong J C, Dai W, Tang L, et al. 2019. Why do EMD-based methods improve prediction? A multiscale complexity perspective[J]. Journal of Forecasting, 38 (7): 714-731.

Du P, Wang J Z, Yang W D, et al. 2019. Container throughput forecasting using a novel hybrid learning method with error correction strategy[J]. Knowledge-Based Systems, 182: 104853.

Evans E A, Nalampang S. 2009. Forecasting price trends in the U.S. avocado (persea americana mill.) market[J]. Journal of Food Distribution Research, 40 (2): 37-46.

Fantazzini D, Toktamysova Z. 2015. Forecasting German car sales using Google data and multivariate models[J]. International Journal of Production Economics, 170: 97-135.

Fischer T, Krauss C. 2018. Deep learning with long short-term memory networks for financial market predictions[J]. European Journal of Operational Research, 270 (2): 654-669.

Fleureau J, Kachenoura A, Albera L, et al. 2011. Multivariate empirical mode decomposition and application to multichannel filtering[J]. Signal Processing, 91 (12): 2783-2792.

Genre V, Kenny G, Meyler A, et al. 2013. Combining expert forecasts: can anything beat the simple average? [J]. International Journal of Forecasting, 29 (1): 108-121.

He K J, Yu L A, Lai K K. 2012. Crude oil price analysis and forecasting using wavelet decomposed ensemble model[J]. Energy, 46 (1): 564-574.

Henrique B M, Sobreiro V A, Kimura H. 2019. Literature review: machine learning techniques applied to financial market prediction[J]. Expert Systems with Applications, 124: 226-251.

Hibon M, Evgeniou T. 2005. To combine or not to combine: selecting among forecasts and their combinations[J]. International Journal of Forecasting, 21 (1): 15-24.

Hu Q H, Xie Z X, Yu D R. 2007. Hybrid attribute reduction based on a novel fuzzy-rough model and information granulation[J]. Pattern Recognition, 40 (12): 3509-3521.

Hu Q H, Zhang L, Zhang D, et al. 2011. Measuring relevance between discrete and continuous features based on neighborhood mutual information[J]. Expert Systems with Applications, 38 (9): 10737-10750.

Hu Z Y, Bao Y K, Xiong T. 2014. Comprehensive learning particle swarm optimization based memetic algorithm for model selection in short-term load forecasting using support vector regression[J]. Applied Soft Computing, 25: 15-25.

Huang N E, Shen Z, Long S R, et al. 1998. The empirical mode decomposition and the Hilbert spectrum for nonlinear and nonstationary time series analysis[J]. Proceeding of the Royal Society A, 454: 903-995.

Huang N, Long S. 2000. Analyzing time series using EMD and Hilbert spectra[J]. NASA Tech Briefs, 24 (10): 63-64.

Huang Y S, Gao Y L, Gan Y, et al. 2021. A new financial data forecasting model using genetic algorithm and long short-term memory network[J]. Neurocomputing, 425: 207-218.

Hyndman R J, Koehler A B, Snyder R D, et al. 2002. A state space framework for automatic forecasting using exponential smoothing methods[J]. International Journal of Forecasting, 18 (3): 439-454.

Jaseena K U, Kovoor B C. 2021. Decomposition-based hybrid wind speed forecasting model using deep bidirectional LSTM networks[J]. Energy Conversion and Management, 234: 113944.

Jha G K, Sinha K. 2013. Agricultural price forecasting using neural network model: an innovative information delivery system[J]. Agricultural Economics Research, 26: 229-239.

Jia J, Goparaju B, Song J L, et al. 2017. Automated identification of epileptic seizures in EEG signals based on phase space representation and statistical features in the CEEMD domain[J]. Biomedical Signal Processing and Control, 38: 148-157.

Karamé F, Fondeur Y. 2013. Can Google data help predict French youth unemployment? [J]. Economic Modelling, 30: 117-125.

Keerthi P K, Naidu G M. 2013. Forecasting monthly prices of tomato in madanapalli market of Chittoor district[J]. Bioinfolet, 10 (1b): 201-203.

Khashei M, Bijari M. 2011. A novel hybridization of artificial neural networks and ARIMA models for time series forecasting[J]. Applied Soft Computing, 11 (2): 2664-2675.

Kohzadi N, Boyd M S, Kermanshahi B, et al. 1996. A comparison of artificial neural network and time series models for forecasting commodity prices[J]. Neurocomputing, 10: 169-181.

Kourentzes N, Barrow D, Petropoulos F. 2019. Another look at forecast selection and combination: evidence from forecast pooling[J]. International Journal of Production Economics, 209: 226-235.

Kourentzes N, Petropoulos F, Trapero J R. 2014. Improving forecasting by estimating time series structural components across multiple frequencies[J]. International Journal of Forecasting, 30 (2): 291-302.

Kück M, Crone S F, Freitag M. 2016. Meta-learning with neural networks and landmarking for forecasting model selection an empirical evaluation of different feature sets applied to industry data[R]. New York: IEEE.

Kumar T L M, Prajneshu. 2017. Nonlinear support vector regression model selection using particle swarm optimization algorithm[J]. National Academy Science Letters, 40 (2): 79-85.

Kurumatani K. 2020. Time series forecasting of agricultural product prices based on recurrent neural networks and its evaluation method[J]. SN Applied Sciences, 2: 1434.

Lemke C, Gabrys B. 2010. Meta-learning for time series forecasting and forecast combination[J]. Neurocomputing, 73: 2006-2016.

Li X L, Li C W. 2016. Improved CEEMDAN and PSO-SVR modeling for near-infrared noninvasive glucose detection[J]. Computational and Mathematical Methods in Medicine, 2016: 1-9.

Li X, Ma J, Wang S Y, et al. 2015. How does Google search affect trader positions and crude oil prices? [J]. Economic Modelling, 49: 162-171.

Li Y X, Li Y A, Chen X, et al. 2018. A new underwater acoustic signal denoising technique based on CEEMDAN, mutual information, permutation entropy, and wavelet threshold denoising[J]. Entropy, 20 (8): 563.

Li Z M, Li G Q, Wang Y T. 2010. Construction of short-term forecast model of eggs market price[J]. Agriculture and Agricultural Science Procedia, 1: 396-401.

Ling L W, Cai C M, Zhang D B. 2019a. An ensemble model with grey clustering for hog price prediction[J]. Journal of Grey System, 31 (3): 14-28.

Ling L W, Zhang D B, Chen S Y, et al. 2020. Can online search data improve the forecast accuracy of pork price in China? [J]. Journal of Forecasting, 39 (4): 671-686.

Ling L W, Zhang D B, Mugera A W, et al. 2019b. A forecast combination framework with multi-time scale for livestock products' price forecasting[J]. Mathematical Problems in Engineering, 2019: 1-11.

Liu H, Setiono R. 1997. Feature selection via discretization of numeric attributes[R]. New York: IEEE.

Liu Q, Xiao J K, Zhu H M. 2019. Feature selection for software effort estimation with localized neighborhood mutual information[J]. Cluster Computing, 22: 6953-6961.

Liu Y S, Yang C H, Huang K K, et al. 2020. Non-ferrous metals price forecasting based on variational mode decomposition and LSTM network[J]. Knowledge-Based Systems, 188: 105006.

Lusk J L, Tonsor G T, Schroeder T C, et al. 2018. Effect of government quality grade labels on consumer demand for pork chops in the short and long run[J]. Food Policy, 77: 91-102.

Maki W R. 1963. Forecasting livestock supplies and prices with an econometric model[J]. Journal of Farm Economics, 45 (3): 612-624.

Makridakis S, Spiliotis E, Assimakopoulos V. 2020. Predicting hypothesizing the findings of the M4 Competition[J]. International Journal of Forecasting, 36 (1): 29-36.

Nowotarski J, Liu B D, Weron R, et al. 2016. Improving short term load forecast accuracy via combining sister forecasts[J]. Energy, 98: 40-49.

Olesen A N, Christensen J A E, Sorensen H B, et al. 2016. A noise-assisted data analysis method for automatic EOG-based sleep stage classification using ensemble learning[R]. New York: IEEE.

Panigrahi S, Behera H S. 2017. A hybrid ETS-ANN model for time series forecasting[J]. Engineering Applications of Artificial Intelligence, 66: 49-59.

Park S, Lee J M, Song W H. 2017. Short-term forecasting of Japanese tourist inflow to South Korea using Google trends data[J]. Journal of Travel & Tourism Marketing, 34 (3): 357-368.

Peng H C, Long F H, Ding C. 2005. Feature selection based on mutual information: criteria of max-dependency, max-relevance, and min-redundancy[J]. IEEE Transactions on Pattern Analysis and Machine Intelligence, 27 (8): 1226-1238.

Prudêncio R B C, Ludermir T B. 2004. Meta-learning approaches to selecting time series models[J]. Neurocomputing, 61: 121-137.

Puchalsky W, Ribeiro G T, da Veiga C P, et al. 2018. Agribusiness time series forecasting using Wavelet neural networks and metaheuristic optimization: An analysis of the soybean sack price and perishable products demand[J]. International Journal of Production Economics, 203: 174-189.

Rehman N, Mandic D P. 2010. Multivariate empirical mode decomposition[J]. Proceedings: Mathematical, Physical and Engineering Sciences, 466 (2117): 1291-1302.

Robnik-Šikonja M, Kononenko, I. 2003. Theoretical and empirical analysis of ReliefF and RReliefF[J]. Machine Learning, 53: 23-69.

Samuels J D, Sekkel R M. 2017. Model Confidence Sets and forecast combination[J]. International Journal of Forecasting, 33 (1): 48-60.

Sezer O B, Gudelek M U, Ozbayoglu A M. 2020. Financial time series forecasting with deep learning: a systematic literature review: 2005-2019[J]. Applied Soft Computing, 90: 106181.

Shah C. 1997. Model selection in univariate time series forecasting using discriminant analysis[J]. International Journal of Forecasting, 13 (4): 489-500.

Shang X, Tonsor G T. 2017. Food safety recall effects across meat products and regions[J]. Food

Policy, 69: 145-153.

Sohl J E, Venkatachalam A R. 1995. A neural network approach to forecasting model selection[J]. Information & Management, 29 (6): 297-303.

Stock J H, Watson M W. 2004. Combination forecasts of output growth in a seven-country data set[J]. Journal of Forecasting, 23: 405-430.

Talagala T S, Hyndman R J, Athanasopoulos G. 2018. Meta-learning how to forecast time series[R]. Melbourne: Monash University.

Tang L, Yu L A, He K J. 2014. A novel data-characteristic-driven modeling methodology for nuclear energy consumption forecasting[J]. Applied Energy, 128: 1-14.

Tang L, Yu L A, Wang S Y, et al. 2012. A novel hybrid ensemble learning paradigm for nuclear energy consumption forecasting[J]. Applied Energy, 93: 432-443.

Tang L, Zhang C Y, Li L, et al. 2020. A multi-scale method for forecasting oil price with multi-factor search engine data[J]. Applied Energy, 257: 114033.

Villegas M A, Pedregal D J, Trapero J R. 2018. A support vector machine for model selection in demand forecasting applications[J]. Computers & Industrial Engineering, 121: 1-7.

Vokurka R J, Flores B E, Pearce S L. 1996. Automatic feature identification and graphical support in rule-based forecasting: a comparison[J]. International Journal of Forecasting, 12 (4): 495-512.

Wang J, Athanasopoulos G, Hyndman R J, et al. 2018a. Crude oil price forecasting based on internet concern using an extreme learning machine[J]. International Journal of Forecasting, 34 (4): 665-677.

Wang J, Li X, Hong T, et al. 2018b. A semi-heterogeneous approach to combining crude oil price forecasts[J]. Information Sciences, 460/461: 279-292.

Wang J, Wang Z, Li X, et al. 2019a. Artificial bee colony-based combination approach to forecasting agricultural commodity prices[J]. International Journal of Forecasting, 38 (1): 21-34.

Wang P, Zhang G S, Chen F, et al. 2019b. A hybrid-wavelet model applied for forecasting PM2.5 concentrations in Taiyuan city, China[J]. Atmospheric Pollution Research, 10 (6): 1884-1894.

Wang X Z, Smith-Miles K, Hyndman R. 2009. Rule induction for forecasting method selection: meta-learning the characteristics of univariate time series[J]. Neurocomputing, 72 (10-12): 2581-2594.

Wang Y D, Wu C F, Yang L. 2014. Oil price shocks and agricultural commodity prices[J]. Energy Economics, 44: 22-35.

Wu L F, Liu S F, Yang Y J. 2016. Grey double exponential smoothing model and its application on pig price forecasting in China[J]. Applied Soft Computing, 39: 117-123.

Wu Z H, Huang N E. 2004. A study of the characteristics of white noise using the empirical mode decomposition method[J]. Mathematical, Physical and Engineering Sciences, 460 (2046): 1597-1611.

Wu Z H, Huang N E. 2009. Ensemble empirical mode decomposition: a noise-assisted data analysis method[J]. Advances in Adaptive Data Analysis, 1 (1): 1-41.

Xiao L Y, Shao W, Liang T L, et al. 2016. A combined model based on multiple seasonal patterns and modified firefly algorithm for electrical load forecasting[J]. Applied Energy, 167: 135-153

Xiao L, Wang C, Dong Y X, et al. 2019. A novel sub-models selection algorithm based on max-relevance and min-redundancy neighborhood mutual information[J]. Information Sciences, 486: 310-339.

Xie G, Zhang N, Wang S Y. 2017. Data characteristic analysis and model selection for container throughput forecasting within a decomposition-ensemble methodology[J]. Transportation Research Part E: Logistics and Transportation Review, 108: 160-178.

Xiong T, Li C G, Bao Y K. 2017. An improved EEMD-based hybrid approach for the short-term forecasting of hog price in China[J]. Agricultural Economics, 63 (3): 136-148.

Xiong T, Li C G, Bao Y K. 2018. Seasonal forecasting of agricultural commodity price using a hybrid STL and ELM method: evidence from the vegetable market in China[J]. Neurocomputing, 275: 2831-2844.

Xiong T, Li C G, Bao Y. 2018. Seasonal forecasting of agricultural commodity price using a hybrid STL and ELM method: evidence from the vegetable market in China[J]. Neurocomputing, 275: 2831-2844.

Xue Y J, Cao J X, Du H K, et al. 2016. Does mode mixing matter in EMD-based highlight volume methods for hydrocarbon detection? Experimental evidence[J]. Journal of Applied Geophysics, 132: 193-210.

Yang K, Tian F P, Chen L N, et al. 2017. Realized volatility forecast of agricultural futures using the HAR models with bagging and combination approaches[J]. International Review of Economics & Finance, 49: 276-291.

Yang X S, Deb S. 2014. Cuckoo search: recent advances and applications[J]. Neural Computing and Applications, 24 (1): 169-174.

Yang Z S, Wang J. 2018. A combination forecasting approach applied in multistep wind speed forecasting based on a data processing strategy and an optimized artificial intelligence algorithm[J]. Applied Energy, 230: 1108-1125.

Yeh J, Shieh J, Huang N E. 2011. Complementary ensemble empirical mode decomposition: a novel noise enhanced data analysis method[J]. Advances in Adaptive Data Analysis, 2 (2): 135-156.

Yu L A, Ma Y M, Ma M Y. 2021. An effective rolling decomposition-ensemble model for gasoline consumption forecasting[J]. Energy, 222: 119869.

Yu L A, Wang S Y, Lai K K. 2008. Forecasting crude oil price with an EMD-based neural network ensemble learning paradigm[J]. Energy Economics, 30 (5): 2623-2635.

Yu L A, Wang Z S, Tang L. 2015. A decomposition-ensemble model with data-characteristic-driven reconstruction for crude oil price forecasting[J]. Applied Energy, 156: 251-267.

Yu L A, Zhao Y Q, Tang L, et al. 2019. Online big data-driven oil consumption forecasting with Google trends[J]. International Journal of Forecasting, 35 (1): 213-223.

Yu L A, Zhao Y, Tang L. 2017. Ensemble forecasting for complex time series using sparse representation and neural networks[J]. Journal of Forecasting, 36 (2): 122-138.

Zapata H O, Garcia P. 1990. Price forecasting with time-series methods and nonstationary data: an application to monthly U.S. cattle prices[J]. Western Journal of Agricultural Economics, 15 (1): 123-132.

Zhang D B, Cai C M, Chen S Y, et al. 2019a. An improved genetic algorithm for optimizing ensemble empirical mode decomposition method[J]. Systems Science & Control Engineering, 7(2): 53-63.

Zhang D B, Li Q, Mugera A W, et al. 2020a. A hybrid model considering cointegration for interval-valued pork price forecasting in China[J]. Journal of Forecasting, 39 (8): 1324-1341.

Zhang G P. 2003. Time series forecasting using a hybrid ARIMA and neural network model[J]. Neurocomputing, 50: 159-175.

Zhang Y G, Pan G F, Chen B, et al. 2020b. Short-term wind speed prediction model based on GA-ANN improved by VMD[J]. Renewable Energy, 156: 1373-1388.

Zhang Y J, Wei Y, Zhang Y, et al. 2019a. Forecasting oil price volatility: forecast combination versus shrinkage method[J]. Energy Economics, 80: 423-433.

Zhang Y L, Na S Y. 2018. A novel agricultural commodity price forecasting model based on fuzzy information granulation and MEA-SVM model[J]. Mathematical Problems in Engineering, (1): 1-10.

Zheng J D, Tong J Y, Ni Q, et al. 2019. Partial ensemble approach to resolve the mode mixing of extreme-point weighted mode decomposition[J]. Digital Signal Processing, 89: 70-81.

Zhou X. 2016. Pig price fluctuations and forecasting model based on information platform[J]. Asian Agricultural Research, 8 (9): 16-19.

Zou H F, Xia G P, Yang F T, et al. 2007. An investigation and comparison of artificial neural network and time series models for Chinese food grain price forecasting[J]. Neurocomputing, 70: 2913-2923.

附　　录

附录 A　四种农产品直接建模的预测误差

附表 A.1　猪肉价格直接建模的 RMSE

预测模型	提前1步	提前3步	提前6步	平均误差
BPNN	0.3154	0.6869	1.0228	0.6750
SVR	0.5348	1.4540	1.6635	1.2174
ELM	0.3996	0.7155	1.0584	0.7245
ARIMA	0.3175	0.7157	1.1417	0.7250
ETS	0.3221	0.7378	1.1707	0.7435
RW	0.3325	0.7124	1.1947	0.7465

附表 A.2　猪肉价格直接建模的 MAE

预测模型	提前1步	提前3步	提前6步	平均误差
BPNN	0.2112	0.4938	0.8710	0.5253
SVR	0.3587	1.0402	1.3651	0.9213
ELM	0.2816	0.4881	0.7932	0.5210
ARIMA	0.2067	0.4961	0.9359	0.5462
ETS	0.2029	0.5169	0.9179	0.5459
RW	0.2237	0.5408	0.9788	0.5811

附表 A.3　鸡蛋价格直接建模的 RMSE

预测模型	提前1步	提前3步	提前6步	平均误差
BPNN	0.2350	0.5707	0.8762	0.5606
SVR	0.2398	0.6248	1.0579	0.6408
ELM	0.2566	0.6431	0.8853	0.5950
ARIMA	0.2100	0.4912	0.7446	0.4819
ETS	0.2176	0.6424	1.1225	0.6608
RW	0.2647	0.6272	0.9927	0.6282

附表 A.4 鸡蛋价格直接建模的 MAE

预测模型	提前1步	提前3步	提前6步	平均误差
BPNN	0.1693	0.4357	0.6498	0.4182
SVR	0.1697	0.4967	0.8414	0.5026
ELM	0.1836	0.4743	0.6549	0.4376
ARIMA	0.1556	0.3889	0.5924	0.3790
ETS	0.1657	0.5095	0.8898	0.5217
RW	0.1983	0.4605	0.7540	0.4709

附表 A.5 西红柿价格直接建模的 RMSE

预测模型	提前1步	提前3步	提前6步	平均误差
BPNN	0.6922	1.0131	0.9942	0.8998
SVR	0.8207	1.1503	1.2425	1.0712
ELM	0.6741	1.4743	1.1598	1.1027
ARIMA	0.8622	1.2958	1.6539	1.2706
ETS	0.7985	1.4231	1.8603	1.3607
RW	0.7822	1.3699	1.7499	1.3006

附表 A.6 西红柿价格直接建模的 MAE

预测模型	提前1步	提前3步	提前6步	平均误差
BPNN	0.5528	0.8626	0.8579	0.7578
SVR	0.6306	0.9698	1.0075	0.8693
ELM	0.5699	1.1418	0.9323	0.8813
ARIMA	0.6096	1.0225	1.2808	0.9710
ETS	0.6044	1.1333	1.4793	1.0724
RW	0.5943	1.0993	1.3893	1.0276

附表 A.7 黄瓜价格直接建模的 RMSE

预测模型	提前1步	提前3步	提前6步	平均误差
BPNN	0.9586	1.2534	1.0146	1.0755
SVR	1.3426	1.8043	1.2670	1.4713

续表

预测模型	预测步长 提前1步	预测步长 提前3步	预测步长 提前6步	平均误差
ELM	0.8824	1.7461	1.2007	1.2764
ARIMA	0.9570	1.6603	1.8720	1.4965
ETS	1.0716	1.9938	2.5106	1.8587
RW	1.0550	1.9359	2.4162	1.8024

附表 A.8　黄瓜价格直接建模的 MAE

预测模型	预测步长 提前1步	预测步长 提前3步	预测步长 提前6步	平均误差
BPNN	0.7301	0.9916	0.8345	0.8521
SVR	0.9823	1.4484	1.0188	1.1499
ELM	0.6930	1.2868	0.9589	0.9796
ARIMA	0.7162	1.3505	1.4471	1.1713
ETS	0.8235	1.5986	2.1993	1.5405
RW	0.8093	1.5995	2.0693	1.4927

附录 B　农产品分解后的分量图

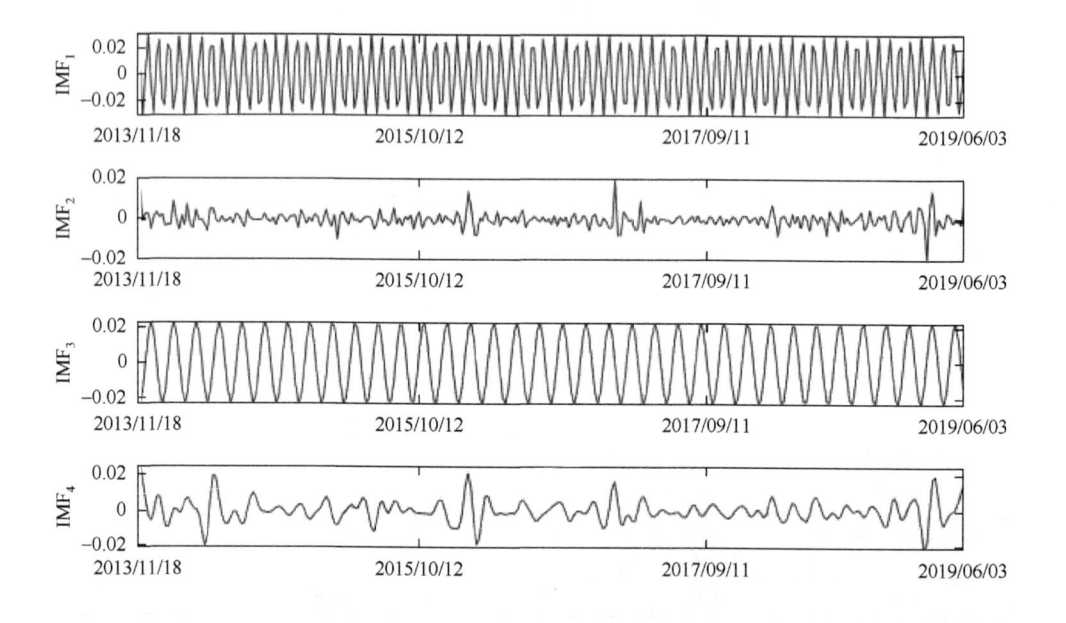

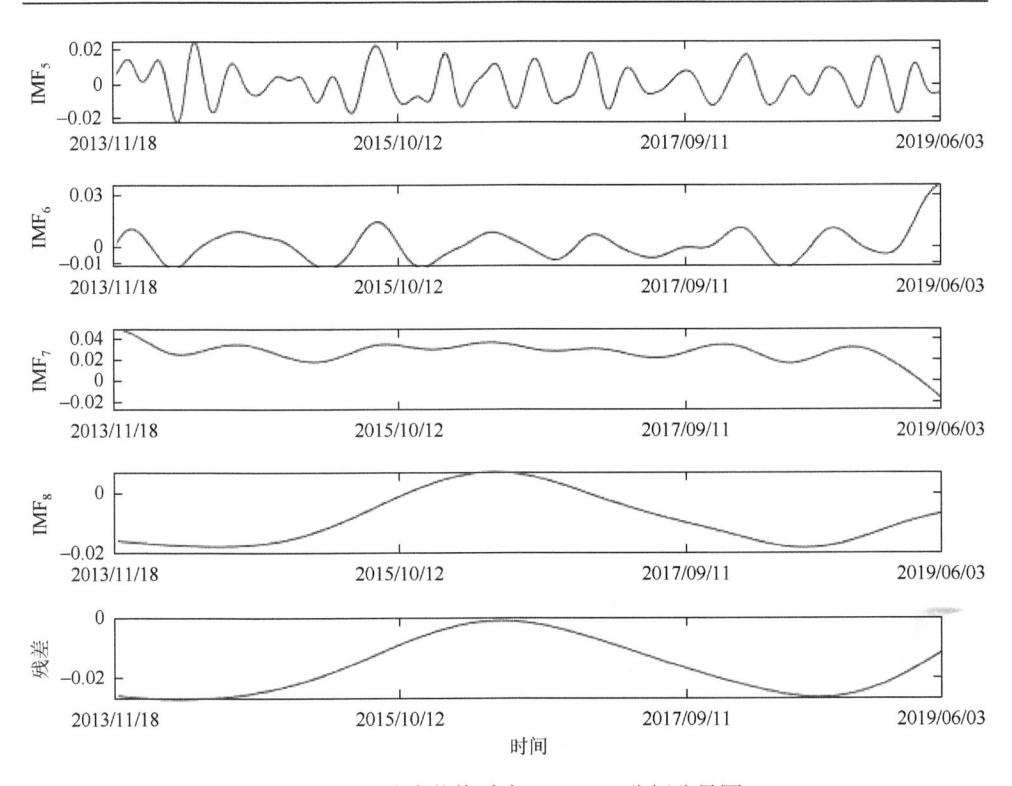

附 录

附图 B.1 猪肉价格时序 ICEEMD 分解分量图

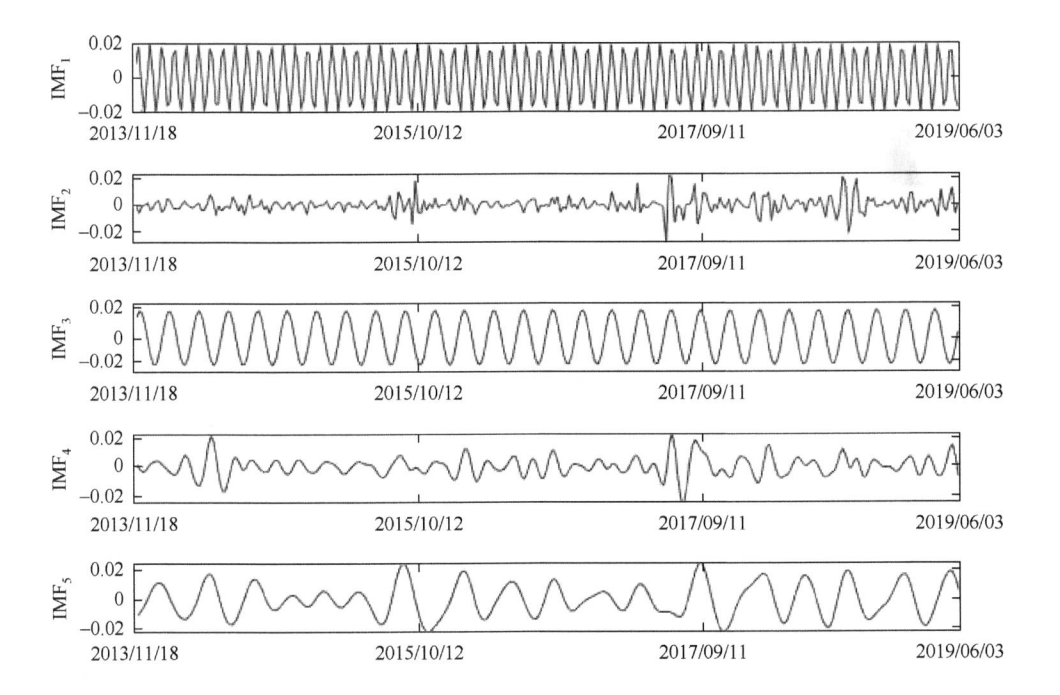

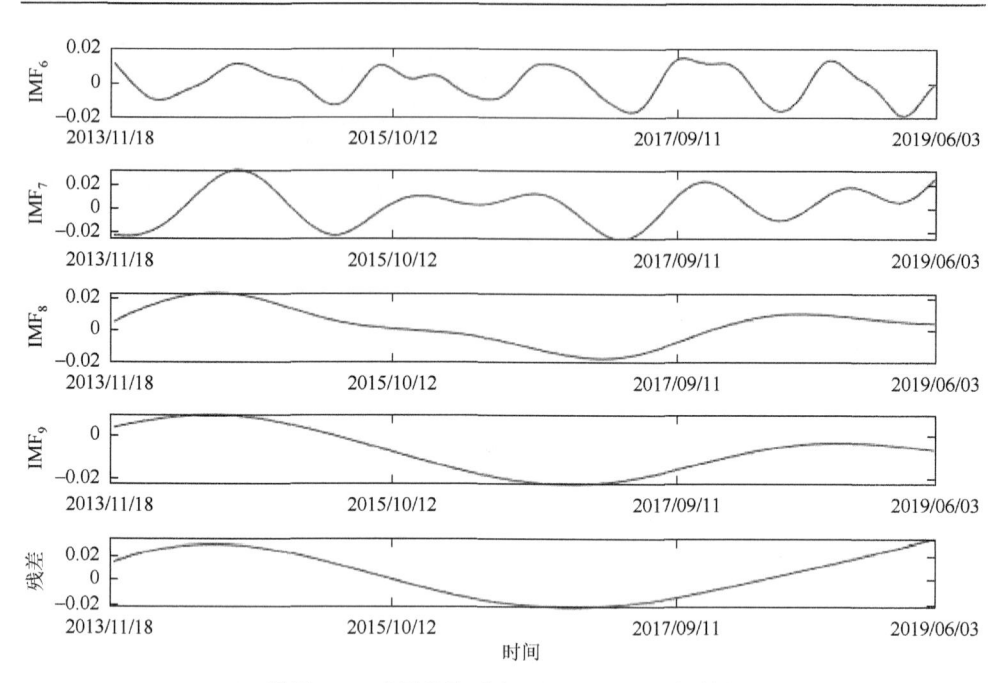

附图 B.2 鸡蛋价格时序 ICEEMD 分解分量图

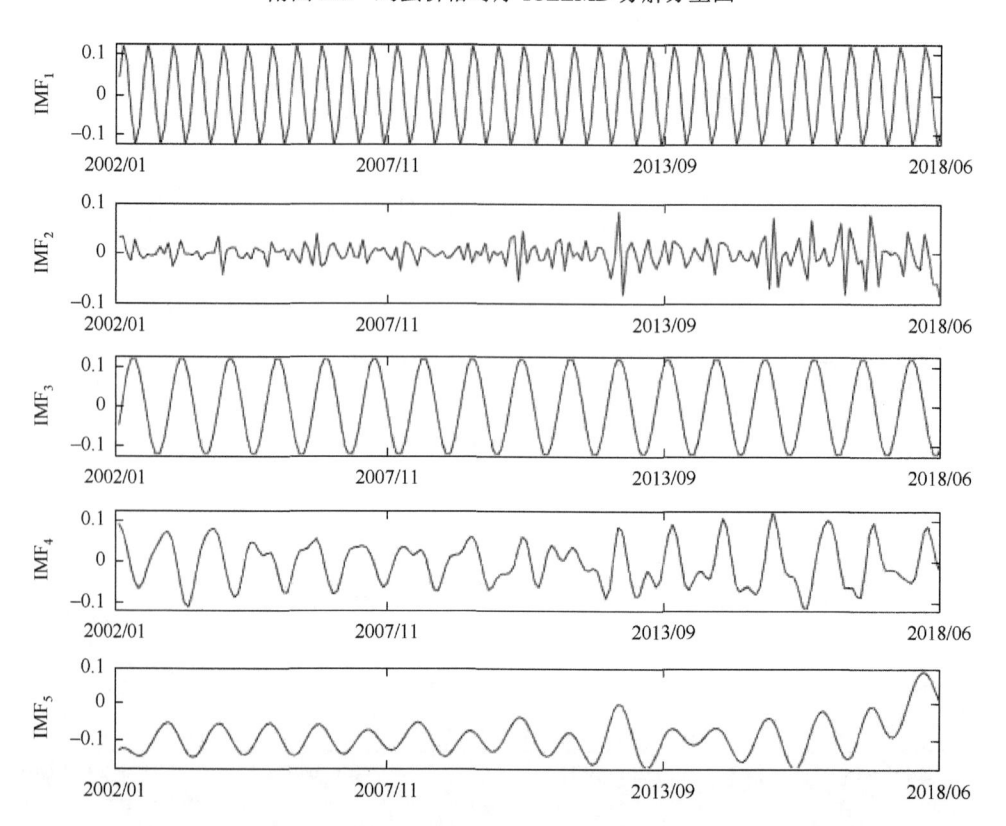

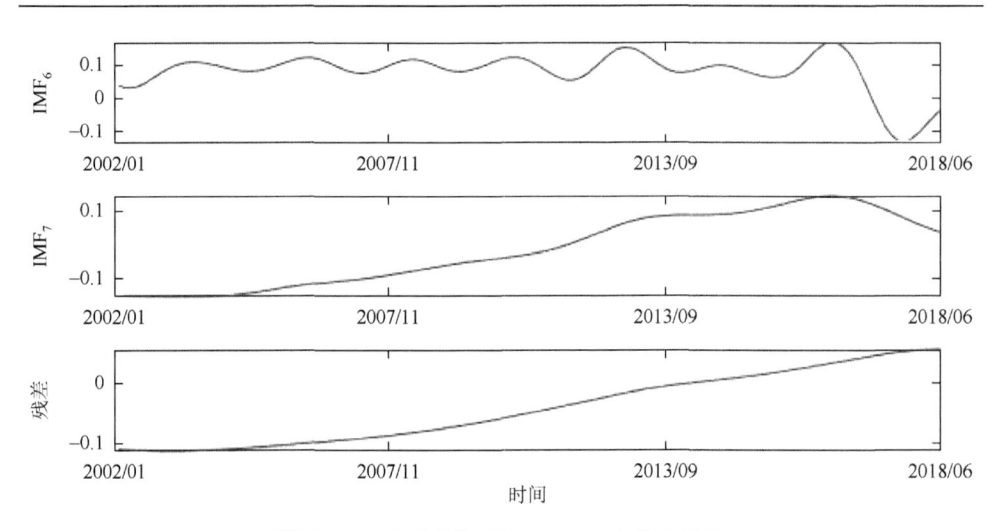

附　录

附图 B.3　黄瓜价格时序 IEEMD 分解分量图

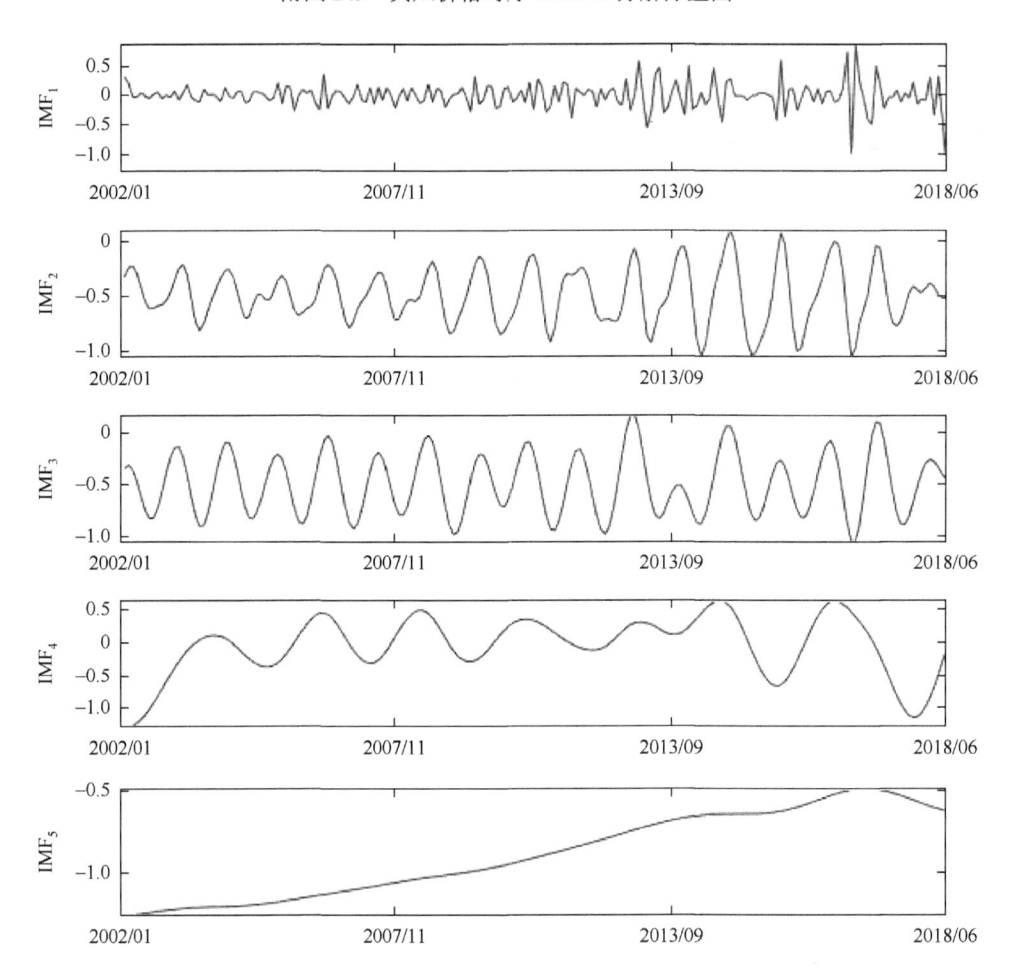

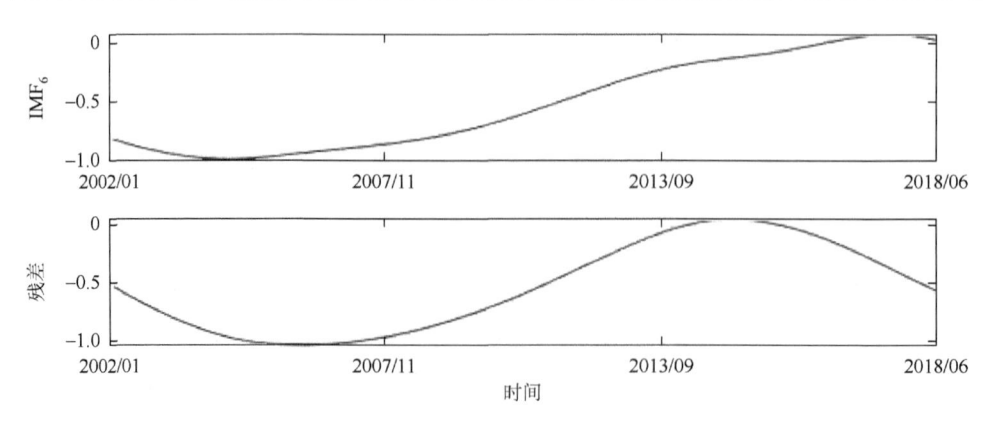

附图 B.4　西红柿价格时序 CEEMD 分解分量图

附录 C　TRIM 集成策略下的子集选择结果

附表 C.1　TRIM 集成策略下的子集选择结果

步长	猪肉	鸡蛋	西红柿	黄瓜
提前 1 步	（BPNN，ELM，ARIMA，RW）	（SVR，ELM，ETS，RW）	（BPNN，ELM，ETS，RW）	（SVR，ELM，ARIMA，ETS）
提前 3 步	（ELM，ARIMA，ETS，RW）	（SVR，ARIMA，ETS，RW）	（SVR，ARIMA，ETS，RW）	（SVR，ELM，ARIMA，ETS）
提前 6 步	（SVR，ELM，ARIMA，ETS）	（SVR，ELM，ARIMA，ETS）	（BPNN，ARIMA，ETS，RW）	（BPNN，ELM，ARIMA，RW）

附录 D　三种农产品的 MEMD 分解结果

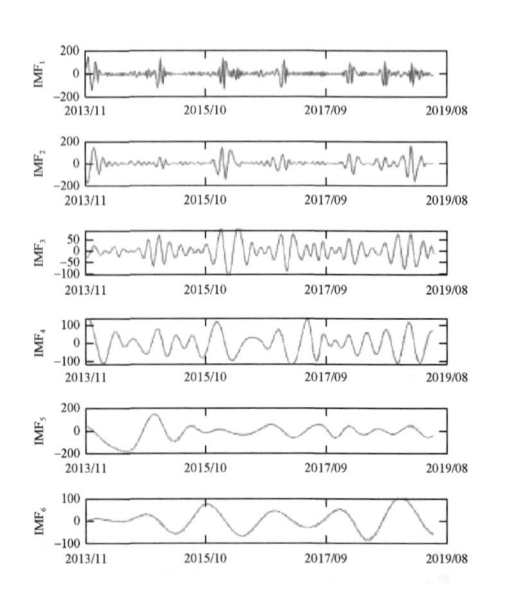

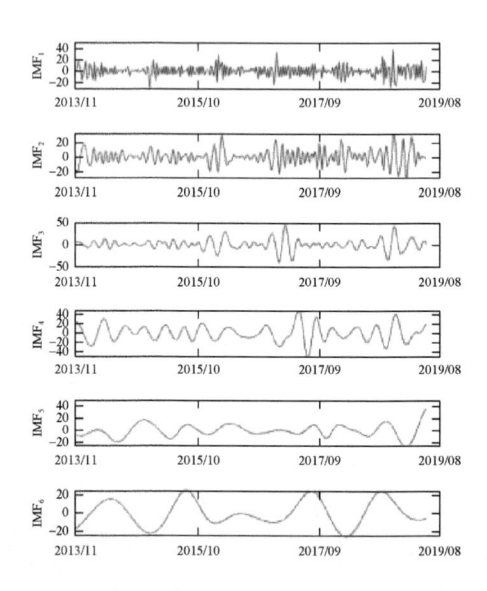

(a) ISD$_b$

(b) ISD$_c$

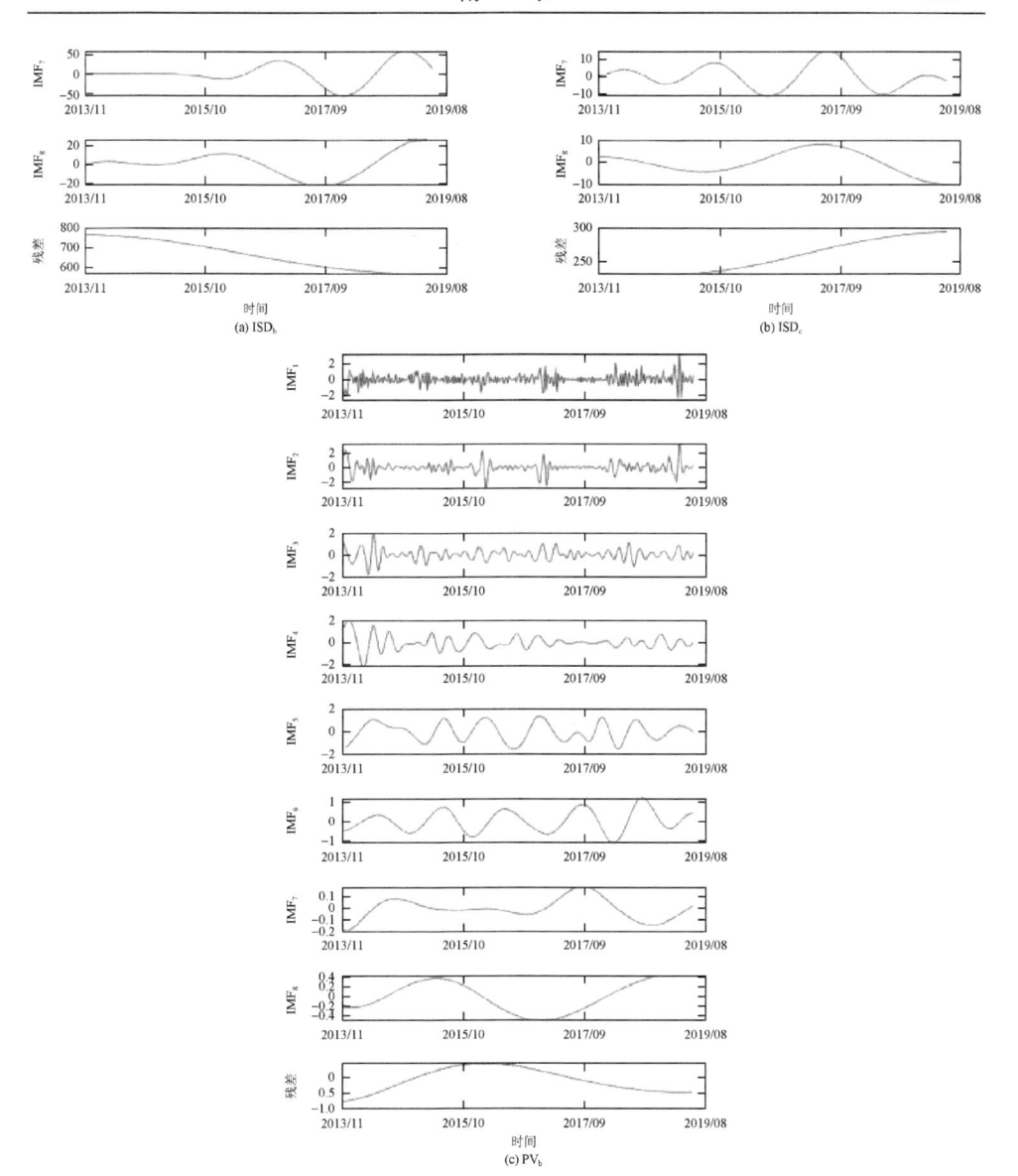

(c) PV$_b$

附图 D.1 猪肉价格 MEMD 分解结果

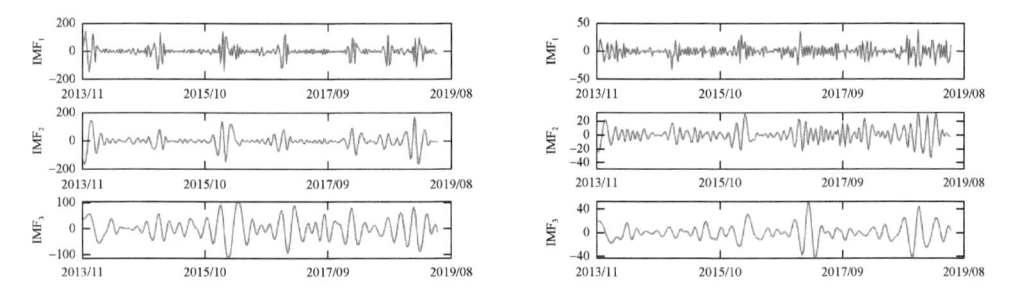

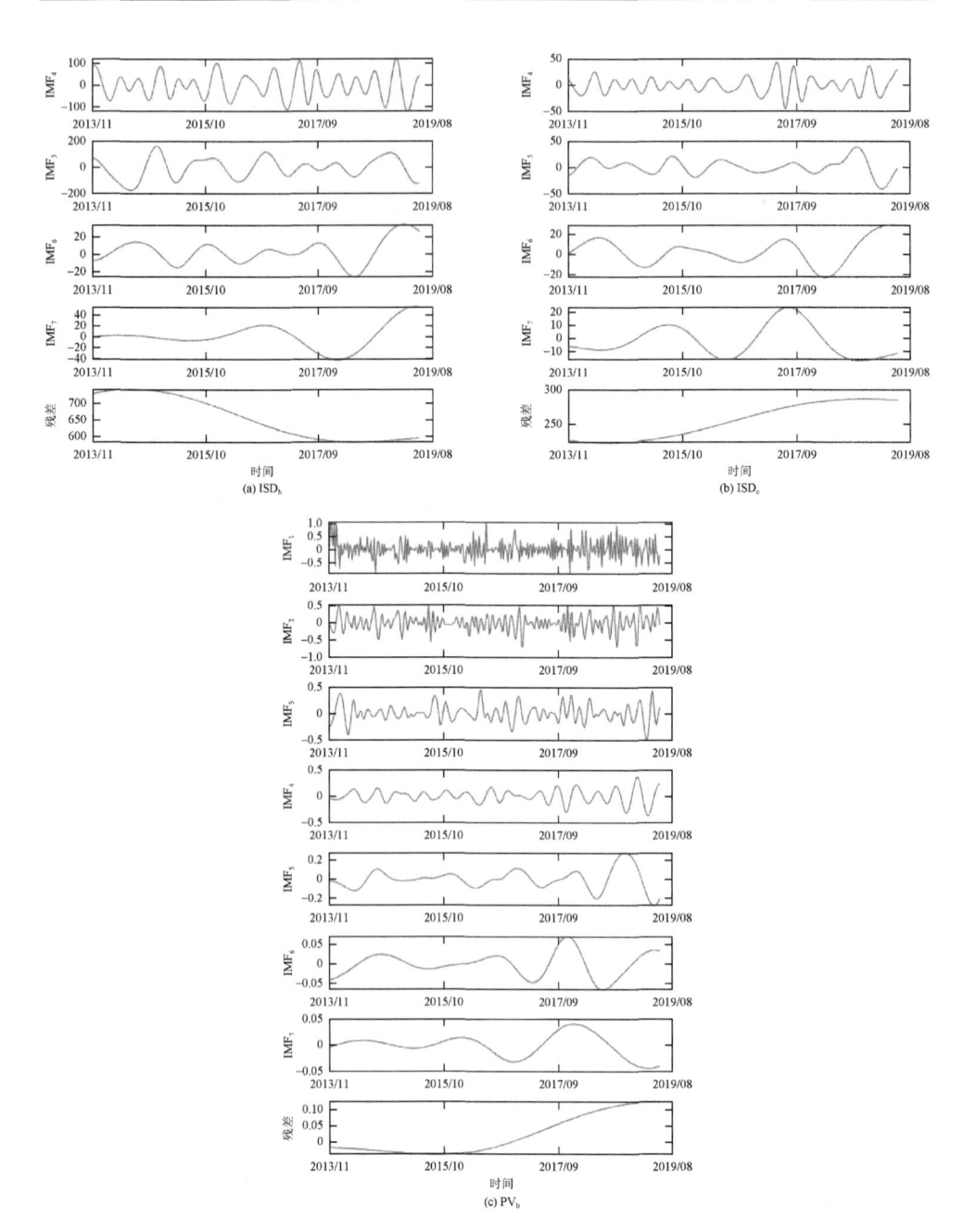

附图 D.2 牛肉价格 MEMD 分解结果

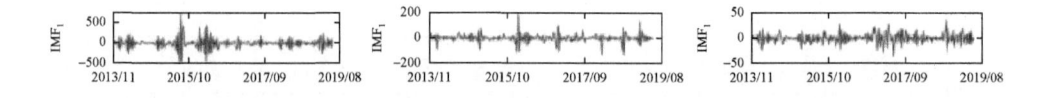

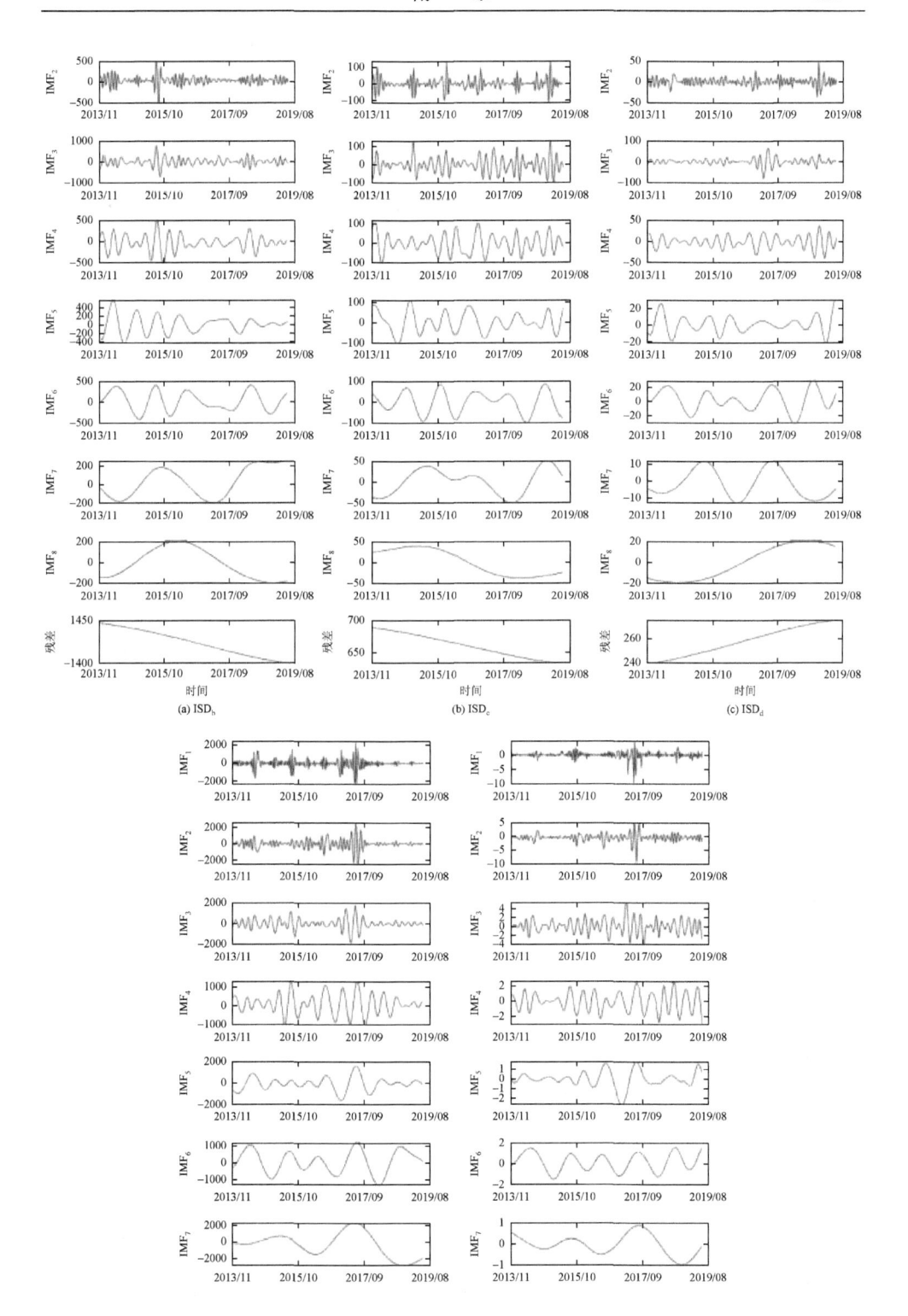

(a) ISD_b
(b) ISD_c
(c) ISD_d

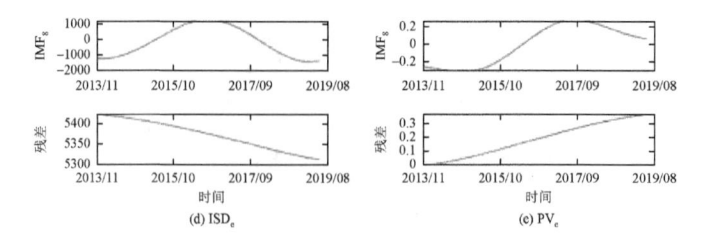

附图 D.3 鸡蛋价格 MEMD 分解结果

附录 E 融合网络搜索数据的预测结果（RMSE）

附表 E.1 融合网络搜索数据的预测结果（RMSE）

预测模型	提前一步	提前三步	提前六步
猪肉			
ARIMA	1.7144	1.7805	1.8176
ETS	1.8347	2.0626	2.2854
SVR	1.6853	1.7718	1.8218
SVR-ISD	1.6563	1.6767	1.8393
MEMD-SVR-ISD	1.1245	1.5661	1.3745
牛肉			
ARIMA	0.5825	0.5804	0.5927
ETS	0.5692	0.5835	0.5927
SVR	0.5996	0.5724	0.5722
SVR-ISD	0.5608	0.5698	0.5721
MEMD-SVR-ISD	0.3660	0.4618	0.6328
鸡肉			
ARIMA	1.2728	1.2506	1.2599
ETS	1.2574	1.2571	1.2584
SVR	1.2807	1.2672	1.2517
SVR-ISD	1.2694	1.2665	1.2529
MEMD-SVR-ISD	1.0213	1.1283	1.2809
鸡蛋			
ARIMA	2.3497	3.1090	3.1160
ETS	2.7061	4.0091	4.8735
SVR	2.4791	3.0826	3.0224
SVR-ISD	2.4401	3.2762	3.1645
MEMD-SVR-ISD	1.4074	2.2584	3.1012

附录 F 融合网络搜索数据的预测结果（MAE）

附表 F.1 融合网络搜索数据的预测结果（MAE）

预测模型	提前一步	提前三步	提前六步
猪肉			
ARIMA	1.1201	1.1508	1.1845
ETS	1.1622	1.3846	1.6239
SVR	1.0725	1.1380	1.2115
SVR-ISD	1.0534	1.0945	1.2485
MEMD-SVR-ISD	0.7764	1.0306	1.2414
牛肉			
ARIMA	0.4552	0.4604	0.4690
ETS	0.4442	0.4586	0.4737
SVR	0.4760	0.4522	0.4523
SVR-ISD	0.4450	0.4499	0.4522
MEMD-SVR-ISD	0.3019	0.3655	0.5053
鸡肉			
ARIMA	0.9469	0.9371	0.9492
ETS	0.9467	0.9460	0.9470
SVR	0.9639	0.9546	0.9442
SVR-ISD	0.9530	0.9542	0.9435
MEMD-SVR-ISD	0.7927	0.8546	0.9695
鸡蛋			
ARIMA	1.7791	2.3946	2.3651
ETS	2.0754	3.0674	3.8161
SVR	1.9261	2.3738	2.2589
SVR-ISD	1.8153	2.4523	2.4388
MEMD-SVR-ISD	1.0885	1.7791	2.3686

附录 G 融合网络搜索数据的预测结果（D_{stat}）

附表 G.1 融合网络搜索数据的预测结果（D_{stat}）

预测模型	提前一步	提前三步	提前六步
猪肉			
ARIMA	74.5763	79.6610	76.2712
ETS	74.5763	74.5763	62.7119

续表

预测模型	预测步长		
	提前一步	提前三步	提前六步
SVR	76.2712	77.9661	76.2712
SVR-ISD	79.6610	77.9661	69.4915
MEMD-SVR-ISD	81.3559	76.2711	69.4915
牛肉			
ARIMA	66.1017	66.1017	66.1017
ETS	69.4915	69.4915	67.7966
SVR	61.0169	64.4068	64.4068
SVR-ISD	66.1017	66.1017	64.4068
MEMD-SVR-ISD	77.9661	72.8814	72.8814
鸡肉			
ARIMA	74.5763	77.9661	77.9661
ETS	77.9661	76.2712	77.9661
SVR	76.2712	77.9661	77.9661
SVR-ISD	76.2712	77.9661	76.2712
MEMD-SVR-ISD	86.4407	84.7458	72.8814
鸡蛋			
ARIMA	69.4915	66.1017	66.1017
ETS	57.6271	64.4068	61.0170
SVR	67.7966	69.4915	72.8814
SVR-ISD	71.1864	66.1017	67.7966
MEMD-SVR-ISD	81.3559	71.1864	66.1017